Responsabilidade Objetiva
e
Antecipação de Tutela

(DIREITO E PÓS-MODERNIDADE)

Conselho Editorial
André Luís Callegari
Carlos Alberto Molinaro
Daniel Francisco Mitidiero
Darci Guimarães Ribeiro
Draiton Gonzaga de Souza
Elaine Harzheim Macedo
Eugênio Facchini Neto
Giovani Agostini Saavedra
Ingo Wolfgang Sarlet
Jose Luis Bolzan de Morais
José Maria Rosa Tesheiner
Leandro Paulsen
Lenio Luiz Streck
Paulo Antônio Caliendo Velloso da Silveira
Rodrigo Wasem Galia

G633r   Gomes, Fábio Luiz.
         Responsabilidade objetiva e antecipação de tutela: (direito e pós-modernidade) / Fábio Luiz Gomes. – 2. ed., rev. – Porto Alegre: Livraria do Advogado Editora, 2014.
         187 p.; 25 cm.
         Inclui bibliografia.
         ISBN 978-85-7348-920-0

         1. Responsabilidade (Direito). 2. Tutela antecipada. 3. Direito processual civil. 4. Modernidade. I. Título.

CDU 347.51
347. 919.6
CDD 347.8103

Índice para catálogo sistemático:
1. Responsabilidade: Direito   347.51
2. Tutela antecipada   347.919.6

(Bibliotecária responsável: Sabrina Leal Araujo – CRB 10/1507)

Fábio Luiz Gomes

Responsabilidade Objetiva e Antecipação de Tutela

(DIREITO E PÓS-MODERNIDADE)

2ª EDIÇÃO
revista

Porto Alegre, 2014

© Fábio Luiz Gomes, 2014

Projeto gráfico e diagramação
Livraria do Advogado Editora

Revisão
Rosane Marques Borba

Direitos desta edição reservados por
Livraria do Advogado Editora Ltda.
Rua Riachuelo, 1300
90010-273 Porto Alegre RS
Fone/fax: 0800-51-7522
editora@livrariadoadvogado.com.br
www.doadvogado.com.br

Impresso no Brasil / Printed in Brazil

Nota do autor à 2ª edição

Nosso propósito ao eleger o tema desse livro foi o de aprofundar estudos de questões fundamentais que subjazem à decisão judicial, em decorrência das inquietações vividas como advogado litigante durante mais de trinta anos, face à constatação da incerteza do direito e da inexistência de verdades universais capazes de ensejar decisões uniformes. Em termos tradicionais, o objetivo estaria centrado na hermenêutica, embora já houvéssemos recebido os frequentes acenos do Mestre Ovídio Baptista quanto ao esgotamento do modelo de Estado que nos foi legado pelo chamado "racionalismo", com influência direta e decisiva no "estado das coisas" nesse campo. Dentro do espectro do estudo não seria possível fugir, portanto, ao exame da chamada "crise do judiciário", entendida esta como a incapacidade estrutural de responder aos ditames de uma nova era. No Brasil, tal crise vem sendo debatida desde a década de 1950. Tempo demais para que não se chegasse a conclusões que permitissem a superação da crise, e durante o qual se sucederam edições de leis processuais que na prática se revelaram incapazes de resolver o problema estrutural e crônico da administração da justiça. Essas as inquietações que inspiraram os estudos de tais questões durante o Curso de Doutorado, sob a orientação do Prof. Ovídio Baptista, cujas conclusões encontram-se lançadas neste livro.

Tanto o exame das questões hermenêuticas, que permitiu a conclusão segura de que a decisão judicial está jungida fundamentalmente a uma "atribuição de sentido" à norma por parte do intérprete, quanto o estudo dos paradigmas, que ensejou a certeza da superação do paradigma da modernidade e da chamada "transição paradigmática" que vivemos, nos deram a sensação do enriquecimento intelectual que buscávamos. Ademais disso, esse último tema revelou uma escancarada atualidade através dos protestos que inundaram "as ruas" das grandes cidades em quase todos os continentes nesses últimos dois anos, apontando para o "esgotamento" do paradigma da modernidade, oriundo de formulações desenvolvidas nos séc. XVII e XVIII por Hobbes, Locke, Adam Smith e Rousseau, e que viabilizou a Revolução Francesa, arrancou a humanidade do paradigma medieval, mas não consegue responder aos imperativos da era do tempo real e da globalização. Este sistema político está falido. Há quase cinquenta anos, os mais respeitados cientistas falam em "refundação" do Estado, mas não se conseguiu sair desse modelo ultrapassado. Certamente por isso, no certeiro diagnóstico de Boaventura de Sousa Santos, esses protestos representam uma dose explosiva de presente jogada na face de um passado que foi indiferente ao futuro.

Graças ao convívio com o Mestre Ovídio, tivemos oportunidade de fazer uma imersão e lançar neste livro nossas conclusões sobre esses palpitantes temas que revelam importância fundamental para a sociedade pós-moderna, passando pela abordagem das peculiaridades de uma transição paradigmática.

Porto Alegre, março de 2014.

Fábio Luiz Gomes

Prefácio

Responsabilidade objetiva e antecipação de tutela, a tese com que Fábio Luiz Gomes obteve, com distinção, o título de Doutor em Direito pela Universidade do Vale do Rio dos Sinos (UNISINOS), trata de duas questões que me são próximas e têm frequentado, há muitos anos, minhas cogitações teóricas.

Embora pouco tenha se escrito sobre "antecipação de tutela", sabe-se que sua introdução em nosso sistema teve origem numa proposta feita por mim no já longínquo ano de 1983, no inesquecível Congresso, realizado em Porto Alegre, para comemorar os dez anos de promulgação do Código de Processo Civil. Embora sua concepção atual não seja fiel ao projeto original, costumo dizer que o novo instituto deverá ser compreendido como instrumento destinado a "interditalizar" o processo civil brasileiro, função esta que, segundo penso, equivaleria a resgatar um instrumento que a privatização de nossas instituições processuais persevera em eliminar.

Fábio Luiz Gomes reuniu esse tema ao problema da "responsabilidade objetiva", inscrito em nosso sistema como critério geral, para determinação da responsabilidade pela sucumbência, outra questão que, de longa data, desafia tanto Doutor Fábio, quanto provoca o meu próprio interesse.

Estas circunstâncias, que darei como objetivas, associadas a um grande potencial subjetivo, originado na amizade e admiração que nutro por meu antigo aluno e companheiro nessa estimulante e laboriosa travessia, que é a vida de advogado forense, fazem com que me sinta gratificado em poder apresentar a obra de Fábio Luiz Gomes, já conhecido dos juristas brasileiros por publicações, igualmente de valor.

Não me parece necessário tecer considerações sobre mérito de sua tese, que os leitores irão descobrir na valiosa contribuição oferecida pelo autor, com destaque especial para suas considerações históricas e filosóficas sobre os grandes temas do direito processual civil; mas, acima de tudo, na maneira como ele releva, com elogiável talento, as raízes históricas e dogmáticas da responsabilidade dita objetiva em nosso sistema.

Esta, na verdade, é uma questão que, em sua aparente insignificância teórica, guarda um fecundo manancial, para a meditação e pesquisa de todos os que tenham interesse no estudo do que se convencionou chamar crise do Poder Judiciário. Fábio Luiz Gomes ultrapassa a consistente capa que encobre o tema da responsabilidade dita objetiva, dando-lhe a aparência de assunto de pura rotina procedimental, para revelar seus inegáveis compromissos ideológicos. Bastaria isso para que sua leitura fosse recomendada.

Porto Alegre, setembro de 2006.

Ovídio Araújo Baptista da Silva

Sumário

Introdução..11

Parte Primeira – **Paradigma: do medievo à pós-modernidade**..................17
  1. Precedentes da modernidade..17
    1.1. Noção de paradigma...17
    1.2. Paradigma medieval...18
  2. Paradigma da modernidade..45
    2.1. Copérnico, Galileu, Descartes e Newton......................45
    2.2. A modernidade e a "Física Social"..............................51
  3. A superação do racionalismo e da modernidade................59
    3.1. A crise epistemológica do paradigma da modernidade......59
    3.2. A superação dos axiomas racionalistas......................66
  4. O paradigma emergente a síntese crítica de Ovídio A. Baptista da Silva......69
    4.1. Processo, dogmatismo e hermenêutica........................70
    4.2. As estruturas processuais marcadas pelo racionalismo......82
    4.3. Perspectivas para o processo civil..............................91

Parte Segunda – **Jurisdição, racionalismo e responsabilidade objetiva**......99
  5. A concepção de jurisdição herdada do Direito Romano tardio......99
    5.1. As fontes romano-canônicas do direito processual civil......99
    5.2. Racionalismo e jurisdição..103
    5.3. O legado da modernidade: liberalismo e racionalismo aplicados ao processo civil...117
  6. Responsabilidade objetiva e sucumbência..........................129
    6.1. Teoria geral da responsabilidade objetiva..................129
    6.2. Fontes do princípio da sucumbência..........................134
  7. Responsabilidade objetiva na antecipação de tutela..........145
    7.1. A ampliação do princípio da sucumbência para a responsabilidade objetiva na efetivação dos provimentos antecipatórios......145
    7.2. Insubsistência da responsabilidade objetiva nos provimentos antecipatórios em face da superação do paradigma racionalista......156

Considerações finais..177
Referências bibliográficas...181

Introdução

Os variados fatores que favoreceram a preservação da estrutura da *actio* do direito privado romano e o consequente aprisionamento do juiz nas amarras da letra da lei, sendo-lhe negado todo e qualquer poder criativo, encontram guarida no impacto provocado pelo surgimento de doutrinas filosóficas, com algumas raízes medievais, que despontaram no século XVI, responsáveis pela formação do mundo moderno, sobre as concepções clássicas do direito e do processo.

Nesse contexto, destaca-se a criação de um sistema burocrático de organização judiciária, com a função do juiz concebida à semelhança da carreira de um funcionário público comum, totalmente sujeita ao controle das autoridades judiciárias superiores e, principalmente, aos órgãos do Governo. Tal fato se deu, dentre outros fatores, em decorrência da busca pela certeza do direito, como ideal do racionalismo, acrescida da desconfiança nutrida pela Revolução Europeia em relação à magistratura, em virtude de seus compromissos com o Antigo Regime, o que determinou as grandes codificações, com pretensões de exclusividade e plenitude legislativa.

Acentue-se, outrossim, a doutrina da Separação dos Poderes como mais um fator determinante da subserviência da função judicial da Europa Continental, cuja natureza foi transmitida aos países de tradição civil, dentre os quais se inclui o Brasil. Os ideais modernos de obtenção de um direito exato, perfeitamente previsível, com o fito de garantir a segurança da liberdade civil e impedir o arbítrio judicial, foram elementos decisivos para a redução da atividade judicial à pura aplicação do texto legal, o qual deveria ser suficientemente preciso a ponto de impedir a atividade criadora do juiz, sob pena deste transformar-se em legislador, violando a doutrina da Separação dos Poderes.

De se referir também, como ideia nascida do racionalismo a influenciar intensamente a continuidade das antigas estruturas procedimentais, o predomínio absoluto do valor segurança sobre o valor justiça na composição da ideias de Direito e a avassaladora conquista do espírito científico moderno de todos os territórios culturais do Ocidente, o que determinou a sujeição do pensamento jurídico aos métodos e princípios das ciências da natureza.

Podem ser percebidos os reflexos da tão almejada segurança jurídica no mito da neutralidade do juiz, determinado pela exigência de respeito e aplicação mecânica da lei do Estado, que se faz presente ainda hoje como paradigma que orienta o Processo Civil.

As recentes reformas por que passou o nosso Código de Processo Civil ainda refletem, com veemência, a matriz racionalista plasmada no pensamento moderno, como se todos os ideais racionalistas tivessem permanecido incólumes à crise do Estado contemporâneo, à reviravolta linguístico-pragmática, ao ocaso dos preceitos iluministas, enfim, a todos os acontecimentos experimentados pela pós-modernidade.

Considerando-se o Direito exatamente como uma equação aritmética, com juízos de certo ou errado, sendo repudiado todo e qualquer julgamento baseado na verossimilhança, o litigante sucumbente terá sempre agido de modo injustificado e, por isso, merece repreenda, e deverá ser responsabilizado de forma objetiva pelas despesas processuais.

Observa-se que as reformas, já ocorridas e vindouras, embora com meritórios propósitos, não trarão nenhuma transformação positiva da realidade enquanto permanecerem inseridas no paradigma racionalista, de cunho liberal-individualista.

Não obstante o esforço dos juristas na proposição de alternativas para eliminar as inadequações ou amenizar as enormes carências de nosso sistema processual, permanecem os mesmos, ainda que inconscientemente, resistentes em aceitar a profunda crise político-social em que vivemos, como se permanecessem perfeitamente hígidos e inquestionáveis todos os ideais iluministas.

Para atender aos reclamos da efetividade do processo e da promessa constitucional de amplo acesso à justiça, não basta realizar reformas legislativas superficiais, que em nada alteram a nossa concepção de Jurisdição, essencialmente declarativa, veiculada através do Processo de Conhecimento, ordinário e plenário.

Revela-se necessária, assim, a adoção de uma postura hermenêutica para viabilizar a construção de um novo paradigma de prestação jurisdicional, "devolvendo" aos juízes o poder criativo e incentivando todas as formas de decisões que, com base na verossimilhança e na sumariedade, possam romper os grilhões da ordinariedade, prestando uma jurisdição realmente efetiva e comprometida com o direito material e a realidade social.

A verdadeira implementação do instituto da antecipação de tutela, isto é, com os olhos voltados para uma complexa sociedade de massas em cujo seio fracassou o procedimento ordinário, com a tomada de consciência da necessidade de inserção em um novo paradigma, onde são conferidos maiores poderes aos juízes (ou mantidos os que sempre tiveram), passa necessariamente pelo afastamento da responsabilização objetiva pelo simples fato da sucumbência.

A concepção de Jurisdição herdada do direito romano tardio pelos países de tradição civil, como o Brasil, arraigada na cultura da ordinariedade e plenariedade, obstaculiza a efetividade da prestação jurisdicional e, em última análise, o próprio acesso à justiça, desestimulando a utilização e reduzindo, de diversas formas, o campo de atuação da tutela de urgência, baseada na verossimilhança e na sumariedade, especificamente da antecipação de tutela.

Um modelo essencialmente declarativo e não preventivo de Jurisdição não satisfaz as aspirações da sociedade pós-moderna, extremamente complexa e de risco, pois se revela morosa e inefetiva para a maioria da população que não dispõe de instrumentos processuais específicos capazes de proporcionar uma prestação jurisdicional mais célere e mais voltada ao direito material.

O fortalecimento da tutela de urgência e, especificamente, da antecipação de tutela, com o reconhecimento de que os provimentos desta espécie efetivamente ingressam no mérito da causa, ainda que de forma provisória, e de que, em realidade, não se tratam de simples decisões interlocutórias, não podendo, portanto, ser submetidas à disciplina recursal própria destas, afastando-se também o regime da responsabilidade objetiva pelo simples fato da sucumbência, pode possibilitar um incremento na melhoria da qualidade da prestação jurisdicional.

O direito moderno utilizou-se, na sua formação, das fontes romanas dos últimos períodos de sua história, especialmente do direito romano justinianeo, ocasião em que se tornara mais acentuada a identificação da *jurisdictio* com a função de declaração oficial do direito com vistas à composição da lide, em evidente oposição ao *imperium* produtor de ordens modificadoras da realidade fática.

Este modelo jurisdicional herdado do direito romano tardio foi realimentado, sustentado e perpetuado em decorrência da filosofia racionalista setecentista e oitocentista, lapidada pela romanística do século XIX, com o atendimento dos interesses liberais reinantes na época.

Todos os princípios que dão embasamento teórico ao sistema processual civil brasileiro, assim, foram erigidos em um contexto social totalmente diferente do atual, com fulcro em um paradigma político-filosófico completamente esgotado.

Tanto é assim que as pressões exercidas pelo "foro" e a dinâmica da vida em sociedade, no qual o tempo é cada vez mais acelerado, em completo descompasso com o tempo diferido do processo, desencadeou, cada vez mais, situações que demandavam tratamento rápido e eficiente, fazendo com que fosse necessário trabalhar com elementos completamente diferentes daqueles nas quais se funda o nosso Código de Processo Civil, fatores determinantes da jurisdição de urgência.

Desde então, acompanha-se uma gama variada de reformas do Código de Processo Civil, principalmente a partir da última década do século XX, merecendo destaque, em nosso sistema processual, o art. 273, que instituiu a denominada antecipação de tutela.

O novel instituto que parecia conferir mais poder aos juízes, deferindo-lhes a aparente possibilidade de romper com os grilhões do processo de conhecimento, ordinário e plenário, não foi capaz de gerar os efeitos desejados.

O seu ingresso no sistema jurídico não foi acompanhado de uma tomada de consciência da comunidade jurídica de que o paradigma racionalista no qual está inserido está fadado ao insucesso em uma complexa sociedade de massas como a hodierna.

Não bastasse isso, outras reformas advieram e, com maior vigor, enalteceram os princípios e concepções racionalistas, de cunho eminentemente liberal, que nega qualquer tentativa de conferir aos juízes poderes para efetivamente produzirem resultados na realidade fenomênica. Dentre elas, destaca-se a ampliação do princípio da responsabilidade objetiva para antecipação de tutela.

Vê-se, portanto, que embora fundado em uma base social completamente diversa da que se observa hodiernamente, o modelo de jurisdição que herdamos mantém-se praticamente inalterado, valendo-se ainda de preceitos, concepções e princípios totalmente obsoletos, o que contribui decisivamente para o descompasso entre a jurisdição efetivamente prestada aos cidadãos e aquela que estes realmente almejam.

O ponto nuclear da fundamentação do princípio da responsabilidade objetiva do sucumbente em geral, ampliada para os casos de antecipação de tutela, reside exatamente naquela ideia racionalista de uma lei representativa de uma única verdade, e que por isso ensejaria sempre uma sentença correta, ou errada, à semelhança de uma operação matemática. A tarefa do juiz, na sentença, seria tão somente de declarar a prescrição genérica da lei, sem nenhuma possibilidade de criação judicial do direito. Esta lei conteria um direito tão certo e preciso que a parte deveria conhecê-lo previamente, razão pela qual se mostra injustificada a atuação do litigante sucumbente, merecendo, portanto, ser condenado aos ônus sucumbenciais.

Transportado o princípio da responsabilidade objetiva da sucumbência para a antecipação de tutela, tem-se que a parte que executou o provimento antecipatório e vem a ser derrotada ao final do processo deve responder pelos eventuais danos que a efetivação da aludida medida tiver causado à parte contrária, independentemente de culpa e não obstante autorizada, ainda que provisoriamente, pela própria decisão que antecipou a tutela.

Se ao final do processo, após uma cognição exauriente, com a sentença de mérito (produtora de coisa julgada material), o juiz decidir desta ou daquela maneira é porque assim já deveria ter sido desde sempre, pois sua tarefa limitar-se-ia a declarar as prescrições previamente inseridas na lei.

Proclama a doutrina tradicional que o direito emergente desta lei é tão certo e definido que a parte já deveria sabê-lo desde o início, sendo temerária sua conduta não só de postular de maneira diversa como de efetivar o provimento antecipatório, motivo bastante para que seja responsabilizado objetivamente, sem se dar conta, é claro, do equívoco no qual incorre.

Mantém-se, assim, o processo de conhecimento, ordinário e plenário, como verdadeiro paradigma de prestação jurisdicional, desestimulando-se por completo toda e qualquer tentativa de "desordinarizar" o procedimento, chegando ao ponto de punir a parte por ter promovido a efetivação da medida antecipatória, acaso sucumbente ao final do processo.

E é justamente nesse contexto que se insere a problemática. Tem-se, de um lado, uma concepção de jurisdição intrinsecamente atrelada aos princípios e fundamentos político-filosóficos da modernidade, que contribuíram para a manutenção de um modelo processual sustentado no processo de conhecimento, ordinário e plenário, que pressupõe a nítida separação entre conhecimento e execução, suprimindo do juiz, em regra, qualquer margem de discricionariedade para decidir, sendo-lhe reservada tão somente uma função de oráculo do soberano.

De outro, as demandas sociais contemporâneas exigem cada vez mais uma atuação célere e efetiva, produtora de resultados que interfiram na realidade fática.

Paralelamente a isso, em vez de serem estimuladas as formas processuais céleres e capazes de, o mais rápido possível, apresentarem uma resposta ao jurisdicionado, mais e mais entraves são criados a todas as formas de tutela urgente.

A fim de que seja realmente possível atender aos reclamos da maioria da sociedade em prol de uma justiça mais efetiva, especificamente no tocante ao instituto da antecipação de tutela, torna-se necessário eliminar todos os entraves à sua utilização, suprimindo a responsabilização objetiva do sucumbente que executou a medida, enfim, olhando para o instituto sob uma perspectiva hermenêutica.

A nossa obra tratará, então, da necessidade de superação do paradigma racionalista, com a inserção do jurista em um paradigma hermenêutico, de modo que seja possível, através de uma visão crítica, ultrapassar os entraves, não só legais, mas principalmente filosóficos e políticos, postos pelo sistema para dificultar a efetivação prática do instituto da antecipação de tutela, demonstrando-se que as reformas legislativas realizadas representam, em realidade, mais uma forma do paradigma racionalista, e não propriamente a reforma do mesmo.

Com esta finalidade, o livro foi dividido em duas partes. Na primeira, remontamos um escorço histórico analítico acerca da formação dos paradigmas, da Idade Média até a superação dos princípios e valores que deram suporte ao racionalismo. Abordamos também, ainda nessa primeira parte, o paradigma emergente e a doutrina de Ovídio Baptista da Silva, em cujo arcabouço identificamos as bases para o desenvolvimento de uma análise crítica do processo.

Na segunda parte do trabalho, abordamos os reflexos do racionalismo e da transição paradigmática na concepção de Jurisdição ainda sustentada pela doutrina tradicional, partindo das fontes romano-canônicas do Direito Processual Civil para a demonstração dos fatores que favoreceram a preservação de tal concepção. Nesse contexto, após uma incursão a respeito da teoria geral da responsabilidade objetiva e da sucumbência, detivemo-nos no exame específico da ampliação destes princípios para o instituto da antecipação de tutela, com vistas à demonstração de sua inaplicabilidade em razão da superação do paradigma racionalista.

Parte Primeira
Paradigma: do medievo à pós-modernidade

1. Precedentes da modernidade

1.1. Noção de paradigma

Há várias décadas, e nas mais variadas áreas do conhecimento humano, fala-se em *crise da modernidade*, sendo que nos últimos vinte anos se enfatiza cada vez mais estarmos vivendo uma "transição paradigmática". Haveria um paradigma ainda dominante, mas em crise, e um novo paradigma sendo formado em um largo espaço de tempo.[1] Há autores, como José Eduardo Faria, que identificam em nosso período histórico uma inequívoca "revolução paradigmática", caracterizada pela ausência de regras e questionamento do conteúdo, e bem assim da forma e das fronteiras da ciência.[2]

Importa consignar, de início, a ideia de paradigma que nos é transmitida por Ovídio A. Baptista da Silva, na esteira de Thomas Kuhn, segundo a qual:

"Toda a concepção científica estará, necessariamente, alicerçada em determinados pressupostos, aceitos pela comunidade científica como verdades indiscutíveis. Sobre essas premissas, indicadas por ele (Kuhn) como paradigmas, é que a ciência não apenas se constrói, como somente através deles se torna possível como ciência normal, em oposição ao que ele denominou ciência revolucionária".[3]

Não são muitos autores que afirmam já ter ocorrido a superação do paradigma da modernidade, como o faz, em certo sentido, Lenio Streck.[4] A ideia que em geral nos passa a doutrina é de uma "transição paradigmática".

---
[1] SOUSA SANTOS, Boaventura de. *A crítica da razão indolente. Contra o desperdício da experiência*, v. 1, p. 19.
[2] FARIA, José Eduardo. *O direito na economia globalizada*, p. 47.
[3] BAPTISTA DA SILVA. *Processo e ideologia – O paradigma racionalista*. p. 30. KUHN, Thomas. *A estrutura das revoluções científicas*, p. 63 e ss.
[4] STRECK, Lenio Luiz. *Jurisdição constitucional e hermenêutica – Uma nova crítica do direito*, p. 463-4.

O debate sobre a superação, ou não, do paradigma da modernidade, sintetizado pelo racionalismo, é da maior relevância. Esta análise estará incluída no tópico em que voltaremos a abordar o conceito de paradigma, mas adiantamos nossa posição no sentido de nos alinharmos com Lenio Streck relativamente ao "salto paradigmático" da hermenêutica jurídica; ou seja, de um paradigma reprodutivo para um paradigma produtivo de sentido.[5] Decidimos fazer outra abordagem do conceito de paradigma subsequentemente ao tratamento da transição do feudalismo para a modernidade, por entendermos que a compreensão dos contornos do mesmo restará assim mais facilmente assimilável.

De qualquer sorte, julgamos conveniente desde logo avançar um pouco mais no pensamento de Thomas Kuhn. Destaca também este autor a forma intrinsecamente circular de como este termo "paradigma" é utilizado por ele, referindo que "um paradigma é aquilo que os membros de uma comunidade partilham e, inversamente, uma comunidade científica consiste em homens que partilham um paradigma".[6] Afirma ainda que:

> "O que hoje é objeto de estudo de uma única e ampla comunidade, no passado era distribuído entre diversas comunidades. Para descobri-las e analisá-las é preciso primeiro deslindar a estrutura mutável das comunidades científicas através dos tempos. Um paradigma governa, em primeiro lugar, não um objeto de estudo, mas um grupo de praticantes da ciência. Qualquer estudo de pesquisas orientadas por paradigma ou que levam à destruição de paradigma, deve começar pela localização do grupo ou grupos responsáveis".[7]

Observa igualmente Kuhn que durante as revoluções científicas, os cientistas veem coisas novas e diferentes quando, empregando instrumentos familiares, olham para os mesmos pontos já examinados anteriormente. É como se a comunidade profissional tivesse sido subitamente transportada para um novo planeta, onde objetos familiares são vistos sob uma luz diferente e a eles se apegam objetos desconhecidos. Certamente não ocorre nada semelhante: não há transplante geográfico. Fora do laboratório os afazeres cotidianos em geral continuam como antes. Não obstante, as mudanças de paradigma realmente levam os cientistas a ver o mundo definido por seus compromissos de pesquisa de uma maneira diferente.[8]

1.2. Paradigma medieval

Julgamos pertinente fazer uma síntese e estabelecer contornos dos valores vigentes na chamada Idade Média, e bem assim as principais características que distinguiram o feudalismo, na medida em que induvidosamente enseja-

---

[5] STRECK, Lenio Luiz. Op. cit. p. 463-4.
[6] KUHN, Thomas. Op. cit., p. 219.
[7] Idem, p. 223-4.
[8] KUHN, Thomas. Op. cit., p. 127-8.

ram o advento da era moderna. Várias foram as razões que nos levaram à elaboração de um escorço histórico da Idade Média antes de adentrarmos no exame do paradigma da modernidade, mas consideramos suficiente, a propósito, o ensinamento de Ovídio A. Baptista da Silva:

"Ao contrário do que uma visão superficial possa imaginar, a modernidade está solidamente assentada na Idade Média, assim como, através do Renascimento, acha-se ligada espiritualmente à cultura clássica greco-romana".[9]

Segundo Marc Bloch, o termo "feodalis", em sua forma latina, data da própria Idade Média; o substantivo *feudalismo* remonta ao século XVII. Um e outro conservaram ao longo do tempo um sentido estritamente jurídico, eis que ligados a feudo, ou seja, a um modo de posse dos bens reais. Enquanto estado de civilização, parece que o feudalismo encontra a origem de tal acepção nas referências a "governo feudal" e "feudalismo", lançadas nas *Lettres Historiques sur lês Parlaments*, publicadas em 1727, cinco anos após a morte de seu autor, o Conde de Boulainvilliers. Entretanto, coube a Montesquieu "dar o direito de cidadania a esta noção e ao seu rótulo", finalmente chancelados pela Revolução. "A Assembléia Nacional – diz o famoso decreto de 11 de agosto de 1789 – destruiu completamente o regime feudal".[10]

A doutrina designa "modernidade" o período histórico subsequente à chamada Idade Média, tendo nesta última vigorado o sistema feudal e cujo início é apontado como o final do século V; o respectivo marco histórico é a queda do Império Romano do Ocidente.

A queda de Constantinopla ante Maomé II, ocorrida em 1453, costuma ser apontada como termo final daquela era. Esta cidade, fundada por Constantino em 330 no lugar onde existia a colônia grega de Bizâncio, representava a síntese dos mundos greco-romano e oriental. A partir do início do século IV, a fustigação dos bárbaros tornara Roma uma cidade muito incômoda para ser residência do imperador; por isso Constantino, que governou entre 323 e 337, procurou para si uma nova capital na qual se instalou com a corte. Quando da morte de Constantino, o Império foi dividido entre seus dois filhos. O mais velho morava em Roma e governava o Ocidente; o mais novo ficara em Constantinopla e era o "Senhor" do Oriente.

A transferência da Corte de Constantino para o Oriente facilitou ainda mais as invasões bárbaras. E assim, sucessivas levas de hunos, visigodos, vândalos, borguinhões, ostrogodos, alamanos e francos não deram trégua a Roma. No ano 400, Alarico, rei dos visigodos, marchou sobre Roma, mas se limitou a destruir alguns palácios sem fazer pilhagem. Em 402, o Imperador fugiu para Ravena, porto marítimo solidamente fortificado, onde finalmente Odoacro, comandante de um regimento de mercenários germanos, depôs do trono Rômulo Augústulo em 475 e proclamou-se patrício e governante de Roma. O imperador do Oriente, muito ocupado com seus próprios assuntos, reconheceu-o

---

[9] BAPTISTA DA SILVA. *Processo e ideologia*, p. 59.
[10] BLOCH, Marc. *A sociedade feudal*, p. 11-2.

como monarca. Poucos anos depois, Odorico, rei dos ostrogodos, tomou Ravena, assassinou Odoacro em sua própria mesa de jantar e fundou um reino godo em meio às ruínas da metade ocidental do Império. O Estado patriciado não duraria muito. No século VI, uma massa heterogênea de lombardos, saxões, eslavos e ávaros invadiu a Itália, destruiu o reino germânico e estabeleceu um novo Estado cuja capital era Pávia. Soçobrava por fim a cidade imperial, "num estado de absoluto desespero e desleixo".[11]

Já o Império do Oriente, igualmente chamado Bizantino, atingiu o máximo esplendor no governo de Justiniano (527-565), macedônio filho de camponeses, sobrinho do General Justino, que se havia tornado imperador através de um golpe militar.

Os interesses desse Império ficaram restritos ao Oriente e aos poucos foi olvidando-se de suas origens ocidentais. O idioma latino foi substituído pelo grego, no qual as leis romanas passaram a ser escritas. Constantinopla continuaria, por mais mil anos após a queda de Roma, a ser o centro de um Império, até sua queda em 1453.

Alguns anos antes, Zoé, uma sobrinha do último imperador, casara-se com Ivan III da Rússia, herdando assim os Grão-Duques de Moscou parte da tradição de Constantinopla. A águia bicéfala da antiga Bizâncio, relíquia da época em que Roma se dividira em dois impérios, tornou-se o escudo de armas da Rússia moderna. Conclui Hendrik Willem Van Loon:

"O czar, que no início era apenas o primeiro entre os nobres russos, assumiu a altivez e a dignidade de um imperador romano, perante o qual todos os súditos, nobres ou plebeus, eram escravos insignificantes. A corte foi remodelada segundo os padrões orientais, que os imperadores do Oriente haviam importado da Ásia e do Egito e que se assemelhava à Corte de Alexandre Magno. Essa estranha herança que o moribundo Império bizantino silenciosamente legou ao mundo continuou viva e vigorosa por mais seis séculos entre as vastas planícies da Rússia. O último homem a envergar a coroa com a águia bicéfala de Constantinopla, o czar Nicolau, foi morto outro dia, por assim dizer".[12]

Justiniano legou-nos o que agora chamamos *Corpus Juris Civilis*, cuja preparação ordenou ao jurista Triboniano. Segundo John Henry Merrymann, Justiniano teve duas motivações principais para tal objetivo. A primeira, por se tratar de um reacionário, considerava decadente o direito romano da sua época. Queria salvar o sistema legal de vários séculos de deterioração e devolver-lhe a pureza e a grandiosidade antigas. A segunda, por se tratar de um codificador, pretendeu eliminar as dúvidas e incertezas causadas pela massa de éditos e normas, que ensejava um grande refinamento e interpretações divergentes. Justiniano pretendeu eliminar o que estivesse errado, obscuro ou repetitivo, e organizar de uma forma sistemática o que convinha conservar. Em particular, preocupava-o o número, a extensão e a diversidade dos comentários e obras

---
[11] VAN LOON, Hendrik Willem. *A história da humanidade,* p. 125 e ss.
[12] Idem, p. 136.

escritas por jurisconsultos, tratando de abolir a autoridade daqueles que são os maiores do período clássico. Mandou queimar muitos manuscritos catalogados por Triboniano, o que explica a dificuldade de estudar-se o direito romano anterior.

O *Corpus Juris Civilis* de Justiniano não se limitava ao tratamento do direito civil; incluía disposições sobre o poder real do imperador, sobre a organização do Império e a uma diversidade de outras matérias que hoje seriam qualificadas como de direito público. Mas é a parte em que se ocupa do direito civil romano que foi objeto de estudo mais específico e se converteu na base dos sistemas legais do mundo que adotaram a *civil law*. Com as invasões bárbaras, o *Corpus Juris Civilis* caiu em desuso, pois os germânicos trouxeram consigo seus próprios costumes legais e também passaram a aplicar versões do direito civil romano mais rudimentares e menos refinadas, o que produziu ao longo dos séculos o que ainda hoje denominam os europeus de "direito romano vulgarizado", ou "barbarizado". O "ressurgimento" do direito romano se iniciou em Bolonha, no século XI. Entretanto, houve um "ressurgimento" anterior, quando no século IX, no Império Romano do Oriente, o interesse pelo *Corpus Juris Civilis* ensejou sua publicação, em grego, de uma compilação denominada *Basílica*. Na Grécia, a Basílica seguiu como importante fonte do direito civil, até o advento do primeiro Código Civil grego, depois da segunda Guerra Mundial.[13]

Ovídio A. Baptista da Silva agrega a importante ressalva no sentido da necessidade de compreender-se que a verdadeira herança romana recebida pelo mundo moderno nada tinha de comum com o direito romano clássico. O direito de Justiniano era fundamentalmente imperial, burocrático e autoritário, culminando por estabelecer o princípio de ser o direito uma criação do Estado, simbolizado pelo imperador, e que os juristas deveriam renunciar a qualquer atividade criativa, limitando-se à investigação do pensamento e da vontade do legislador. Ovídio A. Baptista da Silva já havia anotado, fazendo remissão a Biondo Biondi, que os nossos vínculos com o direito romano são inteiramente intermediados pelo espírito cristão que o plasmou no último período, e cujos valores se distinguiam e até se contrapunham aos princípios formadores do Direito Romano clássico. E os romanos conheciam esta linha divisória, razão pela qual Teodósio II determinou, no século V, uma consolidação das leis editadas a partir de Constantino, com a clara intenção de apresentar um Código de "pura marca cristã".[14]

Em 1453, chega ao seu fim a Guerra dos Cem Anos, vencida pelo rei Carlos VII da França, o que ensejaria o fortalecimento da monarquia e a caminhada do poder real para o absolutismo naquele país. Já na Inglaterra, o poder do rei vinha se enfraquecendo desde 1215, ano em que os barões impuseram a João Sem Terra a Magna Carta. No reinado de Henrique III, mercê de nova revolta dos barões, o poder foi praticamente transferido para a nobreza através das Provisões de Oxford, em 1258. O processo de afirmação real na Inglaterra

---
[13] MERRYMANN, John Henry. *La tradición jurídica romano-canónica*, p. 24-8.
[14] BAPTISTA DA SILVA, Ovídio A. *Jurisdição e execução – Na tradição romano-conônica*, p. 92 e 130.

somente foi retomado com a dinastia dos Tudor, ao final da Guerra das Duas Rosas, em 1485.

O medievo resulta da crise do Império Romano, agravada pelas invasões bárbaras. Ao longo do período medieval houve uma paulatina integração das estruturas do mundo dos romanos com o dos germânicos (bárbaros), restrita tal integração à Europa Ocidental.[15] Consoante anota René David, no século V, após a queda do Império Romano do Ocidente, que havia conhecido uma civilização brilhante e construído um sistema jurídico sem precedentes no mundo, "a sociedade voltou a um estado mais primitivo nas trevas da Alta Idade Média".[16] A constatação é confirmada por Perry Anderson, ao observar que as tribos germânicas que esfacelaram o Império Ocidental não eram capazes de trazer por si sós um novo universo político e coerente em substituição àquele. "Nenhum conhecera um Estado territorial duradouro; todos tinham religiões pagãs ancestrais; a maioria não tinha linguagem escrita; poucos possuíam qualquer sistema de propriedade articulado ou estabilizado".[17]

Para Marc Bloch, o erro seria grave se tratássemos a "civilização feudal" como se constituísse, no tempo, "um bloco de uma só peça". Segundo este historiador, houve duas "idades feudais". A primeira "idade feudal" se estenderia até aproximadamente meados do século XI, durante a qual a densidade demográfica baixou comparativamente aos tempos do Império Romano, em razão da insegurança que passou a reinar. Os reis da primeira idade feudal

> "(...) mataram-se, literalmente, de tanto viajar. No decurso, por exemplo, de um ano durante o qual não aconteceu nada de excepcional – 1033 –, vemos o imperador Conrado II ir sucessivamente da Borgonha até à fronteira polaca, daí a Champagne, para regressar finalmente a Lusace. O barão, com a sua comitiva, circulava constantemente de uma para outra das suas terras. Não era apenas com a intenção de melhor as vigiar; era preciso também ir consumir no local os víveres cujo transporte para um centro comum teria sido não só incômodo como dispendioso".[18]

Os transportes e as comunicações eram extremamente precários. Durante toda a época feudal, o único serviço de transporte de cartas mais ou menos regular que funcionou unia Veneza a Constantinopla. Teria sido impossível, naquela época, governar um país do interior de um palácio; mas as grandes distâncias e a precariedade das vias, dentre outras razões, "faziam com que só o poder localizado fosse um poder eficaz".[19] Se dermos um salto para a época da produção "mais requintada" da ciência moderna, teremos chegado à plena viabilidade de destruir muitos países de um outro continente a 15.000 km de distância, rigorosamente do interior de um palácio!

Ciente da disparidade entre o que havia destruído e o que poderia construir, a maioria dos governantes germânicos empenhou-se em restaurar os

---

[15] ARRUDA, José J. de A.; PILETTI, Nelson. *Toda a história*, p. 97.
[16] DAVID, René. *Os grandes sistemas de direito contemporâneo*, p. 59 e ss.
[17] ANDERSON, Perry. *Passagens da antiguidade ao feudalismo*, p. 109.
[18] BLOCH, Marc. Op. cit., p. 83.
[19] Idem, p. 85.

edifícios romanos que tinham sido inicialmente postos abaixo. Um lento processo de fusão, integrando elementos romanos e germânicos, numa nova síntese que haveria de substituí-los, começou a ocorrer gradualmente, destacando-se o surgimento de um novo sistema agrário. No início do século VII estava consolidada uma aristocracia rural. Vale destacar a conclusão de Perry Anderson:

> "A síntese histórica que naturalmente ocorreu foi o feudalismo. O termo preciso – síntese – é de Marx, junto com os outros historiadores de seu tempo. A catastrófica colisão dos dois modos anteriores de produção em dissolução – o primitivo e o antigo – produziu a ordem feudal que se disseminou por toda a Europa medieval".[20]

Aponte-se, desde logo, com Marc Bloch, que a feudalidade coincidiu com um profundo enfraquecimento do Estado, resultado da "brutal" dissolução de sociedades mais antigas, que passaram a ser mais desiguais do que hierarquizadas, com mais chefes do que nobres, e servos no lugar de escravos. Houve a sujeição de uma multidão de gente humilde relativamente a alguns poderosos, e o vínculo humano característico foi o elo entre o subordinado e o chefe mais próximo.[21]

Não há dissenso na doutrina quanto ao destacado papel da Igreja Católica, não só durante a transição entre a Antiguidade e a Idade Média, como ao longo desta. Perry Anderson chega a afirmar que a Igreja foi uma indispensável ponte entre duas épocas, numa passagem "catastrófica" e não "cumulativa" entre dois modos de produção, além de haver sido a mentora oficial da primeira tentativa sistemática de fazer renascer o Império no Ocidente, com a monarquia Carolíngia.[22]

A ascensão da Igreja em Roma firmara-se na segunda metade do século IV, quando Constantino se fizera batizar depois da promessa de se tornar cristão se vencesse uma batalha. A partir de então, a Igreja cristã foi oficialmente reconhecida, consolidando-se definitivamente com Justiniano, que mandou fechar em Atenas a escola de filosofia fundada por Platão. Como registra Hendrik Willem Van Loon:

> "Foi esse o fim do antigo mundo grego, no qual o homem podia pensar por si mesmo e elaborar seus próprios sonhos segundo seus desejos. As regras de conduta dos filósofos, um pouco vagas, não constituíam bússola suficientemente firme para pilotar o navio da vida numa época em que um dilúvio de selvageria e ignorância abalava a ordem estabelecida. Era preciso algo mais concreto e mais definido. Foi isso que a Igreja forneceu".[23]

Logo após o desaparecimento do reino romano-gótico de Teodorico, no século V, houve um período de enfraquecimento das tribos que sucederam os

---

[20] ANDERSON, Perry. Op. cit., p. 123.
[21] BLOCH, Marc. Op. cit., p. 480.
[22] ANDERSON, Perry. Op. cit., p. 131.
[23] VAN LOON, Hendrik Willem. Op. cit., p. 134.

godos; dessa circunstância aproveitaram-se os bispos de Roma para consolidar a independência de sua cidade, e o resto do Império logo reconheceu-os como seus governantes temporais e espirituais, circunstância oficializada com Gregório, um aristocrata que havia sido prefeito da cidade, eleito Papa no ano de 590.

Nessa época, os francos constituíram o reino mais poderoso da Europa Ocidental. Dividiam-se em sálios, estabelecidos perto do atual território da Bélgica, e ripuários, do Baixo Reno. No século V, penetraram na Gália do Norte. Descendentes de Meroveu, os Merovíngios, foram os primeiros reis francos, tornando-se Clóvis (481-511) o primeiro grande expoente. Esta dinastia durou até a coroação de Childerico III, em 743. Em 751, com o apoio do Papa Zacarias, Pepino, o Breve, filho de Carlos Martel, assumiu o trono com o recolhimento de Childerico a um mosteiro. Inaugurava-se aí a dinastia dos Carolíngios.

O Estado da Igreja nasceu em 756, a partir do Patrimônio de São Pedro, concedido por Pepino, o Breve, ao vencer os lombardos. O papado justificava mais concessões a partir de um documento falso, chamado *Donatio Constantini* (Doação de Constantino), mercê do qual Constantinopla teria doado todo o Ocidente à Igreja. A monarquia pontifical continuou fortalecendo-se e, com a complexidade da sua administração, foi criada a Cúria Romana, uma espécie de secretaria-geral, cujos membros mais importantes eram os cardeais. Foi criado também o fisco pontifical, que centralizava as arrecadações: rendas das propriedades, impostos dos Estados vassalos; dinheiro de São Pedro, cobrado em alguns países, além de taxas sobre serviços.[24]

Um dos marcos históricos do fortalecimento político da Igreja ocorreu sob Carlos Magno, seguindo-se em rápidas pinceladas as razões desse entrelaçamento de interesses, cujas origens, dentre outras, vinculam-se ao avanço dos árabes e ao temor de novas invasões bárbaras. A expansão dos muçulmanos foi rápida, podendo até ser qualificada de meteórica, se levarmos em consideração o desenvolvimento da época, ou seja, o século VII da nossa era. Com a morte de Maomé, em 632, sucedeu-o como califa (líder) Abu Bakr, seu sogro. Dois anos depois, Ali Bakr morreu e foi sucedido por Omar ibn Al-Khattab, que em menos de dez anos conquistou o Egito, a Pérsia, a Fenícia, a Síria e a Palestina, fazendo de Damasco a capital do primeiro Império mundial maometano.

No ano 700, um general maometano chamado Tarik transpôs as velhas colunas de Hércules e chegou à Europa. Denominou o penhasco de "Gibel al-Tarik" – a montanha de Tárik – ou Gibraltar. Onze anos depois, na batalha de Jerez de la Frontera, Tárik derrotou o rei dos visigodos e continuou seguindo para o Norte até cruzar os pirineus na mesma rota de Aníbal. Nas proximidades de Bordeaux, venceu o Duque da Aquitânia e marchou sobre Paris. Mas em 732, sob o comando de Carlos Martel, os francos derrotaram os muçulmanos na batalha de Poitiers e os expulsaram da França; mantiveram-se na Espanha, onde fundaram o califado de Córdoba, que se tornou o maior centro científico e artístico da Europa medieval.

---

[24] ARRUDA, José Jobson de A.; PILETTI, Nelson. Op. cit., p. 94.

O filho de Carlos Martel, Pepino, o Breve, que substituiu seu pai no cargo de prefeito do palácio, diante do desinteresse do rei Childerico pelas questões terrenas (o rei era um teólogo devoto que não se interessava pela política), aconselhou-se com o Papa a respeito do problema, ouvindo do mesmo, que era um homem prático, a resposta de que "o poder do Estado pertence a quem o exerce de fato". Segue-se, assim, a conclusão de Hendrik Willem Van Loon sobre o episódio:

> "Pepino captou a mensagem e persuadiu Childerico, o último dos merovíngios, a entrar para um mosteiro; e fez-se rei com o apoio dos outros caudilhos germânicos. Isso, porém, não satisfez ao astuto Pepino, que queria ser algo mais do que um simples chefe bárbaro. Preparou então uma elaborada cerimônia na qual Bonifácio, o grande missionário do noroeste europeu, o ungiu 'rei pela graça de Deus'. Foi fácil introduzir essas palavras *dei gratia*, na cerimônia de coroação; mas foi preciso quase mil e quinhentos anos para tirá-las de lá".[25]

Carlos, chamado Carolus Magnus, ou Carlos Magno, sucedeu Pepino no ano de 768. Conquistou território dos saxões na Alemanha oriental e construiu cidades e mosteiros por toda a Europa setentrional. Nos últimos dez anos do século VIII Carlos Magno se viu obrigado a dedicar sua atenção aos assuntos do Sul. O Papa Leão III fora atacado por um bando de arruaceiros romanos e deixado moribundo na rua. Com o auxílio de pessoas caridosas, conseguiu escapar para o acampamento de Carlos Magno, a quem pediu socorro. Um exército franco logo restabeleceu a paz e reconduziu o Papa ao palácio de Latrão. Tal episódio ocorreu em dezembro de 799. No dia de Natal do ano seguinte (800), Carlos Magno, que estava em Roma, assistiu a missa na antiga igreja de São Pedro. Após terminarem as orações, o Papa depositou uma coroa sobre a cabeça de Carlos Magno, proclamando-o imperador dos romanos e saudou-o com o título de "Augusto", que não se ouvia por ali há séculos. E novamente a Europa setentrional fazia parte de um Império Romano, pertencendo a dignidade imperial, agora, a um rei germânico que mal sabia ler e jamais aprendeu a escrever; mas sabia lutar. E até sua morte, em 814, seus territórios conheceram a ordem, tendo sido chamado pelo rival de Constantinopla de "irmão".[26]

A expansão carolíngia não foi um simples acréscimo territorial, mas um verdadeiro renascimento administrativo e cultural através dos limites do ocidente continental. Em coordenação muito próxima com a Igreja, a monarquia carolíngia patrocinou uma renovação da literatura, filosofia, arte e educação. Missões religiosas eram enviadas às terras pagãs além do Império. A grande e nova zona de fronteira da Germânia, ampliada através da sujeição das tribos saxônicas, pela primeira vez foi cuidadosamente atendida e sistematicamente convertida, programa este facilitado pela mudança da corte para Aachen, a meio caminho entre o Elba e o Loire. Uma rede administrativa elaborada e centralizada, cuja unidade básica era o condado, abrangeu todo o território. Nobres de confiança eram nomeados condes com poderes judiciais e militares

---

[25] VAN LOON, Hendrik Willem. Op. cit., p. 144.
[26] Idem, p. 145.

para governar as respectivas regiões. "O tamanho destes domínios nobres ou clericais era muitas vezes bastante considerável – de uns 800 a 1600 hectares de extensão".[27]

Perry Anderson, apoiado em L. Halpen, chama a atenção para a importante circunstância de haver sido a época do próprio Carlos Magno:

> "Que anunciou a síntese crítica entre as doações de terras e as ligações de serviço. No decorrer do século VIII, a vassalagem (homenagem pessoal) e o benefício (concessão de terras) lentamente fundiram-se, ao passo que, durante o século IX, o benefício, por sua vez, se tornou cada vez mais assimilado à honra (ofício e jurisdição pública). Eram esses vassalos reais que se tornaram o núcleo do exército carolíngio, chamado ano após ano para serviço nas constantes campanhas de Carlos Magno no exterior. Mas o sistema se estendia bastante além da direta lealdade ao imperador. Outros vassalos eram beneficiários de príncipes, que por sua vez eram vassalos do governante supremo. Ao mesmo tempo, imunidades legais inicialmente peculiares à Igreja, começaram a estender-se aos guerreiros seculares. Daí por diante, os vassalos equipados com tais imunidades estavam imunes à interferência da corte em suas propriedades. O resultado desta evolução convergente foi o surgimento do 'feudo', como uma concessão de terra delegada, investida de poderes jurídicos e, em troca de serviço militar. Levou um século para que o sistema feudal se tornasse amoldado e enraizado no ocidente; mas seu núcleo inequívoco era já visível durante o domínio de Carlos Magno".[28]

Na época da morte de Carlos Magno, as instituições centrais do feudalismo já estavam presentes, sob o manto de um império centralizado "pseudo-romano". A rápida disseminação dos benefícios e o fortalecimento da hereditariedade tendiam a minar todo o aparato do Estado carolíngio. A unidade interna do Império desmoronou entre guerras civis de sucessão e a crescente regionalização da aristocracia que o mantivera coeso. Nas últimas décadas do século IX, a França, particularmente, ficou cheia de fortificações privadas e castelos, erigidos por senhores rurais sem nenhuma permissão imperial, para resistir aos novos ataques bárbaros e consolidar o seu poder local. "Os camponeses", conclui Perry Anderson:

> "Já vítimas de uma sujeição progressiva nos anos finais do reinado de Carlos Magno, marcados pela depressão e por guerras, agora eram levados a uma servidão generalizada. O enraizamento dos condes e dos senhores locais nas províncias, através do nascente sistema feudal, a consolidação de suas propriedades senhoriais e a suserania sobre o campesinato provaram ser a pedra fundamental do feudalismo, que lentamente foi solidificado por toda a Europa nos próximos dois anos".[29]

---

[27] ANDERSON, Perry. Op. cit., p. 135.
[28] Idem, p. 136.
[29] Idem, p. 137.

Com a morte de Carlos Magno, seus filhos e netos começaram imediatamente a lutar pela parte maior da herança imperial, e após sucessivos tratados, em 870, foi o reino dividido. Carlos, o Calvo, recebeu a metade oriental onde se localizava a antiga província romana da Gália, cuja língua popular sofrera uma forte influência romana. Os francos logo aprenderam a falar este idioma, e é isso que explica porque, numa terra puramente germânica, como é a França, a língua que se fala é latina. O outro neto de Carlos Magno ficou com a região Leste, o território que os romanos chamavam de Germânia, que eles não haviam conseguido submeter, e cujos habitantes falavam a língua germânica popular (na qual a palavra "gente" era *thiot*), que os missionários cristãos chamavam de theotisca, ou teutisca, palavra que se transmudou para Deutsch, e explica a origem do nome "*Deutschland*".[30]

Durante a segunda idade feudal, ou mais precisamente entre os anos de 1050 e 1250, houve uma expansão do povoamento que literalmente "transformou a face da Europa", cujo efeito imediato foi o da aproximação dos grupos humanos uns dos outros, surgindo daí a classe dos artesãos e a classe dos mercadores. Os têxteis de lã eram naturalmente o principal setor em crescimento, cuja produtividade mais que triplicou com a introdução do tear de pedal horizontal. Mas os maiores beneficiários do capital medieval urbano eram os do comércio a longa distância e os da usura. A volta da cunhagem das moedas na Europa do século XIII em Gênova e Florença foi o símbolo da vitalidade comercial das cidades. As cidades mediterrâneas passaram a acumular riquezas; em 1293, só o Porto de Gênova rendia em taxas marítimas três vezes e meia a mais do que todo o rendimento real da monarquia francesa.[31]

A ascensão dos enclaves urbanos não pode ser separada da influência agrária que os cercava, pois seria incorreto divorciar estes dois aspectos em qualquer análise da Alta Idade Média, embora alguns autores, como Postan, refiram-se às cidades, nessa época, como "ilhas não feudais nos mares feudais". Mas a verdade é que a maioria das novas cidades, em sua origem, era patrocinada ou protegida por senhores feudais. Nessa fase, a agricultura recebeu um grande incremento, proporcionando uma inflação de 300% entre 1100 e 1300. O aumento da produtividade rural também decorreu das inovações técnicas, como o arado de ferro para lavrar, os arreios firmes para a tração equina, o moinho de água para a força mecânica, o adubo calcário para melhoria do solo e o sistema de três campos para a rotação de semeaduras.[32]

O progresso agrícola e a vitalidade urbana constituíram os esteios sobre os quais foram erigidos os monumentos majestosos da estética e da intelectualidade da Alta Idade Média. Perry Anderson, na esteira de Van Bath, comenta:

"No século XII explodiu um período exuberante de desenvolvimento no Sul e Oeste da Europa. Nos anos entre 1150 e 1300 atingiu-se um ponto alto nos campos cultural e material que jamais foi equiparado até muito tempo depois. Este avanço não aconteceu apenas na teologia, filosofia,

---

[30] VAN LOON, Hendrik Willem. Op. cit., p. 147.
[31] BLOCH, Marc. Op. cit., p. 90. ANDERSON, Perry. Op. cit., p. 186-8.
[32] ANDERSON, Perry. Op. cit., p. 178-185.

arquitetura, escultura, nos trabalhos em vidro e na literatura, mas também houve uma prosperidade material. As origens da arquitetura gótica, artefato supremo desta 'exuberância' cultural, foram uma expressão adequada às energias unitárias da época: começou no norte da França, berço do feudalismo desde Carlos Magno, e seu inaugurador foi Suger – abade, regente e patrono –, cuja tríplice vocação foi a de reorganizar e racionalizar o domínio de Saint Denis, consolidar e estender o poder da monarquia dos capetos para Luis VI e VII e lançar na Europa um estilo leve de construção, de que seus próprios versos religiosos eram o programa estético".[33]

Anota Hendrik Willem Van Loon sobre o Renascimento:

"O Renascimento não foi um movimento político ou religioso. Foi um estado de espírito. Os homens do Renascimento ainda eram filhos da Santa Madre Igreja. Eram súditos dos reis, imperadores ou duques e não murmuravam contra seus senhores. Mas sua visão de mundo tinha mudado. Começaram a usar roupas diferentes, a falar línguas diferentes e a viver de modo diferente em casas diferentes. Já não concentravam todos os seus pensamentos e esforços na existência bem-aventurada que os aguardava no Paraíso. Tentaram fundar um Paraíso aqui sobre esta terra e, para falar a verdade, em boa medida o conseguiram. Já alertei várias vezes sobre o perigo que se oculta por trás das grandes datas da história. As pessoas as entendem de modo demasiado literal. Concebem a Idade Média como um período de trevas e ignorância. De repente toca o despertador, começa o Renascimento e as cidades e palácios se enchem de luz brilhante e de uma grande curiosidade intelectual. É impossível traçar linhas demarcatórias tão rígidas".[34]

Um espírito "universal" permeava a Idade Média e decorria da concepção de evangelização da Igreja Católica, e da ideia segundo a qual Igreja de Cristo é universal tanto na sua dimensão geográfica, quanto na sua vocação de acolher todos os seres humanos. Católico, em grego, significa universal.[35] Pode-se afirmar que a mentalidade medieval era também "internacionalista". Os homens do século XII ou XIV raramente intitulavam-se ingleses, franceses ou italianos. Afirmavam-se "cidadãos de Sheffield", "de Bordeaux" ou "de Gênova". Como pertenciam todos a uma única Igreja, sentiam haver entre si um certo vínculo de fraternidade. Além disso, todas as pessoas instruídas falavam latim, o que eliminava as barreiras linguísticas que surgiram na Europa moderna. As Universidades foram criadas em torno de sábios que decidiam transmitir seus ensinamentos onde quer que houvesse pessoas dispostas a ouvi-los. Pouco a pouco alguns jovens começavam a correr para o lugar onde algum mestre estivesse a ensinar, e assim começou a universidade, ou *universitas*, uma corporação de professores e estudantes, na qual o professor era tudo; o edifício usado para as aulas nada significava.

---

[33] Van Bath *apud* ANDRESON, Perry. Op. cit., p. 190.
[34] VAN LOON, Hendrik Willem. Op. cit., p. 209.
[35] PIERUCCI, Antônio Flávio. O retrovisor polonês. Folha de São Paulo, p. 3.

Em Bolonha, na Itália, um monge de nome Graciano compilou um livro de referência para os que tinham o dever de conhecer as leis da Igreja. Jovens sacerdotes e muitos leigos vieram então de toda a Europa para ouvir as ideias de Graciano. Eles constituíram uma corporação, ou universidade, nascendo daí a Universidade de Bolonha. Van Loon e Merryman chamam atenção para um interessante ponto:

"A Idade Média, e especialmente o século XIII, não foram épocas de completa imobilidade no mundo. Entre os membros das gerações mais jovens, havia vida, havia entusiasmo e havia uma curiosidade inquieta, embora ainda tímida e envergonhada. Foi desse turbilhão que proveio o Renascimento".[36]

Embora os historiadores divirjam quanto às respectivas causas, o certo é que nos cem anos seguintes, ou seja, no século XIV, uma outra crise, e desta vez geral, assolou o continente europeu. E essa crise "tem aparecido retrospectivamente como a linha dividindo as águas dos destinos da Europa".[37] A origem mais profunda da crise encontra-se na redução da produtividade agrícola decorrente de vários fatores, aliada à expansão demográfica. Os anos de 1315 e 1316 foram de fome na Europa. Seguiu-se a escassez do dinheiro e a bancarrota da produção mineral. O declínio dos rendimentos senhoriais desencadeou uma onda de lutas sem precedentes. A Guerra dos Cem Anos levou a França, país mais rico da Europa e vencedor da mesma, a afundar-se numa desordem e miséria sem paralelos, enquanto na Inglaterra, a derrotada, instalou-se o gangsterismo dos barões da Guerra das Duas Rosas. A guerra, vocação dos cavaleiros nobres, transformou-se em um negócio profissional, do qual toda a população civil era vítima.

O panorama desolador desta crise estrutural completou-se com a invasão da Peste Negra, vinda da Ásia em 1348, e que ceifou a vida de um quarto da população europeia, perda proporcionalmente muito mais elevada que a das duas Guerras Mundiais. Some-se a essas pragas o imposto equivalente a dois quintos do rendimento bruto que era cobrado por volta do ano de 1400. A classe nobre enfrentaria daí em diante não só as suas próprias dívidas e a inflação, mas também uma força de trabalho dizimada e descontente. A saída foi a tentativa de prender os camponeses nas terras senhoriais e o rebaixamento dos salários nas cidades e no campo. As importantes consequências e mudanças ocorridas nessa fase de "quase transição" da Idade Média são descritas por Russell, Myers, Perroy, Lutge e Hilton, todos citados por Perry Anderson, da seguinte forma:

"O Estatuto dos Trabalhadores decretado na Inglaterra em 1349-1351, logo depois da Peste Negra, está entre os programas mais glacialmente explícitos de exploração de toda a história européia da luta de classes. A Ordonannce francesa de 1351 basicamente repetia dispositivos semelhantes ao Estatuto inglês. No mesmo ano, as cortes de Castela, reunidas em

---

[36] VAN LOON, Hendrik Willem. Op. cit., p. 213.
[37] ANDERSON, Perry. Op. cit., p. 191.

Valladolid, decretaram a regulamentação de salários. Os príncipes germânicos logo seguiram o mesmo caminho: foram impostos controles similares na Baváría em 1352. A monarquia portuguesa passou suas leis sobre sesmarias duas décadas mais tarde, em 1375. No entanto, a tentativa senhorial de reforçar as condições servis e fazer a classe produtora pagar os custos da crise agora encontrava resistência violenta e desenfreada – muitas vezes lideradas por camponeses mais educados e mais prósperos, mobilizando as mais profundas paixões populares. Estes conflitos, contidos e localizados, que haviam caracterizado a demorada ascensão do feudalismo, subitamente fundiram-se em grandes explosões regionais ou nacionais durante a depressão feudal, em sociedades medievais que agora estavam muito mais integradas econômica e politicamente".[38]

As revoltas se sucediam. Em 1309 os pequenos mestres tecelões de Gand tomaram o poder do patriciado. Os esfomeados cardadores de lã de Ciompi, que não eram artesãos, mas trabalhadores assalariados, promoveram um levante radical em Florença e estabeleceram uma breve ditadura em 1378. Já em 1358 o norte da França encontrava-se em chamas com a Grande Jacquerie, sangrenta insurreição de camponeses contra a nobreza. Em 1381, com a impetuosa meta de abolir a servidão e anular o sistema legal existente, irrompeu a Revolta Camponesa na Inglaterra, precipitada por uma nova taxa *per capita*. No século seguinte foi a vez do campesinato calabrês se rebelar contra seus senhores aragoneses, na grande revolta de 1469-1475. Os servos da remensa, camponeses da Catalunha, revoltaram-se contra a divulgação dos "seis costumes do mal" impostos a eles pelos barões, seguindo-se uma guerra civil em 1462 e outra em 1484, ensejando a "Sentença de Guadalupe", pronunciada em favor daqueles por Fernando de Aragão, em 1486. Embora multados pelo monarca, adquiriram a posse estável de seus lotes, permanecendo os senhores com os direitos jurisdicionais.Todas essas revoltas foram debeladas e politicamente reprimidas, à exceção da remensa, mas seu impacto sobre o resultado final da grande crise do feudalismo na Europa Ocidental foi profundo.[39]

Os salários acabaram aumentando em todos os lugares. Houve uma clara influência do setor urbano nessas revoltas, que ocorreram em zonas de poderosos centros que forneceram o fermento para tais levantes populares, tendo os artesãos rurais – para citar um exemplo – se destacado na guerra em Flandres. As cidades passaram a exercer uma constante influência gravitacional no equilíbrio de forças no interior, tornando-se uma permanente possibilidade de fuga para os camponeses descontentes. A máxima alemã Stadtluft marcht frei (o ar da cidade faz o homem livre) era a regra para os governos das cidades de toda a Europa, pois os servos fugitivos eram uma entrada positiva de mão de obra para os artífices urbanos.

Os senhores foram então obrigados a um afrouxamento dos laços servis na terra, resultando depois em uma lenta, mas firme substituição das obrigações por arrendamentos mediante contratos. Ainda assim, a mão de obra

---

[38] ANDERSON, Perry. Op. cit., p. 196.
[39] Idem, p. 197-9.

tornou-se escassa, fazendo com que os nobres se voltassem cada vez mais para a atividade pastoril, a fim de abastecerem a indústria de lã que se desenvolvera nas novas cidades. A lã foi uma das mais importantes soluções senhoriais para a crise agrícola, fazendo com que a produção europeia aumentasse de três a cinco vezes no último período medieval. Enfim, "As terras senhoriais cultivadas pelo trabalho servil eram um anacronismo na França, na Inglaterra, na Alemanha Ocidental, na Itália do Norte e na maior parte da Espanha pelo ano de 1450".[40]

As numerosas revoltas camponesas acabaram fazendo com que a nobreza se socorresse do rei, como articulador da aristocracia e das massas. Este fato em muito contribuiu para a centralização do poder. O desenvolvimento comercial e urbano também favoreceu a centralização. Uma nova classe social que foi surgindo ligada ao comércio tinha interesse na uniformização de pedágios, pesos e medidas, moedas e leis. E a centralização do poder era um meio para atingir tal unificação. Assim, ao findar a Guerra dos Cem Anos, em 1453, Carlos VII, da Dinastia dos Valois, e que venceu os ingleses, arrogou-se no direito exclusivo de baixar impostos, criando o imposto sobre a venda de mercadorias (aides), sobre o sal (gabela) e sobre pessoas ou terras (talha). Com tais recursos, pôde manter um exército permanente, aperfeiçoou a cavalaria e a artilharia e formou um excelente corpo de arqueiros. No início do século XVI, a administração tornou-se mais eficiente. Os principais assessores do rei eram o chanceler, encarregado da justiça; o condestável, do exército; e secretários de Estado. O conselho do rei, ou de Estado, apesar de não ter atribuições fixas, tratava dos principais problemas de política externa e interna. A organização das províncias, mais difícil em razão das distâncias e da resistência dos senhores, progrediu mesmo assim, pois foram criadas instituições fiscais e judiciárias (parlamentos) em várias localidades, não obstante as dificuldades causadas pela vitaliciedade e hereditariedade dos cargos públicos. O poder real na França caminhava, assim, para o absolutismo, enquanto na Inglaterra ia aos poucos estabelecendo uma monarquia constitucional.

Com o esfacelamento do Império carolíngio, a famosa coroa imperial transformou-se em uma espécie de joguete de diversos pequenos barões nas planícies da Itália, com ou sem as bênçãos do Papa. Novamente acossado pelos inimigos, o Papa Leão VIII aceitou a proteção do germânico Oto I, que dominara a península itálica e avançara até Roma. Em 2 de fevereiro de 962, o Papa fez de Oto I "um Augusto Imperador". E a metade oriental do velho reino de Carlos Magno passou então a ser chamada de Sacro Império Romano-Germânico. A partir de então, exceto durante curtos períodos de crise, a Itália não teria outro monarca de direito, senão o da Alemanha. Registra Hendrik Willem Van Loon que "essa estranha criação política alcançou a avançada idade de 839 anos", tendo sido esfacelado somente por Napoleão Bonaparte, que colocou a coroa imperial sobre a sua própria cabeça proclamou-se o herdeiro da tradição carolíngia.[41]

---

[40] ANDERSON, Perry. Op. cit., p. 201.
[41] VAN LOON, Hendrik Willem. Op. cit., p. 147. BLOCH, Marc. Op. cit., p. 415.

Naturalmente, não se poderia traçar um panorama da Idade Média sem passarmos pela "Reforma". Situemo-nos no ano de 1500, no qual nasceu Carlos V. A desordem feudal da Idade Média cedera lugar, em parte, a alguns reinos altamente centralizados e Carlos é o herdeiro da maior parte do mapa europeu e, embora seja rei da Espanha e imperador germânico, recebera uma formação flamenga, como filho da Igreja Católica, mas se tornou bastante contrário à intolerância religiosa. Já a Igreja mudou muito desde o início da Idade Média, quando partiu para converter os pagãos e demonstrar-lhes as vantagens de uma vida justa e piedosa. O Papa já não é mais um simples pastor de humildes cristãos, pois mora em um enorme palácio, rodeado de artistas, músicos e homens de literatura. A maior parte de seu tempo é dedicada às atividades artísticas, projetos de palácios de verão e aos ensaios de uma nova peça de teatro.

Os arcebispos e cardeais seguem o exemplo do Papa. As Igrejas estão repletas de obras de arte. "Os sacerdotes de aldeia, entretanto, permanecem fiéis a seus deveres e afastados do mundanismo e do amor profano pela beleza e pelo prazer. Afastam-se também dos mosteiros, cujos monges parecem ter esquecido seus antigos votos de simplicidade e pobreza e vivem à rédea solta, cuidando apenas para não dar escândalo".[42] As origens de tal estado de coisas datavam de séculos, pois segundo a tradição merovíngia e romana, os carolíngios tinham sempre considerado normal e desejável a participação do bispo na administração temporal da sua diocese, e as monarquias já da primeira idade feudal acabaram por fazer do bispo um conde. As razões de tais concessões eram claras: agradavam aos céus, obtendo a boa vontade dos santos por verem seus servidores providos de lucrativos rendimentos e livres de vizinhos incômodos, enquanto na terra, dar um condado a um bispo significava entregá-lo em mãos mais confiáveis e firmes, sem o risco de transformar o encargo em patrimônio hereditário. E nas guerras do século X, não havia força militar mais vezes citada, nem com mais respeito, do que "os cavaleiros da Igreja de Reims". É claro que isso fortaleceu a Igreja, culminando com a criação dos Estados pontifícios.[43]

O clima do norte da Europa é bem diverso daquele ensolarado no qual viviam seus vizinhos italianos. Os alemães, suecos e ingleses passavam a maior parte do tempo dentro de suas casas; não eram muito risonhos e levavam tudo a sério. Não gostavam de fazer graça com assuntos que consideravam santos e sagrados. Interessava-lhes muito a parte "humanista" do Renascimento, principalmente dos livros. A Alemanha foi a terra natal da imprensa, razão pela qual os livros eram mais baratos e a Bíblia já não era um volume misterioso pertencente ao sacerdote e só por ele explicado. E as contradições entre o que diziam os monges e o que estava escrito na Bíblia começaram a gerar perguntas que não eram respondidas. "O ataque começou quando os humanistas do norte abriram fogo contra os monges". De início preservaram a pessoa de Sua Santidade, "mas os monges preguiçosos e ignorantes que viviam protegidos

---

[42] VAN LOON, Hendrik Willem. Op. cit., p. 256-7.
[43] BLOCH, Marc. Op. cit., p. 441.

pelas muralhas de seus ricos mosteiros eram um alvo de primeira".[44] Quem iniciou essa investida foi um fidelíssimo filho de Igreja, Gerard Gerardzoon, ou Desidério Erasmo como costuma ser chamado.

Por outro lado, no terreno político o Estado pontifício foi mantido literalmente "sob fogo cerrado" ao longo do século XIV, até meados do século XV. Foi também durante este período que adveio o "Cisma", em 1378, época na qual nem o Papa romano, nem o de Avignon, eram ricos o suficiente para subjugar o Estado recém perdido, o que só foi possível sob Martinho V, após o restabelecimento da unidade da Igreja. Uma anomalia dentre os demais Estados italianos, as grandes e poderosas famílias ao redor de Roma desafiavam permanentemente o papado. E na medida em que passou a viver e agir dentro do espírito de um principado italiano secular, era natural que se desenvolvessem riscos e perigos enormes no seio do próprio papado. Um tráfico subitamente crescente e generalizado de sacramentos, dignidades e benefícios eclesiásticos, tendendo à ausência de limites e ao qual tudo se subordinava, desde a nomeação de cardeais até as mais singelas graças e concessões, proveu Sisto IV os fundos necessários para defender o Estado pontifício. E também Sisto IV, que reprimira com violência as facções dos grandes de Roma, chegando a tê-la, e bem assim os seus arredores, inteiramente sob seu controle, obtivera a dignidade papal mediante suborno.

Durante um período de mais ou menos sessenta anos, situado entre 1470 e 1530, houve uma sucessão de seis Papas – cinco italianos e um espanhol – (sem contar um que reinou por vinte e seis dias e outro, estrangeiro, por menos de dois anos), que praticaram o espírito secular exacerbando-o aos extremos da venalidade, amoralismo, avareza e poderio político calamitoso. Após anotar que esses Papas perseguiam "os despojos como cães a farejar a caça", observa Bárbara W. Tuchman:

> "Cada um dos seis papas, um Bórgia e dois Médici, revelou-se totalmente dominado pela ambição de estabelecer a fortuna da família, de molde a que essa fortuna a eles sobrevivesse (...). No século XIV, o afamado doutor em teologia, William Ockham, podia conceber a Igreja sem Papa e em 1453 um romano, Stefano Porcaro, liderou conspiração destinada a acabar de vez com o papado (embora pareça ter sido um movimento mais político que religioso, em suas origens)".[45]

Os roubos, furtos, subornos, corrupção, depravações e assassinatos chegaram ao ápice no reinado de Rodrigo Bórgia, que ascendeu ao trono em 1492, como Alexandre VI. Alexandre e seu filho César Bórgia arrancavam pavor e reverência de todos os que os circundavam. Nenhum cardeal foi por ele nomeado sem o pagamento de elevadas somas; vários foram assassinados, principalmente por envenenamento. Onofrio Panvinio, o redator oficial da história dos papas, menciona três cardeais que Alexandre mandou envenenar (Orsini, Ferrerio e Michiel), sugerindo ainda um quarto (Giovanni Borgia), cujo

---

[44] VAN LOON, Hendrik Willem. Op. cit., p. 258.
[45] TUCHMAN, Bárbara W. *A marcha da insensatez: De Tróia ao Vietnam*, p. 55.

assassinato é creditado a César. Ao final das suas carreiras, pai e filho acabaram envenenando-se ao desfrutarem casualmente de um vinho preparado para um rico cardeal.[46]

A Alexandre VI seguiu-se Pio III, que morreu pouco tempo depois. Foi então eleito Júlio II, que embora não fosse nenhum santo, longe estava da moral (ou da falta de) do primeiro. Suas marcas foram as guerras de conquistas, de cujas campanhas militares ele próprio participava, e a reconstrução da catedral de São Pedro para se tornar o símbolo de um soberano grandioso, e cujo projeto, como queriam Bramante e seu sucessor Rafael, era a maior expressão jamais vista do poder uno. Com a morte de Júlio II, em 1513, foi eleito o "mais prendado" filho de Lourenço, o magnífico, Cardeal Giovanni de Médici, o famoso Leão X, que de pronto enfrentou uma conspiração, usando como antídoto a nomeação de 31 novos cardeais (que teria lhe rendido 500 mil florins). As intrigas e as negociatas prosseguiram. Os esbanjamentos e gastos incontroláveis iniciaram com a posse, que se transformou "em pedestal de exposição das delícias e belezas do mundo, triunfo de um esplendor em honra a um Papa Médici. O gosto de Leão pelos clássicos e o teatro encheu Roma de espetáculos, que se sucediam numa estranha mistura de paganismo e cristianismo".[47] O rol de extravagâncias seria interminável, seguindo-se apenas alguns exemplos: o Papa adornava-se de joias, era um ávido colecionador de obras de arte e adorava as caçadas, nas quais se fazia acompanhar por escoltas de centenas de súditos.

A opinião pública sobre a corrupção da hierarquia amadurece rapidamente. Em carta particular, Erasmo enfatizou que "a monarquia do Papa romano, como existe atualmente, é a pestilência da cristandade". O próprio Maquiavel, ao escrever nessa mesma época sobre a situação papal, afirmara que quanto mais se aproximam da Igreja de Roma, cabeça de nossa religião, menos religiosas as pessoas ficam. A situação tornou-se confusa e instável para o Estado pontifício e o perigo representado pelo luteranismo nem parecia ser o maior.

A ruptura foi precipitada pelos abusos na voraz comercialização de indulgências, que não eram uma coisa nova, nem invenção do Papa Leão X. O levante partiu de Wittemberg como se sabe, ao nordeste da Alemanha, onde o sentimento antirromano era mais forte e os protestos mais abertos, pois nos principados não havia um poder nacional centralizado capaz de resistir às taxações papais, como no caso da França. Surgiu então um líder chamado Martinho Lutero, um camponês do norte da Alemanha, extremamente corajoso e inteligente, que fizera os votos de frade agostiniano, tornando-se figura importante na província saxônia, da Ordem de Santo Agostinho. Depois foi aceito professor de teologia da Escola de Wittenberg e começou a explicar as escrituras aos camponeses. Em 1511, Lutero fizera uma viagem a Roma e voltara decepcionado.

Em 1517, o monopólio da venda de indulgências na saxônia foi entregue a um frade dominicano chamado Johan Tetzel, que segundo vozes correntes era um empresário capaz de fazer corar as faces de Barnum. Seus métodos de

---

[46] BURCKHARDT, Jacob. *A cultura do renascimento na Itália*, p. 92.
[47] TUCHMAN, Bárbara W. Op. cit., p. 108.

venda escandalizaram o povo piedoso do pequeno ducado. Para Bárbara W. Tuchman:

> "O tilintar dessas moedas constituiu-se num chamado para Lutero. A estúpida equação entre o mercenário e o espiritual, na pessoa de Tetzel, era a expressão suprema da mensagem emanada do papado há mais de cinqüenta anos. Não foi a causa, mas o sinal para a cisão protestante, cujos motivos doutrinários, pessoais, políticos, religiosos e econômicos eram antigos, vários e longamente desenvolvidos. Em resposta à campanha de Tetzel, Lutero, em 1517, pregou suas 95 teses na porta da igreja de Wittenberg, denunciando como sacrílego o ultraje das indulgências, embora sem sugerir, ainda, a ruptura com Roma".[48]

Em menos de dois meses, a Europa inteira estava discutindo as noventa e cinco teses do monge saxão. Em 1520, uma bula papal condenou quarenta e uma das suas teses e exigiu retratação, mas Lutero a queimou diante de uma multidão perplexa, e desse momento em diante não foi mais possível a paz entre ele e o Papa. Lutero foi então excomungado e, na condição de herege declarado, Roma solicitou que fosse punido pelo braço civil. O jovem e sábio Carlos V, então senhor de metade do mundo conhecido, em razão de pacto político com o Papa, viu-se obrigado a denunciar Lutero, que a essa altura já era herói nacional dos alemães, mas passou o problema para a Dieta de Worms. Lutero recusou-se a abjurar qualquer palavra que tivesse dito ou escrito e acabou declarado um fora da lei perante Deus e os homens. A maioria dos alemães condenou o decreto da Dieta, considerando-o um documento injusto e escandaloso, e não só libertaram Lutero e seus seguidores, como os acobertaram daí para frente. Lutero escondeu-se em Wartburg, um castelo que pertencia a um eleitor da Saxônia, e de lá desafiou definitivamente a autoridade do Papa, traduzindo a Bíblia inteira para a língua alemã, a fim de que todos pudessem ler e conhecer por si próprios a palavra de Deus.[49]

A esta altura a Reforma já não era um assunto simplesmente religioso e espiritual; sua influência política foi imediata e relevante. Cavaleiros empobrecidos tentavam recuperar as perdas do passado confiscando terras agora pertencentes aos mosteiros. Príncipes descontentes aproveitavam a ausência do imperador para aumentar o próprio poder. Como anota Van Loon, "a desordem espalhou-se pelo Império como fogo em mato seco".[50] Alguns príncipes tornaram-se protestantes, pois assim eram conhecidos os seguidores de Lutero, e passaram a perseguir seus súditos católicos. Outros permaneceram católicos e enforcavam seus súditos protestantes. A Dieta de Speyer, realizada em 1526, procurou resolver a questão da fidelidade ao soberano, determinando "que todos os súditos tenham a mesma religião de seus príncipes". Com isso, a Alemanha tornou-se um verdadeiro tabuleiro de xadrez composto por centenas de pequenos ducados e principados hostis uns aos outros, que por vários séculos impediu o crescimento político normal da nação.

---
[48] TUCHMAN, Bárbara W. Op. cit., p. 119.
[49] VAN LOON, Hendrik Willem. Op. cit., p. 262. TUCHMAN, Bárbara W. Op. cit., p. 120.
[50] VAN LOON, Hendrik Willem. Op. cit., p. 263.

Quando a Reforma luterana se consolidou, os direitos que antes cabiam ao papado foram assumidos pelos muitos soberanos europeus que se tornaram protestantes e, na qualidade de chefes da sua própria igreja nacional, insistiam em ser "vigários de Cristo" dentro dos limites de seus territórios. Indispensável uma referência a Henrique VIII, da Inglaterra, que embora não tivesse grande interesse pela religião, aproveitou-se de um desacordo com o Papa a respeito de um de seus vários divórcios para declarar-se independente de Roma e fazer da Igreja de seu país a primeira das "igrejas nacionalistas", nas quais o governante temporal é também o chefe espiritual de seus súditos. Essa reforma pacífica, ocorrida em 1534, não só ensejou o apoio do clero britânico, como fez aumentar o poder real mediante o confisco das terras e propriedades dos mosteiros. A história do "direito divino" dos soberanos evoluiu de forma diversa na Europa continental e na Inglaterra, porquanto nesta, as mudanças ocorreram mais por evolução do que por revolução, ao contrário dos principais países do continente.

Lutero morreu em fevereiro de 1546, e foi enterrado na mesma igreja onde, vinte e nove anos antes, proclamara as suas famosas objeções à venda de indulgências. Em menos de trinta anos, o mundo do Renascimento transformou-se na sociedade da Reforma, cheia de discussões, debates e guerras.[51]

Sob Clemente VII o horizonte é cinzento, e o Papa é detestado em casa e no estrangeiro. Eremitas surgem nas praças a pregar, profetizando a ruína da Itália e do próprio mundo, chamando o Papa Clemente de anticristo.[52]

O fator político dominante desse período foram as constantes invasões da Itália pelas três potências de então – França, Espanha e Império Habsburgo – em aliança com um ou outro dos Estados italianos. O Estado pontifício envolvia-se nessas disputas, mas foi cada vez mais se enfraquecendo perante os outros monarcas, por falta de recursos militares que tornassem decisiva a sua participação.[53]

O perigo da secularização do Estado pontifício, tanto de fora para dentro, como de dentro para fora, esta através dos próprios Papas e nepotes, na verdade foi sepultado pela Reforma alemã. Somente sob um novo impulso espiritual dos líderes da Igreja e dos príncipes católicos, com o retorno do Papa à liderança de um poder espiritual mundial, seria possível colocar-se à frente da oposição à Reforma. Lança por fim Jacob Burckhardt uma interessante conclusão:

"Neste sentido, pode-se dizer a bem da verdade que o papado, no aspecto moral, foi salvo por seus inimigos mortais. Também sua posição política consolidou-se a partir de então até a intangibilidade, sem dúvida que sob permanente vigilância da Espanha; sem qualquer esforço ele herdou, com a extinção de seus vassalos, os ducados de Ferrara e Urbino. Sem a Reforma, pelo contrário – se é que se pode conceber a sua não ocorrência – a

---

[51] TUCHMAN, Bárbara W. Op. cit., p. 120.
[52] BURCKHARDT, Jacob. Op. cit., p. 103.
[53] TUCHMAN, Bárbara W. Op. cit., p. 55.

totalidade do Estado pontifício ter-se-ia, provavelmente, já de há muito transferido para as mãos mundanas".[54]

A influência que a compreensão da nova doutrina cristã passaria a exercer também no âmbito da economia e do Direito moderno, inclusive o processual, é destacada por muitos autores, tais como Max Weber e Ovídio A. Baptista da Silva. Este último, após referir-se a algumas transformações radicais a partir do advento da ética protestante e do espírito do capitalismo, anota que a substituição da comunidade medieval pelo individualismo deve muito ao pensamento de Lutero e às vertentes voluntaristas medievais que o alimentaram.[55]

As guerras religiosas somente terminaram com o final da Guerra dos Trinta Anos, mercê do Tratado da Westfália, em 1648. As potências católicas continuaram católicas, e as protestantes permaneceram fiéis as doutrinas de Lutero, Calvino e Zwínglio. "O Sacro Império Romano continuou a existir como uma espécie de Estado-espantalho, sem homens, sem dinheiro, sem esperança e sem coragem".[56] A ligação entre as lutas religiosas e a formação dos Estados nacionais parece clara, bastando para tanto lembrar as guerras travadas entre Filipe, sucessor de Carlos V e obstinado no zelo da defesa da Igreja católica, contra as províncias que compunham os países baixos e eram seguidores dedicados das doutrinas de Lutero e Calvino, e que acabaram por ensejar a independência destas sob Guilherme de Orange. Eis a conclusão de Van Loon e Merryman:

"Esse foi um acontecimento muito importante na grandiosa história das lutas pela liberdade política. Foi algo que teve conseqüências muito mais extensas do que a revolta dos nobres que terminou com a assinatura da Magna Carta. Os bons burgueses exclamaram: 'Entre um rei e seus súditos existe o entendimento tácito de que ambos os lados executarão certos serviços e cumprirão certos deveres. Se qualquer uma das partes não cumprir os deveres estipulados neste contrato, a outra parte terá o direito de considerá-lo revogado".[57]

Deve ser registrada a circunstância de que o fato de haver na tradição romana dois herdeiros deixava os fiéis da Idade Média numa situação difícil. Na teoria, o imperador deveria cuidar do bem estar físico de seus súditos, enquanto o senhor espiritual (o Papa) se encarregaria das almas. Na prática, porém, o sistema nem sempre funcionava. Vários foram os episódios de confronto entre estas autoridades. Na maioria das vezes, porém, o Papa era o mais forte e as excomunhões dos imperadores e de seus súditos eram comuns. Gregório VII, eleito no final do século XI, foi um dos mais poderosos. Na sua opinião, o Papa não era só o soberano absoluto da Igreja cristã como também o supremo tribunal de apelação de todos os assuntos mundanos. A presença sempre forte da Igreja faria com que, como informa Ovídio A. Baptista da Silva fazendo

---

[54] BURCKHARDT, Jacob. Op. cit., p. 105-7.
[55] BAPTISTA DA SILVA, Ovídio A. *Processo e ideologia*, p. 65-7.
[56] VAN LOON, Hendrik Willem. Op. cit., p. 279.
[57] VAN LOON, Hendrik Willem; MERRYMAN, John. Op. cit., p. 272-3.

remissão a Agnes Heller, "as figuras de Sócrates e Jesus formassem, juntas, o paradigma moral do renascimento".[58]

Com a ajuda da Bíblia e de Aristóteles, anota Hendrik Willem Van Loon, os intelectos mais brilhantes da Idade Média puseram-se a trabalhar para explicar todas as coisas entre o céu e a terra em sua relação com a vontade manifesta de Deus. E efetivamente, os escolásticos obtinham as informações exclusivamente dos livros. E quando, vez por outra, uma pessoa excepcionalmente curiosa como Roger Bacon começava a fazer experiência com lentes de aumento e pequenos telescópios, os escolásticos foram à polícia denunciá-lo "como um perigo para a segurança do Estado", e ele acabou proibido pelas autoridades de escrever uma só linha por mais de dez anos. Em compensação, os guardiões da alma do povo na Idade Média, embora fossem rigorosos em todos os assuntos relativos à fé, labutavam para servir às ovelhas de seu rebanho. O servo era servo e sua posição não mudaria jamais. Mas o bom senhor da Idade Média sabia que essa humilde criatura tinha uma alma imortal, de modo que deveria receber certa proteção, a fim de poder viver e morrer como "um bom cristão". Isso ensejava certa sensação de "estabilidade" e "segurança" em todas as classes sociais. Na segunda idade feudal, os comerciantes e artesãos das cidades fundavam ligas ou guildas que garantiam uma renda constante para todos os seus membros, o que desencorajava, até certo ponto, os ambiciosos a ganhar mais do que os outros. A conclusão, quanto ao ponto, é de Hendrik Willem Van Loon:

"A Idade Média não gostava da competição. Por que competir e encher o mundo de pressa, de rivalidade e de uma multidão de homens empurrando uns aos outros, se por outro lado estava próximo o Dia do Juízo, no qual as riquezas nada valeriam e o bom servo adentraria os portais dourados do paraíso, ao passo que o cavaleiro mau seria lançado para o castigo nas profundezas do inferno?"[59]

Nas proximidades do ano 1000, a distribuição de justiça era marcada pelo retalhamento dos poderes judiciários. Ao mesmo tempo em que se entrelaçavam, geravam uma eficácia medíocre na medida em que aplicavam diversas tradições que se viam obrigados a adaptar de forma desajeitada a uma sociedade eminentemente móvel. A *saisine*, entendida como a posse pelo uso continuado e os poderes sobre as coisas e homens, juntamente com os crimes e delitos, eram objeto constante de quase todos os litígios. E, é claro, na época feudal um grande número de questões, de qualquer natureza, eram resolvidas pelo duelo. É possível falar-se em justiça real, baronial ou senhorial, desde que se tenha presente que quase nunca o rei ou barão julgavam em pessoa. A França e a Itália foram, por excelência, os países da justiça senhorializada. Marc Bloch retrata o quadro da justiça de época da seguinte maneira:

"Nessa sociedade que tinha multiplicado as relações de dependência, qualquer chefe – e Deus sabe como eles eram numerosos – desejava ser

---
[58] BAPTISTA DA SILVA, Ovídio A. Op. cit., p. 59.
[59] VAN LOON, Hendrik Willem. Op. cit., p. 199-200.

um juiz. Pois só o direito de julgar permitia conservar eficazmente no dever os subordinados e, enquanto impedia que eles deixassem se submeter às sentenças de tribunais estranhos, fornecia a maneira mais segura de os proteger e de os dominar, ao mesmo tempo. Pois este direito também era essencialmente lucrativo. Não só comportava a cobrança de multas e de despesas de justiça, mas também os proveitosos rendimentos das confiscações; além disso, mais do que qualquer outro, ele propiciava esta transformação dos usos em obrigações da qual os senhores retiravam tanto proveito. O chefe dos tempos feudais visava mais longe, visto que os vínculos de submissão tendiam para atingir o homem por inteiro".[60]

Carlos Magno havia criado duas jurisdições soberanas, cada uma na sua esfera. Uma era praticada por um tribunal de homens livres, que se reunia três vezes por ano, presidida pelo conde e que apreciava as chamadas "causas maiores", na qual o conde não poderia se apoderar do acusado, e que representou uma tentativa do soberano de conservar as decisões mais graves para os tribunais de direito público. Já as "causas menores" eram julgadas por um órgão que poderia ser presidido por um simples subordinado do conde. Na área penal, apenas o tribunal condal tinha competência para condenar à morte ou pronunciar a redução à escravatura. Todos os altos dignitários da justiça, nos tempos feudais, possuíam igualmente o direito de exercer, nas terras que lhes deviam obediência, a baixa justiça. Nunca chegou a ser eliminada, na verdade, a dispersão de competências no que diz respeito à "baixa justiça", que continuou a ser exercida por todo aquele que se encontrava à frente de um pequeno grupo de humildes dependentes.

Para registrar-se uma ideia da justiça na Europa continental, que nos interessa mais de perto em razão dos objetivos deste trabalho, anote-se que na segunda idade feudal o estamento francês dos juristas tem sua origem naqueles dos séculos XII e XIII, os quais, formados nas Universidades com o estudo do Direito Romano, encontravam-se em íntima relação com o rei e prestaram a este um inestimável apoio nas lutas sustentadas contra o imperador, contra o Papa e contra os senhores feudais. Esta relação se manifesta e se concretiza no tribunal real, ou Curia Regis, no Parlamento de Paris, que teve sua sede permanente como tribunal nesta cidade desde o século XIII, e que desde 1308 celebra suas sessões anualmente. No século XII se fixa e consolida a organização deste Tribunal central superior. Seus membros estiveram originariamente sujeitos a incessantes câmbios, e os que não eram juristas, como os barões, prelados e altos dignitários, desempenharam ainda um papel importante, mas já há uma preponderância de juízes peritos em direito.

Na metade do século XIII iniciaram-se reformas objetivando uma maior rapidez procedimental, valendo a referência à célebre "Clementina Seape", uma "Decretal" do Papa Clemente V, de 1306, que segundo James Goldschmidt parecia inspirada preferentemente nas disposições dos direitos estatutários italianos para assuntos de pouca importância, ou pouco valor. A essa "Decretal"

---

[60] BLOCH, Marc. Op. cit., p. 396.

costuma-se ligar o surgimento dos processos sumários.[61] Victor Fairén Guillén também aponta a "Decretal" de Clemente V como fonte do que ele denominou de *juicios plenarios* rápidos, que se distinguem do ordinário simplesmente por sua forma mais reduzida, mas não por seu conteúdo, que qualitativamente é o mesmo, ou seja, juridicamente plenário, enquanto os procedimentos verdadeiramente sumários se distinguem do ordinário plenário por seu conteúdo qualitativo, sendo juridicamente parcial e indiferente à forma, ainda que tendente a uma brevidade, em razão do que ambos se aproximavam e em algumas ocasiões até confundiram-se procedimentalmente.[62]

No século XIV foram afastados os que não eram juristas, à exceção dos senhores feudais, ou *pairs*, que são juízes natos nos processos propostos contra os seus iguais. Aqueles *magistri curiae* (mestres da Corte do Parlamento, ou conselheiros do rei em sua Corte parlamentar) eram juízes "peritos em direito", juristas profissionais. À medida que vão ganhando prestígio, também vão consolidando seu cargo. A princípio eram nomeados pelo rei apenas para uma sessão, e a nomeação caducava com a morte do rei. Como a prática usual era a de reiterar a designação, quando o Parlamento passou a funcionar de modo contínuo, começaram a ser nomeados por tempo indeterminado, até que no transcurso do século XIV conseguem finalmente a inamovibilidade. O próprio Parlamento começa a dispor da faculdade de propor candidatos a serem nomeados pelo rei, elegendo-os preferentemente dentre aqueles que atuam no Parlamento e os quais, desde o século XIV, encontravam-se já organizados em agremiações ou colégios. No século XIV surge em Paris, pois, um estamento de juristas práticos, organizados e influentes, formados com aqueles que procediam das Universidades e versados em Direito romano. Mas como o Parlamento de Paris aplica preferentemente o costume, estes juristas cultivaram também o Direito nacional, criando desta forma uma jurisprudência francesa, que se aplica desde o século XIV e se propõe à elaboração de um direito francês comum.[63]

A circunstância de tornarem-se tais cargos, ainda no século XIV, alienáveis *inter vivos* e transmissíveis por herança, determinou um fortalecimento do poder destes juristas e do Parlamento. Através dos impostos que o rei recebia, e que gravavam a transmissão *inter vivos* e *mortis causa* destes cargos, as alienações dos mesmos constituíam uma enorme fonte de recursos para o monarca. Não obstante todos os reparos que podem ser feitos a esta instituição, abolida com a república, o certo é que contribuiu para robustecer o estamento dos juristas. A transmissão hereditária do cargo facilitou a formação de um grande número de famílias de juristas com forte tradição, ou, como lembra P. Koschaker, "uma noblesse de robe". Esta tradição jurídica do povo francês, que ensejara de Berthelot a afirmação de que, "o francês confia plenamente

---

[61] GOLDSCHMIDT, James. *Derecho procesal civil*, p. 20.
[62] FAIREN GUILLEN, Victor. *El juicio ordinário y los plenários rápidos*, p. 36 e 56.
[63] KOSCHAKER, P. *Europa y el Derecho Romano*, p. 250-1.

na demonstração jurídica"⁶⁴ com toda a certeza gerou uma forte influência em todos os países ocidentais que adotaram o sistema do direito codificado, e que se tornou ainda mais marcante com o advento da Revolução de 1789. Todavia, críticas ao sistema judiciário do *ancien régime* não faltaram.

Com efeito, podem-se ouvir os brados de Jules Michelet:

"Eis onde cai a justiça! (...) Triste história! Na Idade Média ela é material, na terra e na raça, no feudo e no sangue. O senhor, ou então aquele que sucede a todos, o senhor dos senhores, o rei, diz: 'A justiça é minha, posso julgar ou fazer julgar; por quem? Não importa, por qualquer lugar-tenente meu, meu criado, meu intendente, meu porteiro (...) Vem, estou satisfeito contigo, dou-te uma justiça'. Este diz outro tanto: 'Não julgarei eu mesmo, venderei esta justiça'. Chega o filho do comerciante, que compra para revender a coisa Santa entre todas; a justiça passa de mão em mão, como um título comercial, passa como herança, como dote. (...) Estranho dote de uma jovem esposa, o direito de mandar dilacerar e enforcar!"

"Hereditariedade, venalidade, privilégio, exceção, aí estão os nomes da justiça! E como então de outro modo se chamaria a injustiça? (...) Privilégios de 'pessoas', julgadas por quem elas querem (...) E privilégio de 'tempo': 'Eu te julgo, à minha vontade, amanhã, em dez anos, nunca (...)' E privilégio de lugar. De cento e cinqüenta léguas ou mais, o Parlamento vos traz este pobre-diabo que tem uma demanda com seu senhor; que se resigne, que ceda, aconselho-o; que desista, de preferência a vir arrastar-se por anos talvez, em Paris, na lama e na miséria, a solicitar um veredicto dos bons amigos do senhor".

"Os Parlamentos dos últimos tempos tinham assegurado, por resoluções não promulgadas, mas reconhecidas, fielmente executadas, não mais admitir em seu seio senão nobres ou enobrecidos".⁶⁵

Para familiarizarmo-nos paulatinamente com as diferenças paradigmáticas que foram surgindo entre Idade Média e a Moderna, anote-se a observação de Quentin Skinner, segundo a qual o conceito de Estado chegou a ser considerado como o objeto de análise mais importante do pensamento político europeu no começo do século XVII, enquanto tal imagem unitária da soberania política esteve vedada na Europa medieval pelas suposições jurídicas subjacentes na organização feudal da sociedade e pela afirmação da Igreja de atuar como potência legislativa igual e não subordinada às autoridades seculares.⁶⁶

Importa também que se registre desde logo a relevante observação de Ovídio A. Baptista da Silva, segundo a qual a recepção do Direito Romano ocorreu de forma distinta na Europa continental e na Inglaterra, justamente "em virtude do absolutismo implantado no continente e da experiência parlamentar inglesa", conservando no direito inglês os princípios do processo interdital ro-

---

⁶⁴ Texto original: "le français há une confiance complete dans la demonstration juridique". KOSCHAKER, P. Op. cit., p. 252.
⁶⁵ MICHELET, Jules. *História da Revolução Francesa*, p. 322-3.
⁶⁶ SKINNER, Quentin. *Los fundamentos del pensamiento político moderno*, p. 361.

mano, sobrando para o direito continental o procedimento do *ordo judiciorum privatorum*, "com a indefectível sentença condenatória, instrumentos capazes de permitir a realização do sonho de Leibniz, da busca desinteressada da verdade, feita por um juiz neutro; e que, ao mesmo tempo repudiasse como falsos os juízos de verossimilhança, incapazes de gerar certeza 'clara e distinta'".[67]

O surgimento das Universidades, dentre as quais a primeira e de maior prestígio foi a de Bolonha, na Itália, ensejou que fosse tomado por base o ensino do Direito Romano. Esclareça-se que o professor universitário não se dedicaria aí ao ensino das regras e práticas existentes, mas ao Direito enquanto modelo de organização social. "Nenhuma Universidade européia vai tomar como base do seu ensino o Direito local consuetudinário; este, aos olhos da Universidade, não exprime a Justiça, não é verdadeiramente direito".[68] O direito estudado era o *Corpus juris civilis* de Justiniano. E havia várias razões para esta atenção especial, em detrimento de outros "corpos" de direito existentes, como informa John Henry Merryman:

> "Primeiro, porque a Itália do século XII era muito forte e havia a real concepção de um Sacro Império Romano. O *Corpus juris civilis* era tratado como uma legislação imperial, encontrando-se por isso subjacente à autoridade do Papa e do imperador temporal, o que o tornava muito superior, em força e alcance, à legislação de um príncipe local, aos regulamentos de outros órgãos e aos costumes. O *Corpus juris civilis* não continha apenas a autoridade do Papa e do imperador, mas também a autoridade de uma civilização e de uma inteligência obviamente superiores. Grupos de acadêmicos, conhecidos como os glosadores e comentadores, produziram uma imensa literatura que igualmente passou a ser objeto de estudos e discussões. Assim, os que haviam estudado em Bolonha regressavam aos seus países e estabeleciam Universidades onde também estudavam e ensinavam o direito do *Corpus juris civilis*, de acordo com o estilo dos glosadores e comentaristas, convertendo-se na base de um direito comum na Europa".[69]

O advento do chamado Direito Romano-Germânico ocorre com o Renascimento que se produz nos séculos XII e XIII no ocidente europeu. Embora o Renascimento ocorra em todas as áreas, uma das mais importantes foi, sem dúvida, a do direito. A formação do sistema romano-germânico, e aqui prosseguimos no escorço histórico de René David, não é devida à afirmação de um poder político, ou à centralização operada por uma autoridade soberana; emergiu fundado "sobre uma comunidade de cultura".[70]

Vale o registro de Ovídio A. Baptista da Silva, quanto à penetração anterior do cristianismo, e a profunda influência da Igreja nas universidades do baixo Império romano, de tal modo que ensejava Santo Ambrósio de Milão (339-397) citar Virgílio e Horácio em seus sermões, inspirando-se também em

---

[67] BAPTISTA DA SILVA, Ovídio A. *Jurisdição e execução na tradição romano-canônica*, p. 129.
[68] DAVID, René. Op. cit., p. 62.
[69] MERRYMAN, John Henry. *La tradición jurídica romano-canónica*, p. 30.
[70] DAVID, René. Op. cit., p. 61.

seu "Tratado" nos *officis* de Cícero e Justiniano, "cristianíssimo imperador", não sentindo nenhum embaraço em dedicar os mais enfáticos elogios ao jurista pagão Papiniano.[71] Mas durante um bom tempo elevara-se uma crítica ao Direito Romano, na medida em que seria fruto de um direito pagão. Esta crítica foi eliminada por São Tomás de Aquino, no início do Século XIII, pois assentado na autoridade de Aristóteles, que a filosofia pré-cristã, baseada na razão, era em grande medida conforme com a lei divina, exorcizando assim o Direito Romano.[72]

O cristianismo penetrou também no Direito Romano bizantino. Tanto que no final do século VI, ser *romanus* significava ser *catholicus*, de modo que o Direito Romano que nos foi transmitido através da herança medieval encontra-se iluminado pelo espírito cristão, que não rejeita e muito menos repudia os textos romanos; ao contrário, enaltece-os. Desta forma, pode-se concluir que a Idade Média nos legou um "direito plasmado segundo os princípios e a moral da Igreja".[73]

Na segunda Idade Média, ou antes de 1500, para fixar-se uma data-base, pode-se afirmar que a compreensão do mundo que dominava na Europa era "orgânica", tendente a reduzir todas as coisas a um tipo geral, impedindo-a de discernir e descrever os caracteres individuais. Como informa Johan Huizinga, na Idade Média, quer se trate de uma questão política, moral ou social, o primeiro passo é reduzi-la sempre ao seu princípio universal, mesmo que se trate de ninharias ou coisas vulgares. Assim, para se decidir sobre o pagamento de taxa de licenciatura na Universidade de Paris, o argumento usado não foi jurídico nem histórico, mas a aplicação de um texto bíblico: *Radix omnium malorum cupiditas* ("a cobiça é a raiz de todos os males"). Conclui Johan Huizinga:

"E daí, segundo uma exposição inteiramente escolástica, deduz-se a prova de que a mencionada exação é simoníaca, herética e contrária às leis de Deus e da natureza (...). Este idealismo profundo e sistemático manifesta-se a cada passo".[74]

Nos fins da Idade Média pesava na alma do povo uma grande melancolia. O sentimento geral de insegurança causado pelas guerras, pela ameaça das campanhas dos malfeitores, pela falta de confiança na Justiça, tudo agravado face à obsessão da proximidade do fim do mundo, pelo medo do inferno, das bruxas e dos demônios. No século XV era, por assim dizer, de mau gosto elogiar francamente o mundo e a vida. Como anota Perry Anderson, pode-se afirmar que o mundo medieval terminou em uma crise generalizada. No limiar da época moderna, quando as trincheiras de Constantinopla caíam diante do canhão turco, as consequências das mudanças que começaram a ocorrer para a ordem política da Europa ainda permaneciam em parte ocultas. Entretanto, o

---

[71] BAPTISTA DA SILVA, Ovídio. *Jurisdição e execução na tradição romano-canônica*, p. 93-4.
[72] DAVID, René. Op. cit., p. 63.
[73] BAPTISTA DA SILVA, Ovídio. *Jurisdição e execução na tradição romano-canônica*, p. 94 e 100.
[74] HUIZINGA, Johan. *O declínio da Idade Média*, p. 224.

desenlace final do sistema de Estado que haveria de se originar delas já estava a caminho.[75]

No século XV, os reis de novo tornaram-se fortes o suficiente para exercer os poderes que por direito lhes pertenciam, na qualidade de soberanos "ungidos por Deus". Então os cavaleiros feudais perderam a independência. Reduzidos à categoria de proprietários rurais, logo tornaram-se inconvenientes. Observa Van Loon, entretanto, que:

> "A Europa teria perecido sem o sistema feudal da 'Idade das Trevas'. Havia muitos maus cavaleiros, como hoje existem muitas pessoas más. Mas, de maneira geral, os barões rudes dos séculos XII e XIII eram administradores esforçados que prestaram um serviço inestimável à causa do progresso. Naquela época, a nobre tocha do conhecimento e da arte que iluminara o mundo dos egípcios, dos gregos e dos romanos estava quase apagada. Sem os cavaleiros e seus bons companheiros, os monges, a civilização ter-se-ia extinguido completamente e a raça humana teria sido forçada a recomeçar de onde pararam os homens das cavernas".[76]

A melhor doutrina não diverge quanto à relevância da historicidade para o Direito, convindo por isso fixarem-se claramente os marcos históricos mais importantes no exame que ora fazemos da evolução para o paradigma da modernidade, sendo de todo pertinente o registro feito por Ovídio A. Baptista da Silva quanto "à verdadeira catástrofe cultural e política provocada pelo desmoronamento do Império Romano, com o esfacelamento do Estado", sendo que na alta Idade Média os juízes eram recrutados entre as pessoas leigas, em um ambiente de extrema penúria intelectual.[77]

Não obstante as dificuldades de traçar contornos precisos de um paradigma medieval, em razão do largo espaço de tempo dos mil anos deste período, durante o qual as estruturas políticas e sociais não mantiveram características uniformes, chegando os autores a dividir o mesmo em duas etapas distintas, pode se afirmar que a visão de mundo dominante na Europa no Medievo era orgânica, vivendo as pessoas em comunidades pequenas e coesas, marcadas por uma relação de integração com a natureza, caracterizada pela interdependência dos fenômenos espirituais e materiais e pela subordinação das necessidades individuais às da comunidade. A estrutura científica dessa visão de mundo, segundo Capra:

> "Assentava em duas autoridades: Aristóteles e a Igreja. No século XIII, Tomás de Aquino combinou o abrangente sistema da natureza de Aristóteles com a teologia e a ética cristãs e, assim fazendo, estabeleceu a estrutura conceitual que permaneceu inconteste durante toda a Idade Média. A natureza da ciência medieval era muito diferente daquela ciência contemporânea. Baseava-se na razão e na fé, e sua principal finalidade era compreender o significado das coisas e não a de exercer a predileção ou

---

[75] ANDERSON, Perry. Op. cit., p. 282.
[76] VAN LOON, Hendrik Willem. Op. cit., p. 158.
[77] BAPTISTA DA SILVA. *Jurisdição e execução na tradição romano-canônica*, p. 57-8.

o controle. Os cientistas medievais, investigando os desígnios subjacentes nos vários fenômenos naturais, consideravam do mais alto significado as questões referentes a Deus, à alma humana e à ética".[78]

Profundas transformações sociais, políticas, econômicas e religiosas denunciam claramente uma "transição" paradigmática a partir do século XIV, quando ocorreu a passagem do feudalismo para uma espécie de "pré-capitalismo", identificado como o início do que chamamos de "mercantilismo".

2. Paradigma da modernidade

2.1. Copérnico, Galileu, Descartes e Newton

Para os gregos, a geometria era inerente à natureza, e não apenas parte do arcabouço de que lançamos mão para descrevê-la. A geometria situava-se no próprio centro de todas as atividades intelectuais e formava a base do treinamento filosófico. Afirma-se que na porta da Academia de Platão, em Atenas, havia a inscrição: "Só é permitida a entrada de quem conhece geometria". Os gregos acreditavam que seus teoremas matemáticos eram expressões de verdades eternas e exatas acerca do mundo real, e que as formas geométricas eram manifestações de beleza absoluta. A geometria era considerada uma combinação perfeita de lógica e beleza, creditando-se a uma origem divina e ensejando a máxima de Platão: "Deus é um geômetra". Os céus deveriam exibir, por isso, formas geométricas perfeitas, com os corpos celestes movendo-se em círculos e fixadas a uma série de esferas cristalinas concêntricas que se moviam como um todo, com a Terra no centro. Sobre este ponto enfatiza Fritjof Capra:

> "Nos séculos que se seguiram, a geometria grega continuou a exercer uma influência decisiva sobre a ciência e a filosofia ocidentais. O 'Elementos' de Euclides tornou-se um texto padrão adotado nas escolas européias até o início deste século, e a geometria euclidiana foi considerada como a natureza verdadeira do espaço por mais de dois mil anos. Foi preciso que surgisse Einstein para que cientistas e filósofos percebessem que essa geometria não é inerente à natureza, mas fora imposta a ela pela mente humana".[79]

No século XIII, São Tomás de Aquino combinou o abrangente sistema da natureza de Aristóteles com a teologia e a ética cristãs, estabelecendo a estrutura conceitual vigente na Idade Média. A natureza da ciência medieval baseava-se na razão e na fé, e sua principal finalidade era compreender o significado das coisas, e não exercer a predição ou o controle. Os cientistas medievais, investigando os desígnios subjacentes nos vários fenômenos naturais, conside-

---

[78] CAPRA, Fritjof. O ponto de mutação, p. 49
[79] CAPRA, Fritjof. O Tao da física, p. 127.

ravam do mais alto significado as questões referentes a Deus, à alma humana e à ética. A perspectiva medieval mudou radicalmente nos séculos XVI e XVII. A noção de um universo orgânico, vivo e espiritual, foi substituída pela noção do mundo como se o universo fosse uma máquina, e a máquina do mundo converteu-se na metáfora dominante da era moderna.[80]

Copérnico, Galileu e Newton introduziram mudanças extraordinárias na física e na astronomia, que por sua importância ensejaram aos historiadores a designação dos séculos XVI e XVII como a Idade da Revolução Científica.

Nicolau Copérnico se opôs à concepção da Terra como centro do Universo, vigente desde Ptolomeu e aceita como dogma pela Igreja durante mais de mil anos. Para Copérnico, a Terra era um dos muitos planetas que circundavam um astro secundário nas fronteiras das galáxias, com o que era sacada do homem a orgulhosa posição de figura central da criação de Deus. Ciente de que sua teoria seria encarada como uma ofensa à consciência religiosa de seu tempo, retardou a sua publicação até o ano de sua morte, em 1543, que de resto foi apresentada como mera hipótese.

Após destacar o estudo de Johannes Kepler, cujo laborioso trabalho com tabelas astronômicas e leis empíricas que corroboraram o sistema de Copérnico, Fritjof Capra enfatiza a importância das descobertas e do papel de Galileu Galilei na revolução científica que se iniciava:

"Mas a verdadeira mudança na opinião científica foi provocada por Galileu Galilei, que já era famoso por ter descoberto as leis da queda dos corpos quando voltou a sua atenção para a astronomia. Ao dirigir o recém inventado telescópio para os céus e aplicar seu extraordinário talento na observação científica dos fenômenos celestes, Galileu fez com que a velha cosmologia fosse superada, sem deixar margem para dúvidas, e estabeleceu a hipótese de Copérnico como teoria científica válida. 'A filosofia', acreditava ele, 'está escrita nesse grande livro que permanece sempre aberto diante de nossos olhos; mas não podemos aprendê-la se não aprendermos primeiro a linguagem e os caracteres em que ela foi escrita. Essa linguagem é a matemática, e os caracteres são triângulos, círculos e outras figuras geométricas'. Os dois aspectos pioneiros do trabalho de Galileu – a abordagem empírica e o uso de uma descrição matemática da natureza – tornaram-se as características dominantes da ciência do século XVII e subsistiram como importantes critérios das teorias científicas até hoje".[81]

As propriedades essenciais dos corpos materiais deveriam ficar restritas às formas, quantidades e movimento, pois poderiam ser medidas e qualificadas matematicamente. Como recorda o psiquiatra R. D. Laing, foi perdida a visão, o gosto, o tato e o olfato, e com isso também se foram as sensibilidades estética e ética, os valores, a qualidade e todos os sentimentos, motivos, intenções, a alma, a consciência, o espírito. Segundo Laing, "nada mudou mais o

---

[80] CAPRA, Fritjof. *O ponto de mutação*, p. 49.
[81] CAPRA, Fritjof, idem, p. 50.

nosso mundo nos últimos quatrocentos anos do que a obsessão dos cientistas pela medição e pela quantificação".[82]

O aporte filosófico essencial da ciência de Galileu Galilei reside, para Ernst Cassirer, na circunstância de haver provocado o surgimento de uma nova concepção do problema do conhecimento, podendo-se observar agora, seguindo sua trajetória ulterior, como esta transformação sistemática da exposição do problema também influi diretamente sobre a elaboração dos diversos conceitos e métodos matemáticos. Esta transformação também permite hoje constatar haver sido no campo da investigação concreta onde pela primeira vez o ideal abstrato cobrou sua plena eficácia.[83]

Francis Bacon foi o primeiro formulador de uma teoria clara do procedimento indutivo: realizar experimentos e deles extrair conclusões gerais a serem testadas em novos experimentos. Assim, enquanto Galileu fazia seus experimentos na Itália, na Inglaterra, Bacon descrevia o método empírico das ciências e atacava frontalmente as escolas tradicionais de pensamento, desenvolvendo uma verdadeira paixão pela experimentação científica.

René Descartes era um brilhante matemático, embora tenha se licenciado e bacharelado em Direito pela Universidade de Poitiers, em 1616. Sua perspectiva filosófica foi profundamente afetada pelas novas descobertas da física e da astronomia. Ele se propôs a construir um novo sistema de pensamento. De acordo com Bertrand Russell, "isso não acontecia desde Aristóteles, e constitui o sinal de uma nova autoconfiança que resultou do progresso da ciência. Há em sua obra um frescor que não se encontra em qualquer outro filósofo eminente anterior, desde Platão".[84]

Segundo uma visão que Descartes afirmara tê-lo iluminado aos 23 anos de idade, teria ele percebido, "num súbito lampejo", os alicerces de uma "ciência maravilhosa" que prometia a unificação de todo o saber. Uma ciência completa da natureza, acerca da qual poderia ter absoluta certeza; uma ciência baseada, como a matemática, em princípios fundamentais que dispensam demonstração. Descartes acreditou que Deus lhe apontara uma missão e passou a dedicar-se à construção de uma nova filosofia científica.

Para Descartes, toda ciência é consubstanciada por conhecimento certo e evidente, rejeitando aquele que é meramente provável. Considerava passível de crédito aquelas coisas que são perfeitamente conhecidas e sobre as quais não pode haver dúvida. A certeza cartesiana é essencialmente matemática. E as ciências propriamente demonstrativas são as matemáticas; nelas, todas as proposições podem ser deduzidas de princípios evidentes.[85] A respeito das propriedades dos objetos físicos, Descartes não admitia como verdadeiro o que não pudesse ser deduzido com clareza de uma demonstração matemática e de noções comuns de cuja verdade não se pode duvidar. Como para Descartes todos os fenômenos da natureza podem ser explicados desse modo, ele

---

[82] LAING, R. D. The voice of experience, p. 57.
[83] CASSIRER, Ernst. El problema del conocimiento en la filosofia y en la ciencia modernas, p. 385-6.
[84] RUSSELL, Bertrand. History of western philosophy, p. 542.
[85] DESCARTES, René. Discurso do método, p. 89.

sustentou a desnecessidade de admitir outros princípios da física, ainda que desejáveis.

Descartes acreditava que a linguagem da natureza era a matemática, e seu desejo de descrevê-la em termos matemáticos levou-o, segundo Capra, a sua mais célebre descoberta:

"Mediante a aplicação de relações numéricas a figuras geométricas, ele pôde correlacionar álgebra e geometria e, assim fazendo, estabeleceu um novo ramo da matemática, hoje conhecido como geometria analítica. Esta inclui a representação de curvas por meio de equações algébricas cujas soluções estudou de modo sistemático. O novo método permitiu, a Descartes, aplicar um tipo muito geral de análise matemática ao estudo dos corpos em movimento, de acordo com seu grandioso plano de redução de todos os fenômenos físicos a relações matemáticas exatas. Assim, ele pôde afirmar com grande orgulho: 'Toda a minha Física nada mais é do que geometria'. O gênio de Descartes era o de um matemático, e isso se evidencia em sua filosofia".[86]

E seu *Discurso do Método*, que se tornou um clássico da filosofia, teve como proposição original ensinar um método que servisse de introdução à ciência. Partiu Descartes do que chamou de "quatro preceitos", cuja observação jamais deveria ser descurada. O primeiro era de nunca aceitar coisa alguma como verdadeira sem que a conhecesse evidentemente como tal; o segundo, dividir cada uma das dificuldades que examinasse em tantas parcelas quantas fosse possível e necessário para melhor resolvê-las; o terceiro, conduzir por ordem os pensamentos, começando pelos objetos mais simples e mais fáceis de conhecer. E o último, fazer em tudo enumerações tão completas, e revisões tão gerais, que se tivesse a certeza de nada omitir. Descartes reconheceu que este encadeamento de razões era o mesmo seguido pelos geômetras para chegar às suas difíceis demonstrações, o que o levou à conclusão de que as coisas que podem cair sob o conhecimento dos homens se encadeiam da mesma maneira. Concluiu Descartes:

"(...) e que, com a única condição de nos abstermos de aceitar por verdadeira alguma que não o seja, e de observarmos sempre a ordem necessária para deduzi-las umas das outras, não pode haver nenhuma tão afastada que não acabemos por chegar a ela e nem tão escondida que não a descubramos. E não tive muita dificuldade em concluir por quais era necessário começar, pois já sabia que era pelas mais simples e mais fáceis de conhecer; e considerando que dentre todos aqueles que até agora procuraram a verdade nas ciências, só os matemáticos puderam encontrar algumas demonstrações, isto é, algumas razões certas e evidentes, não duvidei de que deveria começar pelas mesmas coisas; embora delas não esperasse nenhuma outra utilidade a não ser a de acostumarem meu espírito a alimentar-se de verdades e a não se contentar com falsas razões. (...) Nisso talvez eu não vos pareça muito vão se considerardes que, havendo apenas

---

[86] CAPRA, Fritjof. *O ponto de mutação*, p. 54.

uma verdade em cada coisa, quem quer que a encontre sabe dela tudo o que se pode saber".[87]

Não obstante os inegáveis méritos do método analítico de raciocínio inaugurado por Descartes, que se tornou uma característica essencial do moderno pensamento científico, também é certo que ensejou uma atitude generalizada de reducionismo na ciência, ou seja, de que todos os elementos dos fenômenos complexos podem ser compreendidos e reduzidos às respectivas partes que os constituem. Dennis Patterson, analisando o racionalismo presente no pensamento de Descartes, enfatiza:

"O representante racionalista fundacionalista é o filósofo René Descartes. Em síntese Descartes viu o problema do conhecimento como um problema sobre certeza. Separar crença de ilusão exigiu um método. Para isto, Descartes criou o 'método da dúvida'. O processo para validar crença exigiu que a crença fosse submetida a um tribunal interno (mental) onde a crença foi interrogada. Idéias que sobreviveram a este processo de questionamento receberam o rótulo de 'claro e distinto'. Idéias as quais não poderiam ser questionadas – inquestionáveis – foram válidas e consistiam assim, 'conhecimento'. A ênfase no método e validade levou, não surpreendentemente, para a valorização da matemática, ciência e geometria, e foram nestas áreas que Descartes encontrou aquelas que estavam mais corretas: axioma, sistema e dedução".[88]

Por outro lado, o cogito cartesiano fez com que ele privilegiasse a mente em relação à matéria e levou-o a concluir que as duas eram separadas e fundamentalmente distintas, aduzindo Capra que Descartes afirmou que "não há nada no conceito de corpo que pertença à mente, e nada na idéia de mente que pertença ao corpo". A divisão cartesiana entre matéria e mente teve um efeito profundo sobre o pensamento ocidental. Ela nos ensinou a conhecermos a nós mesmos como egos isolados existentes "dentro" dos nossos corpos; levou-nos a atribuir ao trabalho mental um valor superior ao trabalho manual.[89]

A elaboração da ciência mecanicista dos séculos XVII, XVIII e XIX fundou-se na ideia cartesiana do Universo como uma máquina, ao funcionamento da natureza de acordo com as leis mecânicas e matemáticas exatas. Com seu método analítico, pretendeu elaborar uma descrição precisa de todos os fenômenos naturais num único sistema de princípios mecânicos. Tal concepção

---

[87] DESCARTES, René. *Discurso do método*. Trad. Maria Ermantina Galvão G. Pereira. Martins Fontes: São Paulo, 1999, p. 23-5.

[88] Texto original: "The representative rationalist foundationalist is the philosopher RENÉ DESCARTES. In essence, DESCARTES saw the problem of knowledge as a problem about certainty. Separating belief from illusion required a method. For this, DESCARTES invented the 'method of doubt'. The process of validating belief required that the belief be submitted to an inner (mental) tribunal wherein the belief was interrogated. Ideas which survived this process of questioning earned the label 'clear and distinct'. That which could not be doubted – the indubitable – was valid and, thus 'knowledge'. The emphasis on method and validation led, not surprisingly, to the valorization of mathematics, science, and geometry, for it was in these areas that DESCARTES found that which was most certain: axiom, system and deduction". PATTERSON, Dennis. *Law and Truth*, p. 153-4.

[89] CAPRA, Fritjof. *O ponto...* cit., p. 55.

outorgou a chancela "científica" para a manipulação e exploração da natureza que se tornaram típicas da cultura ocidental. Esta visão, que também incluía os organismos vivos como máquinas, trouxe inclusive para a medicina a adesão ao modelo cartesiano, o que impediu aos médicos a compreensão de muitas das mais importantes enfermidades da nossa época.

Uma vez criada por Descartes a estrutura conceitual da ciência do século XVII, coube a Isaac Newton, um inglês nascido em 1642, o mesmo ano da morte de Galileu, desenvolver uma formulação matemática da concepção mecanicista da natureza, elaborando uma grandiosa síntese das obras de Copérnico e Kepler, Bacon, Galileu e Descartes. Em seu *Tao da física*, sintetiza Fritjof Capra:

"Todos os eventos físicos são reduzidos, na mecânica newtoniana, ao movimento de pontos materiais no espaço, causado por sua atração mútua, isto é, pela força da gravidade. Para que pudesse equacionar o efeito dessa força sobre o ponto dotado de massa em termos de uma forma matemática precisa, Newton teve que elaborar conceitos e técnicas matemáticas inteiramente novos, ou seja, aqueles do cálculo diferencial. Tratava-se de uma tremenda realização intelectual, estimada por Einstein como sendo 'talvez o maior avanço no pensamento que um único indivíduo teve o privilégio de fazer'".[90]

Segundo a lenda, o lampejo iluminado de Newton teria ocorrido quando ele observou uma maçã cair de uma árvore. Ele teria compreendido que a atração da maçã para a Terra era determinada pela mesma força que atraía os planetas para o Sol, descobrindo assim a chave para a sua grandiosa síntese. Seu novo método matemático permitiu a formulação de leis exatas do movimento de todos os corpos sob a influência da força da gravidade, e que tinham aplicação universal, sendo válidas para todo o sistema solar e que confirmavam, portanto, a visão cartesiana da natureza. Newton apresentou detalhadamente a sua teoria do mundo em livro denominado "Princípios matemáticos de filosofia natural", usualmente chamado de *Principia*, em razão de seu título original em latim.

O espaço tridimensional da geometria euclidiana clássica era o palco do universo newtoniano, ou em suas próprias palavras, "o espaço absoluto, em sua própria natureza, sem levar em conta qualquer coisa que lhe seja externa, permanece sempre inalterado e imóvel", e as variações do mundo físico ocorreriam em função de uma outra dimensão, qual seja, o tempo, também absoluto, sem vinculação com o mundo material e que flui de maneira uniforme do passado para o futuro, através do presente. Para Newton, "o tempo, verdadeiro e matemático, de si mesmo e por sua própria natureza, flui uniformemente, sem depender de qualquer coisa externa".[91]

Não obstante apareça um Deus monárquico como criador externo dessa máquina perfeita, não havia o entendimento de que os fenômenos físicos, em

---

[90] CAPRA, Fritjof. *O ponto...* cit., p. 49.
[91] JUDSON, Horace Freeland. *The eighth day of creation*, p. 75.

si, fossem divinos em qualquer sentido. O desaparecimento de Deus foi uma questão de tempo para a ciência, o que se coadunava com a divisão cartesiana entre espírito e matéria, e ensejou uma visão de mundo mecânico passível de ser descrito objetivamente, ou seja, sem qualquer interferência do "espírito" humano. A descrição objetiva passou a ser o ideal perseguido pela ciência.

A mecânica newtoniana tornou-se um enorme sucesso. Isaac Newton viveu seus últimos vinte anos como o homem mais famoso de seu tempo na Londres setecentista. A física tornara-se a base de todas as ciências. E se o mundo realmente era uma máquina, a melhor forma de descobrir como ela funcionava era lançando mão da mecânica de Newton. O lineamento de uma abordagem mecanicista da física, da astronomia, da biologia, da psicologia e da medicina já havia sido esboçado por Descartes. Como observa Ovídio A. Baptista da Silva, em decorrência do prestígio dessas ideias, o pensamento matemático acabou dominando as filosofias políticas do século XVII, e "teve influência marcante nas concepções jurídicas de seus pensadores, a começar por Grotius, considerado o pai do jusnaturalismo moderno".[92]

2.2. A modernidade e a "Física Social"

Como já abordamos anteriormente, a estrutura do sistema de governo feudal acabou enfraquecendo e desmoronando, pois se tornou confusa, descentralizada e, por consequência, ineficiente para enfrentar as complexidades econômicas e sociais advindas entre os séculos XIII e XIV. Com o declínio do feudalismo, o advento da Reforma e o enfraquecimento da autoridade do Sacro Império Romano, a monarquia centralizada começou a surgir como a principal postulante da lealdade dos homens. Ademais dessas razões, e de outros fatores históricos antes também já mencionados, a necessidade de um sistema governamental centralizado acabou ensejando o aparecimento do Estado nacional. Mas, como observa John Merryman, a geração dessas transformações requeria uma ideologia; a ideologia do Estado. E esta ideologia seria construída sob o pálio do racionalismo.[93] O delineamento das feições do Estado Nacional foi acelerado após a assinatura do Tratado de Westfalia, em 1648, que restabeleceu a paz na Europa e consagrou o modelo de soberania externa absoluta, abrindo caminho para uma ordem internacional protagonizada por nações com poder supremo dentro de fronteiras territoriais estabelecidas.[94] Aliás, Max Weber já anotara que sem o racionalismo, a ascensão do Estado absoluto seria tão pouco imaginável quanto a revolução.[95]

Sob o enfoque da mecânica newtoniana, o mundo da matéria é uma máquina. E as operações dessa máquina podem ser determinadas com precisão por meio de leis físicas e matemáticas. Este mundo seria estático e eterno a

---
[92] BAPTISTA DA SILVA, *Processo e ideologia*, p. 69.
[93] MERRYMAN, John. *La tradición jurídica romano-canónica*, p. 47-9.
[94] FARIA, José Eduardo. Op. cit., p. 17.
[95] WEBER, Max. *Ensaios de sociologia*, p. 115.

flutuar em um espaço vazio. Um mundo cujo racionalismo cartesiano torna passível de ser conhecido através da decomposição dos respectivos elementos que o constituem. Apoiado em Pollard, enfatiza Boaventura de Sousa Santos:

> "Pode parecer surpreendente e até paradoxal que uma forma de conhecimento assente numa tal visão do mundo tenha vindo a constituir um dos pilares da idéia de progresso que ganha corpo no pensamento europeu a partir do século XVIII, e que é o grande sinal intelectual da ascensão da burguesia. Mas a verdade é que a ordem e a estabilidade do mundo são pré-condição da transformação tecnológica do real. O determinismo mecanicista é o horizonte certo de uma forma de conhecimento que se pretende utilitário e funcional, reconhecido menos pela capacidade de compreender profundamente o real do que pela capacidade de transformar e dominar. No plano social, é esse também o horizonte cognitivo mais adequado aos interesses da burguesia ascendente, que via na sociedade em que começava a dominar, o estágio final da evolução da humanidade. Daí o prestígio de Newton e das leis simples a que reduzia toda a complexidade da ordem cósmica tenham convertido a ciência moderna no modelo de racionalidade hegemônica que a pouco e pouco transbordou do estudo da natureza para o estudo da sociedade. Tal como foi possível descobrir as leis da natureza, seria igualmente possível descobrir as leis da sociedade".[96]

A primeira obra de maior estatura que surgiu no âmbito das ciências sociais, nessa época em que o prestígio das novas descobertas científicas se afirmava enfaticamente, parece ter sido a de Hugo Grotius: "O Direito da Guerra e da Paz" (*De Jure Belli ac Pacis*), publicado no início do século XVII, em 1625, e dedicada a Luis XIII, "Cristianíssimo Rei dos Francos e de Navarra", homenagem que sinalizava de forma clara o absolutismo emergente. Já nos seus "Prolegômenos", Grotius deixa claro que:

> "Seria injurioso para mim pensar que não me preocupei de nenhuma das controvérsias de nosso século, seja das que surgiram, como daquelas que se pode prever que possam surgir. De fato, afirmo que, assim como os matemáticos consideram as figuras, abstração feita de corpos, de igual modo, tratando do direito, eu afastei meu pensamento de todo o fato particular".[97]

Ao comentar algumas premissas lançadas por Grotius em sua clássica obra, observa Ovídio A. Baptista da Silva que o jurista holandês estabeleceu princípios que haveriam de ser seguidos pelo direito natural moderno, dentre os quais o da renúncia à busca de um direito natural através da jurisprudência, em virtude de sua permanente transformação e pela diversidade que ela apresenta de povo para povo. Eis a significativa e enfática observação de Ovídio A. Baptista da Silva a respeito deste viés do pensamento de Grotius:

---

[96] SOUSA SANTOS, Boaventura de. *A crítica da razão indolente*, p. 64.
[97] GROTIUS, Hugo. *O direito da guerra e da paz*, p. 64-5.

"Apenas aquilo que, sendo 'natural', conserva-se sempre o mesmo, poderia ser reduzido a uma ciência. A fuga da 'diferença', o horror pelo 'individual' que depois será encontrado em Savigny, e que iria caracterizar a cultura européia dos séculos seguintes, inaugura o direito natural moderno".[98]

Giovanni Vico, um napolitano nascido na região mais atrasada da Itália em uma época na qual o Renascimento italiano, obstruído pela Inquisição, já estava praticamente esgotado, não conseguiu desenvolver uma carreira acadêmica devido à sua origem humilde, mas levou adiante sozinho seus objetivos intelectuais. Em 1725, publicou uma obra intitulada "Princípios de uma ciência nova sobre a natureza comum das nações, através da qual também se revelam novos princípios da lei natural dos povos". Vico havia lido Francis Bacon e concluíra que devia ser possível aplicar ao estudo da história da humanidade métodos semelhantes àqueles que Bacon propusera para o estudo do mundo natural. Vico sustentou a existência de leis que governam deterministicamente a evolução da sociedade e tornam possível prever os resultados das ações coletivas.[99] Vico granjeou prestígio e sua obra influenciou pensadores não só de sua época como ao longo do século seguinte, o que se pode constatar em Jules Michelet, que em 1824 enfatizava: "Não tive outro mestre senão Vico. Seu princípio da força viva, da humanidade que cria a si própria, é a fonte de meus livros e de meus ensinamentos".[100]

Subsequentemente à de Grotius, a obra de Thomas Hobbes parece haver sido a que maior influência exerceria no pensamento político que se seguiu. Foi publicada em 1651, na Inglaterra, com o título de *Leviathan*. Considerado o pai do positivismo moderno, para Hobbes o direito confunde-se com o poder, o que também já havia sido proclamado por Grotius. Ovídio A. Baptista da Silva, agora na esteira de Christian Thomasius observa que Thomas Hobbes, "com a agudeza de gênio e instruído em matemática, esforçou-se por adaptar a exatidão da demonstração, própria das ciências matemáticas, à doutrina moral".[101]

Thomas Hobbes nasceu em 1588, em Wesport, Inglaterra, convivendo no ambiente aristocrático da época. Com pouco mais de vinte anos era tutor, passando depois a secretário de Lord William Cavendish. Havia recebido uma sólida formação e ainda adolescente já dominava grego e latim. Mas ao redor de seus quarenta anos, a formação escolástica e humanista de Hobbes foi superada pelo critério matemático, naturalista e crítico de Galileu (a quem visitou em Florença, em 1636), de Kepler e de Montaigne. O interesse político de Hobbes se anima e exalta com as adversidades então vivenciadas na Inglaterra. Exilado e anistiado muitas vezes, quando longe de sua pátria, Hobbes nunca se resignou. Para ele, nenhum crime é tão grande quanto o da guerra civil, pela qual o clero sempre tem uma boa parte de responsabilidade, causando na Inglaterra lutas fratricidas. A guerra civil também é, para Hobbes, um retorno ao estado

---

[98] BAPTISTA DA SILVA, *Processo e ideologia*, p. 69.
[99] SOUSA SANTOS, Boaventura de. *A crítica da razão indolente*, p. 65.
[100] WILSON, Edmund. *Rumo à Estação Finlândia*, p. 11-2.
[101] BAPTISTA DA SILVA. *Processo e ideologia*, p. 75.

de natureza; e para reagir contra tal estado, escreve suas obras com a intenção de contribuir para devolver a paz e a ordem ao seu país e à Europa. Hobbes é duramente atacado; ora os presbiterianos obrigam-no a fugir da Inglaterra, ora o partido dos clericais o afugentam para a França. O núcleo do pensamento de Thomas Hobbes sobre a gênese e a natureza das leis civis pode ser conferido na seguinte passagem de sua obra:

> "Os nossos juristas assentem que essa lei nunca pode ser contra a razão; afirmam também que a lei não é a letra (quer dizer, a construção legal), senão o que está de acordo com a intenção do legislador. Tudo isso é certo, mas a dúvida se refere a qual razão haverá de ser admitida como lei. Não pode ser uma razão privada, porque então existiria, entre as leis, tanta contradição como entre as escolas; nem tão pouco (como pretende Sir. Ed. Coke) com uma 'perfeição artificial da razão', adquirida mediante longo estudo, observação e experiência (como era seu caso). Com efeito, é possível que um prolongado estudo aumente e confirme as sentenças errôneas: mas quando os homens constroem sobre um falso cimento, quanto mais edificam, maior é a ruína; e ademais, as razões e resoluções daqueles que estudam e observam com igual emprego de tempo e diligência, são e devem permanecer discordantes: por conseguinte, não é esta *jurisprudentia* ou sabedoria dos juízes subordinados, senão a razão do Estado, nosso homem artificial e seus mandamentos, o que constitui a lei. E sendo o Estado, em sua representação, uma só pessoa, não pode facilmente surgir nenhuma contradição entre as leis; e quando ela ocorre, a mesma razão é capaz, por interpretação ou alteração, de eliminá-la. Em todas as Cortes de Justiça, é o Soberano (que personifica o Estado) quem julga. Os juízes subordinados devem ter em conta a razão que motivou seu Soberano a instituir aquela lei, com a qual tem que fundamentar a sua sentença; somente então é a sentença de seu Soberano; de outro modo é a sua própria, e, portanto, uma sentença injusta".[102]

Resta evidente das proposições de Hobbes a busca da certeza através da construção de um sistema jurídico que não admita qualquer controvérsia na

---

[102] Texto original: "7. Convienen nuestros juristas en que esa ley nunca puede ser contra la razón; afirman también que la ley no es la letra (es decir, la construcción legal), sino lo que está de acuerdo con la intención del legislador. Todo eso es cierto, pero la duda estriba en qué razón habrá de ser la que sea admitida como ley. No puede tratar-se de una razón privada, porque entonces existiría entre las leyes tanta contradicción como entre las escuelas; ni tampoco (como pretende Sir Ed. Coke) en una 'perfección artificial de la razón, adquirida mediante largo estudio, observación y experiencia' (como era su caso). En efecto, es posible que un prolongado estudio aumente y confirme las sentencias erróneas: pero cuando los hombres construyen sobre falsos cimientos, cuanto más edifican, mayor es la ruina; y, además, las razones y resoluciones de aquellos que estudian y observan con igual empleo de tiempo y diligencia, son y deben permanecer discordantes: por consiguiente, no es esta 'jurisprudentia' o sabiduría de los jueces subordinados, sino la razón del Estado, nuestro hombre artificial, y sus mandamientos, lo que constituye la ley. Y siendo el Estado, en su representación, una sola persona, no puede fácilmente surgir ninguna contradicción en las leyes; y cuando se produce, la misma razón es capaz, por interpretación o alteración, para eliminarla. En todas las Cortes de justicia es el soberano (que personifica el Estado) quien juzga. Los jueces subordinados deben tener en cuenta la razón que motivó a su soberano a instituir aquella ley, la cual tiene que conformar su sentencia; sólo entonces es la sentencia de su soberano; de otro modo es la suya propia, y una sentencia injusta, en efecto". HOBBES, Thomas. *Leviatán – O la materia, forma y poder de una republica, eclesiástica y civil*, p. 221-2.

sua aplicação. Norberto Bobbio, em obra inteiramente dedicada ao exame da teoria de Hobbes, chama atenção para a circunstância de pertencer ele, de fato, à história do direito natural, e de que não existe nenhum tratamento da história do pensamento jurídico e político que não mencione e examine sua filosofia como uma das expressões mais típicas da corrente jusnaturalista. Ao mesmo tempo, e ainda seguindo a exposição delineada por Bobbio, Hobbes pertence, de "direito", à história do positivismo jurídico. Conclui Bobbio:

> "Sua (de Hobbes) concepção de lei e de Estado é uma antecipação, verdadeiramente surpreendente, das teorias positivistas do século passado, nas quais culmina a tendência antijusnaturalista iniciada no historicismo romântico (...). Jusnaturalismo e positivismo são duas correntes antitéticas, em perene polêmica: uma representa a negação da outra. Como é possível que Hobbes pertença ao mesmo tempo às duas? Se têm razão os historiadores do direito natural quando situam o autor do Leviatã, juntamente com Grotius, Spinoza e Pufendorf, entre os quatro grandes jusnaturalistas do século XVII, então como pôde a teoria política hobbesiana ser tomada como modelo histórico por aqueles radicais adversários do direito natural que foram os fundadores do positivismo jurídico, cujo destino prossegue ininterruptamente, já agora há um século, entre os juristas? E se, ao contrário, têm razão os positivistas, não terá chegado a hora de rever o esquema tradicional das histórias do direito natural para delas retirar o nome de Thomas Hobbes?".[103]

Bobbio lança as premissas da sua conclusão ao final do exame da questão proposta, encaminhando-se para o entendimento da inexistência da contradição, na medida em que a lei natural hobbesiana, ainda que esta afirmação possa parecer paradoxal, tem a única função de convencer os homens de que só pode existir um único direito, o direito positivo.

Bobbio transcreve as próprias palavras de Hobbes, constantes do *De cive* segundo as quais "a lei natural ordena que se obedeça a todas as leis civis em decorrência da lei natural que proíbe a violação dos pactos. Com efeito, quando nos obrigamos a obedecer antes de saber o que será ordenado, obrigamo-nos a uma obediência geral e total; disso resulta que nenhuma lei civil pode ser contrária à lei natural". A tese de Bobbio, portanto, é a da coerência do pensamento e das conclusões de Hobbes, pois para este não pode haver contradição entre lei civil e lei natural, de forma que a lei natural, ao ordenar a obediência a todas as leis civis, manda que se obedeça também àquelas que são contrárias às leis naturais. Conclui Bobbio:

> "Não há contradição: não tanto porque uma lei civil não possa estar em contradição com uma lei natural, mas porque – acima de todas as leis naturais particulares – vigora a lei natural fundamental que diz ser preciso obedecer ao Estado, vale dizer, a lei natural segundo a qual, uma vez constituído o Estado, deixam de valer todas as leis naturais".[104]

---

[103] BOBBIO, Norberto. *Thomas Hobbes*, 4. ed., Rio de Janeiro: Campus, 1991, p. 101.
[104] Idem, p. 128-9.

Em outras palavras, no âmbito da sociedade e do Estado moderno não há como não vincular a teoria de Hobbes ao positivismo, pois conforme se constatou acima, para ele, "uma vez constituído" o Estado, não mais vigorarão as leis naturais. Em verdade, Hobbes usou o direito natural para extrair da sua doutrina um dos argumentos a favor da necessidade do Estado e da obrigação de obediência absoluta ao direito positivo. De forma perspicaz, Hobbes usou a lei natural como expediente para justificar a validade do direito positivo. Em verdade, portanto, a teoria de Hobbes implica a negação do direito natural enquanto sistema de direito superior ao sistema de direito positivo.[105]

Digna de registro, no que se refere às posições políticas de Hobbes, a polêmica que travou em suas obras com Sir Edward Coke, autor das "Instituições do Direito Inglês", trabalho considerado como a *summa* da *common law*. Thomas Hobbes, como teórico do poder absoluto combate a *common law* e afirma o poder exclusivo do soberano de criar o direito, na medida em que isso é indispensável para assegurar o poder absoluto do Estado. É que soberanos absolutistas como Jaime I e Carlos I tentaram fazer valer o primado absoluto do direito estatutário, negando aos juízes o poder de resolver as controvérsias com base no direito comum, mas encontraram firme resistência e oposição, das quais o porta-voz era Sir Edward Cook.[106]

Outro filósofo com presença marcante nessa mesma época foi o alemão Gottfried Wilhelm Leibniz. Ovídio A. Baptista da Silva enfatiza a importância e influência de Leibniz, anotando seu projeto racionalista de transformar a moral e o Direito em ciências demonstrativas tão exatas quanto a matemática.[107] O formalismo que acabou estruturando o pensamento europeu, a supressão da realidade e a adoção de um conceitualismo puro tiveram em Leibniz um respeitável precursor, ao que se vê de passagem de uma das suas obras:

> "A doutrina do direito é de índole daquelas ciências que não dependem de experimentos, senão de definições, não das demonstrações do sentido, senão das da razão, e são, por assim dizer, próprias do direito e não do fato. Assim sendo, como a justiça consiste em um certo acordo e proporção, pode entender-se que algo é justo ainda que não haja quem exerça a justiça, nem sobre quem ela recaia, de maneira semelhante a de como os cálculos numéricos são verdadeiros, ainda que não haja quem numere, nem o que numerar, da mesma forma como se pode predizer de uma coisa, de uma máquina ou de um estado, que se existem, devem ser belos, eficazes e felizes, mesmo que nunca tenham existido. Portanto, não é surpreendente que os princípios dessa ciência sejam verdades eternas, pois todos eles são condicionais e sequer necessitam que algo exista, senão que se siga a algo a sua suposta existência: não derivam dos sentidos, senão de

---

[105] BOBBIO, Norberto. *Thomas Hobbes*, cit., p. 129.
[106] BOBBIO, Norberto. *O positivismo jurídico*, p. 34.
[107] BAPTISTA DA SILVA. *Processo e ideologia*, cit., p. 77.

uma imagem clara e distinta, que Platão denominava *idea*, e que quando se expressa em palavras é igual a sua definição".[108]

Podemos vislumbrar de forma clara na obra de Leibniz, portanto, um direito totalmente dissociado do fato; um direito que independe da experiência, mas apenas de definições e da razão. Inteiramente cabível, assim, a observação de Ovídio A. Baptista da Silva no sentido de que a criação de um "mundo jurídico", totalmente dissociado do "mundo dos fatos", e tão presente em nossas concepções do Direito, foi uma consequência inevitável do racionalismo.[109]

A virada do século XVII para o século XVIII ensejou a proclamação da descoberta da "física social" e a crença na abordagem racional dos problemas humanos, cujo compromisso epistemológico parte do pressuposto de que as ciências naturais são uma aplicação ou concretização de um modelo de conhecimento universalmente válido, e o único cientificamente aceitável. Uma das figuras que marcaram essa época foi a do filósofo John Locke, cujos escritos mais importantes foram publicados no final do século XVII.[110]

Embora tenha afirmado inicialmente que a única certeza possível seria aquela derivada da intuição imediata proveniente de nossas percepções sensoriais, o certo é que Locke considerava demonstráveis as ideias morais, tal como a matemática. Ovídio A. Baptista da Silva detecta que o paradoxo é apenas aparente, na medida em que "o que é capaz de demonstração são apenas as idéias morais, naturalmente não as condutas morais, enquanto comportamentos humanos concretos".[111] Quando Locke aplicou sua teoria da natureza humana aos fenômenos sociais, guiou-se pela convicção de que existem leis da natureza que governam a sociedade dos homens, leis estas semelhantes às que governam o universo físico.

As ideias de Locke, que em seu conjunto não se esgotam nas referências ora formuladas, ajudaram a formar a base do sistema de valores do Iluminismo e tiveram uma forte influência no desenvolvimento do moderno pensamento econômico e político. Anota Capra, em conclusão sobre a obra de Locke:

"Os ideais de individualismo, direito de propriedade, mercados livres e governo representativo, que podem ser atribuídos a Locke, contribuíram

---

[108] Texto original: "(1) La doctrina del derecho es de la índole de aquellas ciencias que no dependen de experimentos, sino de definiciones, no de las demostraciones de los sentidos, sino de de las de la razón, y son, por así decirlo, propias del derecho y no del echo. Así pues, como la justicia consiste en un cierto acuerdo y proporción, puede entenderse que algo es justo, aunque no haya quien ejerza la justicia, ni sobre quien recaiga, de manera semejante a como los cálculos numéricos son verdaderos, aunque no haya ni quién numera ni qué numerar, a la manera como se puede predecir de una cosa, de una máquina o de un Estado que, si han, ha de ser hermosa, eficaz y feliz aunque nunca hayan de existir. Por tanto, no es sorprendente que los principios de esta ciencia sean verdades eternas, pues todos ellos son condicionales, y ni siquiera necesitan que algo exista, sino que se siga algo a su supuesta existencia: no derivan de los sentidos, sino de una imagen clara y distinta, que Platón denominaba Idea, y que cuando se expresa por palabras es lo mismo que la definición". LEIBNIZ, Gottfried Wilhelm. *Los elementos del derecho natural*, p. 70-1.
[109] BAPTISTA DA SILVA. *Processo e ideologia*, cit., p. 79.
[110] SOUSA SANTOS, Boaventura de. *Crítica da razão indolente*, cit., p. 65; CAPRA, Fritjof. *O ponto de mutação*, cit., p. 63.
[111] BAPTISTA DA SILVA. *Processo e ideologia*, cit., p. 80; LOCKE, John. Liv. IV, Cap. II, §1º.

significativamente para o pensamento de Thomas Jefferson, e estão refletidos na Declaração de Independência e na Constituição americanas".[112]

O paradigma da modernidade (ou racionalista) poderá ser compreendido claramente, no que refere ao campo do Direito, através da leitura de uma passagem da obra de Ovídio A. Baptista da Silva, *verbis*:

"No momento, as observações que estamos fazendo a respeito da doutrina de Locke visam a confirmar seu compromisso, assim como o dos demais pensadores do século XVII, com a epistemologia própria das ciências matemáticas e, propriamente, com o conceito de ciência reduzido às ciências de medir, pesar e contar, que se tornou afinal a nossa herança.

O conceitualismo jurídico, como temos visto, tornou-se o princípio dominante a partir do século XVII. A idéia de que o direito não depende da experiência encontrava-se já firmemente assentada em Grotius, para o qual 'o direito não deve apoiar-se em nenhuma existência, seja ela empírica ou absoluta'. O direito seria puro conceito. Este é ainda hoje o direito que se ensina em nossas universidades. Um direito que não consegue ir ao Fórum, porque a metodologia jurídica separou-o do 'fato', conservando-o fiel ao pensamento do século XVII, depois congelado pelos filósofos e juristas posteriores, para os quais o direito, enquanto conceito, formaria o 'mundo jurídico', o mundo das normas, e que é o objeto do ensino universitário, oposto ao 'mundo dos fatos'".[113]

Aqui estão, portanto, as bases do racionalismo, do chamado paradigma da modernidade, erguido sobre os conceitos e princípios fundamentais da física, da geometria e da matemática, elaborados a partir de Copérnico, Galileu, Descartes e Newton, para citarmos apenas os expoentes. Boaventura de Sousa Santos invoca a observação de Saint-Simon para lembrar que a crise moral que grassava na Europa desde a Reforma, e a consequente separação entre os poderes secular e religioso, só poderia ser resolvida por uma nova religião. E essa religião era a ciência. No início do século XIX, segue o filósofo português, "a ciência moderna tinha já sido convertida numa instância moral suprema, para além do bem e do mal".[114]

Assim como foi possível descobrir as leis da natureza, seria igualmente possível descobrir as da sociedade. E para tanto, a analogia entre moral, direito e geometria constitui a ideia predominante no pensamento dos filósofos do século XVIII, tornando possível com isso a existência de normas jurídicas absolutas, universalmente obrigatórias e imutáveis. Vale aqui a ressalva de Ernst Cassirer:

"A investigação empírica e a doutrina empirista não fazem nenhuma exceção nesse ponto. A esse respeito, as opiniões de Voltaire e Diderot não diferem das de Grotius e Montesquieu".[115]

---

[112] CAPRA, Fritjof. *O ponto de mutação*, cit., p. 64.
[113] BAPTISTA DA SILVA. *Processo e ideologia*, cit., p. 84.
[114] SOUSA SANTOS, Boaventura de. *A crítica da razão indolente*, cit., p. 51.
[115] CASSIRER, Ernst. *A filosofia do iluminismo*, p. 44.

Francis Bacon sustentava, no século XVII, a ideia de que o entendimento da natureza implica o seu domínio pelo homem, de modo que esta deve ser "acossada em suas vadiagens", sujeitada a prestar serviço como "escrava", e "coagida" para que dela possamos arrancar os seus segredos com a ajuda de dispositivos mecânicos. Esta visão, que gerou as conhecidas e nefastas consequências para o nosso meio ambiente e para todos nós, teria seus fundamentos minados e finalmente suplantados pela evolução dos conhecimentos que ela própria proporcionou.

Cumpre o registro, para finalizar este tópico, do importante papel desempenhado pelos chamados "Pandectistas", na segunda metade do século XIX, dentre os quais Savigny, Puchta e Windscheid, ou seja, uma verdadeira plêiade de juristas com inegável prestígio, que transformaram o direito romano em uma estrutura formal e hierarquizada de regras jurídicas que obedecia a um rígido sistema lógico.

A conjugação de autoridade, racionalidade e ética, presente no Direito Romano dos Glosadores, foi sucedida por um formalismo técnico racional, que se supunha neutro em relação à ética, preocupado tão somente com a perfeição técnica, a coerência lógica e a previsibilidade total.[116]

3. A superação do racionalismo e da modernidade

3.1. A crise epistemológica do paradigma da modernidade

Em sua teoria das revoluções científicas, Thomas Kuhn[117] sustenta que no âmbito das ciências naturais desenvolveu-se um conjunto de princípios e teorias sobre a estrutura da matéria que foram aceitos sem discussão por toda a comunidade científica, conjunto esse que é designado por paradigma, enquanto as ciências sociais, por serem dotadas de um caráter pré-paradigmático, atrasaram-se em relação àquelas. Mesmo que nos coloquemos em desacordo com tal assertiva, o certo, como vimos no desenvolvimento deste trabalho, é que as ciências sociais foram e ainda permanecem, em um grau considerável, forjadas e permeadas pela estrutura do paradigma racionalista oriundo da chamada revolução científica dos séculos XVI e XVII. Mas a evolução do conhecimento na área das ciências exatas, entre o fim do século XIX e início do século XX, faria desmoronar as bases que sustentaram o racionalismo.

Com efeito, anota Géza Szamosi que uma série de "pequenas inconsistências" na estrutura da física newtoniana começaram a aparecer nas pesquisas

---
[116] SOUSA SANTOS, Boaventura de. *A crítica da razão indolente*, cit., p. 123-4
[117] KUHN, Thomas. Op. cit., p. 219 e ss.

de diversos cientistas ao longo do século XIX; a maioria delas associava-se à propriedade da luz.[118]

Uma das conquistas do século XIX foi a investigação e a descoberta dos fenômenos elétricos e magnéticos que envolviam um novo tipo de força e não podiam ser descritos adequadamente pelo modelo mecanicista. O primeiro grande passo foi dado por Michael Faraday, depois completado por Clerk Maxwell. A nova descoberta é assim descrita por Fritjof Capra:

"Faraday e Maxwell não só estudaram os efeitos das forças elétricas e magnéticas, mas fizeram dessas forças o objeto primeiro de suas investigações. Ao substituírem o conceito de força pelo conceito muito mais sutil de campo de força, eles foram os primeiros a ultrapassar a física newtoniana, mostrando que os campos têm a sua própria realidade e podem ser estudados sem referência a corpos materiais. Essa teoria, chamada eletrodinâmica, culminou com a descoberta de que a luz é, de fato, um campo eletromagnético rapidamente alternante, que viaja através do espaço em forma de ondas".[119]

Não obstante tais descobertas, a mecânica newtoniana ainda não fora destronada e continuava a manter-se na base de toda a física. Capra nos dá conta de que o próprio Maxwell tentou explicar seus resultados em termos mecânicos. Mesmo assim, foi extraordinária a descoberta que acabaria introduzindo no mundo da física uma constante ausente na mecânica clássica, qual seja, a velocidade da luz. Caberia mais tarde a Einstein tornar claro que os campos eletromagnéticos são entidades físicas independentes que se deslocam através do espaço vazio e não podem ser explicadas mecanicamente.

Outro passo importante ocorreu no início do século XIX com Jean Baptiste Lamarck, o primeiro a propor uma teoria coerente da evolução, segundo a qual todos os seres vivos teriam evoluído de formas mais simples e primitivas, sob a influência do meio ambiente. Charles Darwin apresentou aos cientistas, algumas décadas depois, uma avassaladora massa de provas em favor da evolução biológica, e também uma explicação baseada nos conceitos de variação aleatória, hoje conhecida como mutação randômica e seleção natural. A monumental *Origem das espécies* sintetizou as ideias dos pensadores que a antecederam e deu forma a todo o pensamento biológico que se seguiria. Seu papel nas ciências humanas foi semelhante aos do *Principia* de Newton na física e na astronomia, dois séculos antes. As repercussões dessas descobertas são enfatizadas por Capra:

"A descoberta da evolução em biologia forçou os cientistas a abandonarem a concepção cartesiana, segundo a qual o mundo era uma máquina inteiramente construída pelas mãos do Criador. O universo, pelo contrário, devia ser descrito como um sistema em evolução e em permanente

---

[118] SZAMOSI, Géza. *Tempo e espaço: as dimensões gêmeas*, p. 146.
[119] CAPRA, Fritjof, *O ponto de mutação*, cit., p. 65.

mudança no qual estruturas complexas se desenvolviam a partir de formas mais simples".[120]

Várias outras descobertas se seguiram no século XIX, como a que foi viabilizada pelo estudo dos fenômenos térmicos, e que envolveu o tratamento de líquidos e gases com complicados sistemas mecânicos, ensejando aos físicos a formulação da termodinâmica. Rudolf Clausius introduziu uma nova unidade de medida chamada entropia, que afere o grau de evolução de um sistema físico. O aumento da entropia em sistemas físicos, que marca a direção do tempo, não podia ser inicialmente explicado pelas leis da mecânica newtoniana, até que Ludwig Boltzmann, adicionando o conceito de probabilidade, "acomodou" a termodinâmica numa "sólida" base newtoniana, conhecida como mecânica estatística. O paradigma racionalista não seria destronado tão facilmente. Assim, no final do século XIX, embora os conceitos de eletrodinâmica de Maxwell e a teoria da evolução de Darwin tivessem superado o modelo newtoniano, ainda se acreditava nas suas ideias básicas.

No início do século XX, duas descobertas no campo da física acabariam por implodir todos os principais conceitos da visão de mundo cartesiana e da mecânica newtoniana. Nas palavras de Boaventura de Sousa Santos:

"Einstein constitui o primeiro rombo no paradigma da ciência moderna, um rombo, aliás, mais importante do que Einstein foi capaz subjetivamente de admitir".[121]

A extraordinária proeza intelectual de Einstein veio a público em dois artigos publicados em 1905. Há mais de um século, portanto. Ele introduziu duas tendências revolucionárias no pensamento científico. Uma foi a teoria da relatividade especial. A outra, um novo modo de considerar a radiação eletromagnética e que se tornaria característico da teoria quântica, a teoria dos fenômenos atômicos. A teoria quântica foi completada vinte anos depois por uma equipe de físicos. Já a teoria da relatividade foi construída quase que inteiramente por Einstein. A teoria conhecida como da relatividade geral decorreu dos avanços que, em 1915, ele introduziu naquela primeira. Seus ensaios científicos são considerados monumentos intelectuais que marcam o começo do pensamento do século XX.[122]

A mecânica newtoniana começa a claudicar quando Einstein descobre que o postulado da invariância das leis da física, quando aplicadas a corpos em movimento ou em estado estacionário, é incompatível com as equações de Maxwell, cujas descobertas haviam ensejado a conclusão de que se tornara imprescindível agregar-se ao mundo da física um novo dado, qual seja, a velocidade da luz. Cristiano Paixão Araújo Pinto sintetiza uma primeira conclusão sobre o ponto:

---

[120] CAPRA, Fritjof, *O ponto de mutação*, cit., p. 67.
[121] SOUSA SANTOS, Boaventura de. *Um discurso sobre as ciências*, p. 24.
[122] CAPRA, Fritjof, *O ponto de mutação*, cit., p. 70; EINSTEIN, Albert. Sobre um ponto de vista heurístico concernindo a geração e conversão da luz. *Annalen der Physik*. 17 mar. 1905.

"E, dessa forma, pode ser compreendido o segundo postulado básico da relatividade especial: como já havia sido demonstrado por Maxwell, as ondas eletromagnéticas deslocam-se em velocidade constante. Einstein aprofundou esta descoberta e, como registram Coveney e Highfield, 'relativizou a física inteira', concluindo que não existe, ao contrário do que supunha Newton, um tempo absoluto, aplicável a todos os eventos. Por força da mediação decorrente da velocidade da luz, cada evento possui seu tempo próprio. E esse tempo, como já dito, não é absoluto: ele depende do observador".[123]

Um dos pensamentos mais profundos de Einstein é o da relatividade da simultaneidade, que estabelece a distinção entre a simultaneidade de acontecimentos presentes no mesmo lugar e a simultaneidade de acontecimentos distantes, em particular de acontecimentos separados por distâncias astronômicas. Em relação a estes últimos, o problema lógico a resolver é o de saber como o observador estabelece a ordem temporal dos acontecimentos no espaço. Einstein defronta-se com um círculo vicioso: a fim de determinar a simultaneidade dos acontecimentos distantes é necessário conhecer a velocidade; mas para medir a velocidade é necessário conhecer a simultaneidade dos acontecimentos. Einstein rompe com esse círculo, demonstrando que a simultaneidade de acontecimentos distantes não pode ser verificada. Pode tão somente ser definida. Um outro efeito da teoria de Einstein é a chamada "dilatação do tempo", que foi comprovada em experimentos através dos quais foi demonstrado que o tempo de vida de uma partícula elementar de múon "aumenta" a sua duração, quando aumentada a velocidade na qual a partícula se desloca. Vejamos esta interessante descrição de John Gribbin:

"Se você disparar pelo espaço a uma alta velocidade, eu posso permanecer aqui na Terra e dizer que, do meu ponto de vista, seu relógio está lento. Igualmente, você também pode perfeitamente afirmar que seu foguete está parado, enquanto a Terra toda se desloca veloz pelo espaço, e que pelo seu padrão o meu relógio é que está lento. E ambos teríamos razão".[124]

Pela teoria da relatividade especial o fenômeno da dilatação não se restringe à mensuração do tempo, mas também às massas dos corpos, que oscilam em função da velocidade da luz, podendo distender-se, ou contrair-se, na medida em que se aproximarem ou se afastarem da velocidade limitante da luz. O "espaço-tempo" tornou-se uma nova grandeza física criada por Einstein para representar a totalidade dos eventos e sobre a mesma assim se expressaram Coveney e Highfield:

"Na relatividade, as propriedades 'geométricas' (como, por exemplo, as trajetórias descritas pelos raios de luz) são definidas em termos de espaço e tempo, como se ambos fossem inextrincavelmente ligados entre si. Con-

---

[123] ARAÚJO PINTO, Cristiano Paixão de. *Modernidade, tempo e direito*, p. 39.
[124] GRIBBIN, John. *Tempo – O profundo mistério do universo*, p. 42.

seqüentemente, é um grande passo afirmar que na realidade o espaço e o tempo são simplesmente aspectos de um espaço-tempo único".[125]

Einstein complementaria a teoria da relatividade especial para explicar os efeitos da gravidade, viabilizando assim esclarecer o movimento de atração dos corpos celestes, com o que acabou formulando uma teoria do campo e das forças gravitacionais. Coverney e Highfield anotam haver Einstein descoberto que as leis da geometria euclidiana só valem em certas regiões restritas do espaço, sendo muito úteis na Terra, não se aplicando, entretanto, à estrutura do Universo; ou seja, "numa estrutura em grande escala". Nicolai Lobachevsy, Janos Bolyai e Carl Friedrich Gauss já haviam desenvolvido uma geometria "não euclidiana", que admite a existência de superfícies curvas. E o que causa a curvatura do espaço-tempo é a presença da matéria, resultando daí a regra segundo a qual "quanto maior a densidade da matéria numa região, mais alta é a curvatura do espaço-tempo".[126]

A teoria quântica, ou mecânica quântica, como também é chamada, foi formulada durante as primeiras três décadas do século XX, por um grupo internacional de físicos, dentre os quais Max Planck, Albert Einstein, Niels Bohr, Louis de Broglie, Erwin Schrödinger, Wolfgang Pauli, Werner Heisenberg e Paul Dirac. Enquanto Einstein relativizou o rigor das leis de Newton no domínio da astrofísica, a mecânica quântica afetou-as no campo da microfísica.

Essa exploração do mundo atômico e subatômico colocou os cientistas em contato com uma estranha e inesperada realidade que abalava os alicerces de sua visão de mundo. No esforço para apreenderem essa nova realidade, tomaram consciência de que seus conceitos básicos, sua linguagem e toda a sua forma de pensar eram inadequados para descrever fenômenos atômicos. O problema não era apenas intelectual, mas envolvia uma intensa experiência emocional ou existencial, com toda a certeza decorrente do choque causado pelo desmoronamento de "verdades eternas e universais" que vigoravam há pelo menos três séculos. Werner Heisenberg e Albert Einstein descrevem este estado emocional:

"Recordo as discussões com Bohr que se estendiam por horas a fio, até altas horas da noite, e terminavam quase em desespero; e, quando no fim da discussão, eu saía sozinho para um passeio no parque vizinho, repetia para mim, uma outra vez a pergunta: Será a natureza tão absurda quanto parece nesses experimentos atômicos?"

Einstein sentiu o mesmo choque ao defrontar-se com os novos conceitos da física, expressando-se de forma similar:

"Todas as minhas tentativas para adaptar os fundamentos teóricos da física a esse (novo tipo de conhecimento) fracassaram completamente. Era como se o chão tivesse sido retirado debaixo de meus pés, e não houvesse

---

[125] COVERNEY, Peter; HIGHFIELD, Roger. *A flexa do tempo*, p. 72.
[126] Idem, p. 75-6.

em qualquer outro lugar uma base sólida sobre a qual pudesse construir algo".[127]

As inovações não foram por certo recebidas inicialmente com entusiasmo pela comunidade científica. Ao contrário, como consigna Heisenberg, houve reação violenta, "que só pode ser entendida quando se percebe que, neste ponto, os alicerces da física começaram a se mover; e que esse movimento provocou a sensação de que a ciência estava sendo separada das suas bases".[128]

Werner Heisenberg logrou uma grande realização, que consistiu em expressar as limitações dos conceitos clássicos numa fórmula matemática precisa, conhecida como "princípio da incerteza", que através de um conjunto de relações matemáticas permite determinar a extensão na qual os conceitos clássicos podem ser aplicados a fenômenos atômicos; essas relações marcam os limites da imaginação humana no mundo atômico.

Em outras palavras, e fazendo remissão a Boaventura de Sousa Santos, o "princípio da incerteza" demonstrou que não se podem reduzir simultaneamente os erros da medição da velocidade e os da posição das partículas, pois o que for feito para reduzir o erro de uma das medições aumenta o erro da outra. Como observa, Boaventura de Sousa Santos encontra-se bem clara no "*princípio da incerteza* a ideia de que não conhecemos do real senão o que nele introduzimos, ou seja, que não conhecemos do real senão a nossa intervenção nele". É da maior relevância que se frise a seguinte conclusão:

"Este princípio e, portanto, a demonstração da interferência estrutural do sujeito no objeto observado, tem implicações de vulto. Por um lado, sendo estruturalmente limitado o rigor do nosso conhecimento, só podemos aspirar a resultados aproximados e por isso as leis de física são tão-só probabilísticas. Por outro lado, a hipótese do determinismo mecanicista é inviabilizada uma vez que a totalidade do real não se reduz à soma das partes em que a dividimos para observar e medir. Por último, a distinção sujeito/objeto é muito mais complexa do que à primeira vista pode parecer. A distinção perde seus contornos dicotômicos e assume a forma de um *continuum*".[129]

A elaboração do "princípio da incerteza" no âmbito das chamadas "ciências exatas" já bastaria para considerar-se superado o paradigma racionalista! Queremos deixar aqui bem frisada a conclusão acima já exposta, segundo a qual "não conhecemos do real senão o que resulta da nossa intervenção nele", pois lança inegavelmente por terra a viabilidade da existência de verdades universais e imutáveis, permitindo-nos mais facilmente a compreensão de que a interpretação passará inexoravelmente por uma "atribuição de sentido".

Descaberia neste trabalho uma ampla e pormenorizada análise de todas as pesquisas e avanços no campo da física, da química e da matemática. Não

---

[127] HEISENBERG, Werner. *Physics and philisophy*, p. 50; Einstein, Albert. *Out of my later years*, ambas citadas por CAPRA, Fritjof. *O ponto... cit.*, p. 71.
[128] HEISENBERG, Werner. Op. loc. cit.
[129] SOUSA SANTOS, Boaventura de. *A crítica da... cit.*, p. 69.

poderíamos, entretanto, deixar de referir as descobertas de Gödel, que demonstraram que o rigor da matemática carece, ele próprio, de fundamento. Na verdade, há atualmente uma "Filosofia Matemática". Outra referência obrigatória são as investigações do físico-químico Ilya Prigogine, que ensejaram a elaboração da teoria das estruturas dissipativas, cuja importância está em uma nova concepção da matéria e da natureza, totalmente incompatível com a que herdamos da física clássica. Ao referir-se a esta teoria, assim se manifesta Boaventura de Sousa Santos:

"Em vez da eternidade, temos a história; em vez do determinismo, a imprevisibilidade; em vez do mecanicismo, a interpretação, a espontaneidade e a auto-organização; em vez da reversibilidade, a irreversibilidade e a evolução; em vez da ordem, a desordem; em vez da necessidade, a criatividade e o acidente. A teoria de Prigogine recupera inclusivamente conceitos aristotélicos tais como os conceitos de potencialidade e virtualidade que a evolução científica do século XVI parecia ter atirado definitivamente para o lixo da História".[130]

Queremos concluir este tópico no qual procuramos demonstrar a superação dos valores e princípios cartesianos, e bem assim os mecanicistas de Newton, com a transcrição de uma lapidar passagem da obra de um dos físicos de maior prestígio em nossos dias:

"Na física atômica, não pode mais ser mantida a nítida divisão cartesiana entre matéria e mente, entre o observado e o observador. Nunca podemos falar da natureza sem, ao mesmo tempo, falarmos sobre nós mesmos".

"Ao transcender a divisão cartesiana, a física moderna não só invalidou o ideal clássico de uma descrição objetiva da natureza, mas também desafiou o mito da ciência isenta de valores. Os modelos que os cientistas observam na natureza estão infinitamente relacionados com os modelos da sua mente – com seus conceitos, pensamentos e valores. Assim, os resultados científicos que eles obtêm e as aplicações tecnológicas que investigam serão condicionados por sua estrutura mental. Embora muitas das suas detalhadas pesquisas não dependam explicitamente do seu sistema de valores, o paradigma maior, dentro do qual essas pesquisas são levadas a efeito, nunca está isento de valores. Portanto, os cientistas são responsáveis por suas pesquisas, intelectual e moralmente".[131]

Se a produção científica, as pesquisas e os resultados obtidos no campo das ciências designadas como "exatas" nunca estarão isentos dos valores, pensamentos e conceitos dos cientistas, com toda certeza desses mesmos componentes não estará isenta a produção na área das ciências sociais. Caberia aqui o questionamento de Cornelius Castoriadis: "Não existe teoria rigorosamente rigorosa em matemática; como poderia existir em política?"[132]

---

[130] SOUSA SANTOS, Boaventura de. *Um discurso...* cit., p. 28.
[131] CAPRA, Fritjof. *O ponto de mutação* cit., p. 81-2.
[132] CASTORIADIS, Cornélio. *A instituição imaginária da sociedade*, p. 15.

3.2. A superação dos axiomas racionalistas

Voltemos ao ponto em que havíamos nos questionado se já poderíamos considerar superado cientificamente o paradigma racionalista, ou se ainda estaríamos vivendo uma "transição paradigmática". Para tanto, somos obrigados também a retornar ao exame do conceito de paradigma.

Ovídio A. Baptista da Silva adota o conceito de paradigma construído por Thomas Kuhn: "Como toda concepção científica, estará alicerçado em um conjunto de pressupostos aceitos como verdades indiscutíveis pela comunidade científica." Agrega igualmente, ainda na esteira de Kuhn, que se deve descartar a ideia, tradicionalmente usada na historiografia, de que o progresso científico se dê através da acumulação contínua das conquistas obtidas pelas gerações precedentes, ou seja, por evolução.

"A ciência só progride significativamente através de revoluções, que ocorrem esporadicamente quando um determinado paradigma deixa de oferecer solução para um número apreciável de problemas, o que é provocado pelas condições históricas e pelo próprio desenvolvimento das ciências. A quebra de um determinado paradigma e sua substituição por outro é o que Thomas Kuhn denomina de 'revolução científica'".[133]

É intuitivo e claro que a elaboração de um novo conjunto de princípios que suplantarão aqueles que os antecederam não ocorre num dado e preciso momento. Em outras palavras, e ainda com o raciocínio de Ovídio A. Baptista da Silva na sequência do que acima foi exposto, com toda a certeza essas revoluções não ocorrem instantaneamente e nem podem resultar do esforço de apenas um cientista ou, muitas vezes, nem mesmo de uma geração inteira de cientistas.

Fala-se também, como já dissemos, em "transição paradigmática". Mas no que consistiria esta "transição paradigmática"? Seria o período durante o qual a comunidade científica elabora e constrói aqueles princípios que se tornarão (no futuro) aceitos como verdades indiscutíveis? Se este for o enfoque, ninguém em sã consciência colocará em dúvida que o advento da teoria da relatividade, do princípio da incerteza, e de todos os avanços ocorridos desde o final do século XIX até meados do século XX, tornou indiscutível a insuficiência daqueles outros princípios, e bem assim o primado dos novos. Ao que se saiba, não apareceu ninguém nos últimos tempos para sustentar a invalidade das novas descobertas e o retorno aos princípios do mecanicismo.

"Transição paradigmática" seria o período necessário para a assimilação desses novos princípios por uma determinada massa específica da sociedade, que paulatinamente passará a adotá-los até que se tornem pressupostos pelo menos para a classe dominante?

Boaventura de Sousa Santos é um dos autores que enfatiza a ideia da "transição" paradigmática, sublinhando inclusive que ela tem várias dimen-

---

[133] BAPTISTA DA SILVA, Ovídio A. *Processo e ideologia – O paradigma racionalista*, p. 30; KUHN, Thomas. Op cit., p. 63 e ss.

sões. Na verdade, entende este grande filósofo português estarmos ainda sob a égide do paradigma da modernidade, que ele chama de "dominante". Mas na mesma obra, enfatiza que "Einstein constitui o primeiro rombo no paradigma da ciência moderna". Mais adiante afirma que:

"A transição paradigmática é um período histórico e uma mentalidade. É um período histórico que não se sabe bem quando começa e muito menos quando acaba. É uma mentalidade fraturada entre lealdades inconsistentes e aspirações desproporcionadas, entre saudosismos anacrônicos e voluntarismos excessivos".[134]

Muitos falam também em "crise" paradigmática. Mas sem nos alongarmos sobre o ponto, nos declaramos desde logo comprometidos com a ideia de que já ultrapassamos as fases da "crise" e da "transição paradigmática". Se quisermos manter fidelidade ao conceito acima exposto, seremos obrigados a convir que a crise e a transição não se referem propriamente ao paradigma, pois já está mais do que claro que a visão cartesiana e mecanicista sobre a qual se ergueu o racionalismo perdeu suas bases de sustentação. A fase na qual estamos vivendo, pelo menos desde a metade do século XX em diante, parece que pode ser melhor identificada como um período de assimilação dos novos princípios já sólida e firmemente assentada, que desbancou os anteriores como conjunto de pressupostos aceitos pela comunidade científica como indiscutível.

Este fenômeno da "transição" como lapso de tempo necessário para a assimilação das novas ideias já havia sido detectado por A. Castanheira Neves em sua obra clássica, justamente ao examinar o advento do paradigma da Idade Moderna:

"Nem sempre foram coincidentes no tempo as idéias com a prática ou com a institucionalização correlativa, como aliás é comum na história cultural: as idéias antecipam-se muitas vezes à sua assimilação prática e a prática subsiste não raro para além da caducidade da idéia correspondente na intencionalidade dominante. O que justamente se verificou na Idade Moderna, pois o sistema de idéias sobre a lei que se foi construindo do século XVI ao século XVIII só teve a sua institucional correlatividade histórico-política no sistema político-jurídico post-iluminista e o sistema político-jurídico pré-moderno foi efetivo em muitos dos seus aspectos característicos até o século XVIII".[135]

Antes de Castanheira Neves, Michel Villey já exclamara sua estranheza com o fenômeno. Com efeito, sustenta Villey primeiramente que nossas Constituições, nossos princípios "democráticos" e nossa concepção da lei advêm de Locke ou de Rousseau. Em seguida cita Wieacker para agregar que também a estrutura e o método dos nossos códigos, e mais ainda, os nossos tratados sistemáticos de direito civil, a nossa noção de propriedade, e bem assim a teoria do contrato são criações do espírito moderno e têm como fonte primeira

---

[134] SOUSA SANTOS, Boaventura de. *A crítica da...* cit., p. 16, 68 e 257.
[135] CASTANHEIRA NEVES, A. *O instituto dos assentos e a função jurídica dos Supremos Tribunais*, p. 491.

o trabalho dos filósofos do início da época moderna. Lança Villey, por fim, a sua perspicaz e certeira observação: "É estranho que essa maneira de pensar o direito, seus planos, suas noções e suas técnicas sobrevivam à filosofia que lhe serviu de fundamento".[136]

Ovídio A. Baptista da Silva põe-se totalmente conforme com a constatação, como pode ser inferido em obra clássica recentemente editada em castelhano: "Na ciência social, a lei da causalidade não funciona: freqüentemente cessada a causa determinante da criação de certa instituição, não podemos, mesmo assim, livrarmo-nos dos seus efeitos".[137]

O "conjunto de pressupostos que a comunidade científica aceita como verdadeiros" e que ensejou a formação do paradigma racionalista encontra-se superado. A sua aplicação carece de legitimidade. Ao falarmos em "transição paradigmática", devemos entendê-la, portanto, como um período no qual um novo conjunto de pressupostos que a comunidade científica passou a aceitar como verdades indiscutíveis – com a superação do anterior – estará sendo assimilado pelos diversos ramos do conhecimento. Não desconhecemos, como anteriormente já consignado, que o velho paradigma racionalista ainda segue se refletindo sobre todos os ramos da ciência, e principalmente das ciências sociais. Ovídio A. Baptista da Silva é um dos autores que mais se debruçou sobre o tema, enfatizando sempre o quanto o ramo do direito processual civil mantém-se servilmente dependente das doutrinas filosóficas e políticas iluministas, "não obstante tudo o que se viu e escreveu desde o século XVIII até o início do terceiro milênio".[138]

Aqueles que trabalham a ideia de "crise paradigmática", como Boaventura de Sousa Santos, reconhecem que tal crise, além de profunda, é irreversível, o que nos colocaria em um período de plena revolução científica iniciada com Einstein e a mecânica quântica, não se sabendo quando acabará. Não obstante, segue o pensador lusitano, já se pode assegurar que "colapsarão" as distinções básicas em que se assenta o paradigma racionalista. Registra também a interessante constatação de que a identificação dos limites e das insuficiências estruturais do paradigma científico moderno resulta do grande avanço no conhecimento que ele propiciou, e que depois da euforia cientificista do século XIX, e da consequente aversão à reflexão filosófica, bem representada pelo positivismo, há hoje um desejo "quase desesperado" de superação do racionalismo. Lembra, por fim, a importância da teoria de Prigogine para afirmar que ela não constitui um fenômeno isolado, mas integrado a um movimento convergente que se mostrou pujante nas últimas décadas, englobando as várias ciências da natureza e também as ciências sociais, em um movimento de vocação transdisciplinar, para concluir:

---

[136] Texto original: "L'étrange est même que cette manière de penser le droit, ces plans, ces notions, cette technique survivent à la philosophie qui leur servait de fondement". VILLEY, Michel. *La Formation de la Pensée Juridique Moderne*, p. 149.

[137] Texto original: "En ciencia social, la ley de la causalidad no funciona: frecuentemente cesada la causa determinante de la creación de cierta institución, no podemos, inclusive así, librarnos de sus efectos!". BAPTISTA DA SILVA, Ovídio A. *Jurisdicción y Ejecución – en la tradición romano-canónica*, p. 191.

[138] BAPTISTA DA SILVA, Ovídio A. *Processo e ideologia*... cit., p. 87.

"(Este movimento) que Jantsch designa por paradigma da auto-organização e que tem aflorações, entre outras, na teoria de Prigogine, na sinergética de Haken, no conceito de hiperciclo e na teoria da origem da vida de Eigen, no conceito de autopoiesis de Maturana e Varela, na teoria das catástrofes de Thom, na teoria da evolução Jantsch, na teoria da 'ordem implicada' de David Bom, ou na teoria da matriz-S de Geoffrey Chew e na filosofia do *bootstrap* que lhe subjaz. Este movimento científico e as demais inovações teóricas que atrás defini, como outras tantas condições teóricas da crise do paradigma dominante têm vindo a propiciar uma profunda reflexão epistemológica sobre o conhecimento científico, uma reflexão de tal modo rica e diversificada que, melhor do que qualquer outra circunstância, caracteriza exemplarmente a situação intelectual do tempo presente".[139]

Mesmo ainda dominando muitas áreas, principalmente no âmbito das ciências sociais, porque a "maneira de pensar estranhamente sobrevive à filosofia que lhe serve de fundamento" como observou Michel Villey, temos por certa a superação das bases, dos princípios e dos fundamentos dessa "filosofia" racionalista.

4. O paradigma emergente a síntese crítica de Ovídio A. Baptista da Silva

Com a ressalva de que entendemos rigorosamente superado o paradigma da modernidade, conforme sustentamos nos capítulos anteriores, trataremos a seguir do paradigma emergente sob a perspectiva de uma transição durante a qual os novos princípios e valores encontram-se em uma fase de assimilação, da qual resultarão induvidosamente inexoráveis transformações na formatação das estruturas do sistema jurídico vigente. Esta perspectiva decorre daquele enfoque de Castanheira Neves, que entendemos de todo aplicável no presente momento, segundo o qual "as idéias antecipam-se muitas vezes à sua assimilação prática, e a prática subsiste não raro para além da caducidade da idéia correspondente na intencionalidade dominante".[140]

Estamos assim a viver uma fase de assimilação das novas ideias, princípios e valores, eis que superados aqueles que forjaram o racionalismo, cientes de que na prática segue o mesmo como paradigma dominante.

São muitas as abordagens, e várias delas nos trazem sugestões extremamente instigantes de formas e caminhos para inserir "na prática", para usar-se a expressão de Castanheira Neves, os novos princípios e valores que superaram aqueles do racionalismo. Seria inviável, e até impertinente, examinarmos

---

[139] SOUSA SANTOS, Boaventura de. *Um discurso sobre...* cit., p. 29-30.
[140] CASTANHEIRA NEVES, A. Op. cit., p. 491.

no âmbito deste trabalho todas as obras importantes que têm tratado do tema, mesmo que nos limitássemos às mais festejadas. Por isso elegemos a obra de Ovídio A. Baptista da Silva para demonstrar tanto a superação do paradigma da modernidade, como os reflexos de seus valores e princípios, cristalizados na permanência do processo ordinário como instrumento universal de tutela processual, buscando extrair desse paradoxo as conclusões que permitam sugerir um novo modelo de prestação jurisdicional.

A obra de Ovídio A. Baptista da Silva recebeu, ao longo dos últimos trinta anos, a influência de matrizes doutrinárias que enfatizam uma visão da chamada hermenêutica filosófica, como procuraremos demonstrar a seguir.

4.1. Processo, dogmatismo e hermenêutica

Como já referimos anteriormente, muitas e excelentes obras têm versado a respeito da transição paradigmática, ou mais especificamente e em outras palavras, sobre a construção de caminhos que conduzam à assimilação dos novos princípios e valores que superaram os axiomas do racionalismo. Assim, vários são os autores que tratam do tema no âmbito da sociologia, da filosofia, da política e das próprias ciências exatas. Tanto em conexão com as áreas anteriormente referidas, como também de maneira específica, não é difícil de se encontrar abordagens a respeito do impacto do novo paradigma no âmbito da ciência do direito.

A obra de Ovídio A. Baptista da Silva, consubstanciada em vários e importantes estudos por ele desenvolvidos ao longo das últimas três décadas, é a única que entre nós se aprofunda em um substancioso tratamento da superação do paradigma racionalista no direito processual civil. Também não se pode minimizar a importância dos estudos de Mauro Cappelletti,[141] Castanheira Neves[142] e Vittorio Denti,[143] mas não foram desenvolvidos com a abrangência e especificidade encontradas na obra de Ovídio A. Baptista da Silva, o que nos impõe o exame de seu arcabouço doutrinário com vistas à sustentação da nossa tese.

Em obra na qual sistematizou seus estudos e meditações a respeito do tema, revela Ovídio A. Baptista da Silva como objetivo fundamental a ampliação do debate sobre o mesmo com o propósito de superar a redução metodológica imposta pelo sistema, tanto no ensino universitário quanto na experiência forense: "Em resumo, superar o dogmatismo, fazendo com que o direito apro-

---

[141] CAPPELLETTI, Mauro. *Juízes legisladores?*; CAPPELLETTI, Mauro. *Processo, ideología y sociedad*. Buenos Aires: Ediciones Jurídicas Europa-América, 1974; CAPPELLETTI, Mauro; GARTH, Bryant. *Acesso à justiça*. Porto Alegre: Sérgio Fabris Editor, 1988.
[142] CASTANHEIRA NEVES, A. *O instituto dos assentos e a função jurídica dos Supremos Tribunais*.
[143] DENTI, Vittorio. *Processo civile e giustizia sociale*, p. 27; DENTI, Vittorio. *Un progetto per la giustizia civile*. Bologna: Il Mulino, 1982.

xime-se de seu leito natural, como ciência da cultura, recuperando sua dimensão hermenêutica".[144]

Ainda que sejam levados em conta os avanços alcançados pela filosofia do direito no decorrer do século XX, é inegável que o sistema vigente impõe aos lidadores do direito em geral uma visão dogmática do processo civil, que acaba por ser concebido como instrumento conceitual. Aponta Ovídio A. Baptista da Silva um dos grandes problemas com o qual nos defrontamos:

"O sistema pressupõe que o direito seja produzido pelo Poder Legislativo. Conseqüentemente, sua estrutura é formada a partir desse pressuposto. O resultado inevitável é tornar os juízes e, de um modo geral, os juristas, além de irresponsáveis, uma espécie de braço mecânico do Poder".[145]

Ao abordar a questão da ideologia, aconselha Ovídio A. Baptista da Silva que se tenha precaução contra dois riscos. O primeiro diz com a tendência de atribuirmos aos nossos opositores a condição de ideológicos, na suposição de possuirmos acesso exclusivo à verdade absoluta, concluindo:

"O 'outro' é que, não alcançando a 'nossa' verdade, teria ele o pensamento distorcido por falsas noções, mistificadoras da realidade. O 'outro' é que não conseguiria atingir a 'nossa' verdade, tida como a única e, enquanto verdade, eternamente válida. É a marca do pensamento conservador. Tudo o que questiona a 'realidade' construída pelo pensamento conservador, é ideológico, no sentido de ser irreal, pois a visão conservadora supõe que nosso 'mundo' seja o único possível".[146]

O pensamento conservador sustenta que a manutenção do *status quo* o mantém livre do compromisso ideológico. Na verdade, esta seria a forma de manter tal comprometimento, como demonstra Ovídio A. Baptista da Silva:

"O magistrado que indefere a liminar pedida pelo autor não imagina que esteja outorgando, diríamos, uma 'liminar' idêntica ao demandado, apenas de sinal contrário, enquanto idêntico benefício processual, permitindo que ele continue a desfrutar do *status quo* a custo zero. Este é o suporte teórico que legitima, tanto a plenariedade da cognição, quanto a busca da *vontade da lei*. Se o juiz aplicar a vontade da lei, imagina-se que a injustiça terá sido cometida pelo legislador".[147]

A abordagem da questão ideológica revela-se pertinente e atual em razão da pressão dos grupos dominantes no sentido de que o Judiciário "se mantenha fiel à lei", para com isso ensejar segurança para os investidores externos e não causar qualquer sobressalto ao "mercado". Ovídio A. Baptista da Silva refere em sua obra as manifestações de conhecido jurista e economista quanto à preocupação sobre as "incertezas" causadas pela "politização do Poder Judiciário". O compromisso com o racionalismo e a ignorância da superação

---

[144] BAPTISTA DA SILVA, Ovídio A. *Processo e ideologia*, p. 1.
[145] Idem, p. 2.
[146] Idem, p. 9.
[147] Idem, p. 16.

dos princípios e dos valores que o norteavam restam evidentes, sendo assim apontados:

> "A rigor, fica excluída qualquer possibilidade de compreensão hermenêutica do texto. A construção de sentido pelo 'outro' é política, conseqüentemente ideológica. O jurista entrevistado, ingenuamente, supunha possuir o segredo de uma linguagem divina que lhe permitia penetrar na essência imutável da proposição normativa, exorcizando todas as compreensões que lhe fossem contrárias, por serem ideológicas, ou 'políticas', não como a 'dele' eminentemente 'técnica'. Deste ponto, é possível descortinar a oposição entre 'paradigma dogmático' e ciência do direito, enquanto ciência do espírito, ciência da compreensão hermenêutica".[148]

A herança racionalista que nos transmitiu a fantasia metodológica do direito como uma ciência exata, apto a produzir normas demonstráveis, gerais e unívocas encontra-se até hoje entranhada na nossa formação cultural, não obstante consista em um modo anacrônico de compreender o fenômeno jurídico. Aliás, tal anacronismo vem sendo já denunciado há quase um século, como anota Ovídio A. Baptista da Silva:

> "Depois de haver François Gény, nos albores do século XX, denunciado a ilusão de imaginar a lei como um 'sistema dotado de exatidão matemática', ou de advertir James Goldschmidt que a futura sentença nada mais é do que um 'prognóstico' que perdurará como simples prognóstico até que se conheça seu conteúdo, depois de Chaïm Perelman investir-se na condição de um Aristóteles moderno, construindo uma 'nova retórica', ou de um Theodor Viehweg recuperar a tópica aristotélica, e de Luis Recasens Siches postular, para a interpretação jurídica, o 'logos de lo humano' ou de 'lo razonable', ou depois de Josef Esser – para citar apenas alguns dos mais expressivos do moderno pensamento jurídico – haver transferido para o direito as proposições básicas de Gadamer; afinal depois de tudo o que se escreveu nas modernas filosofias críticas, e de tudo o que aprendemos com o chamado realismo americano – nosso sistema permanece petrificado, na suposição de que os juízes continuam irresponsáveis, enquanto 'boca de lei', como desejava o aristocrático Montesquieu, e de que o processo seria um milagroso instrumento capaz de descobrir a 'vontade da lei' (Chiovenda)".[149]

A "petrificação" referida por Ovídio A. Baptista da Silva evoca-nos a irônica ideia que teve Jean Carbonnier quando imaginou o dia no qual as faculdades de direito, os códigos e os repertórios de jurisprudência cederiam lugar, ao menos em parte, a instrumentos de laboratório. E não há lugar para dúvida de que nesta faculdade de direito não faltaria sequer uma seção patológica na qual, no fundo de um parque, por exemplo, se poderia observar ao redor de um pequeno lago, dia após dia, como se cristaliza em cada indivíduo a convicção, com toda a certeza doentia, de que somente ele tem razão e que todos os demais estão equivocados. Convicção da qual nascem as crises nervosas e os

---
[148] BAPTISTA DA SILVA, Ovídio A. *Processo e ideologia*, p. 21.
[149] Idem, p. 26-7.

processos. E no dia em que se criar esta faculdade, passará a existir a primeira "faculdade de psicologia jurídica".[150]

No capítulo em que trata do "Paradigma racionalista e a tutela preventiva", lembra Ovídio A. Baptista da Silva as frequentes manifestações de juristas consagrados e magistrados experientes, no sentido de que o processo civil se encontra hoje distante daquelas concepções vigentes no século XIX, como se o racionalismo já houvesse sido superado. É claro que a concepção de um juiz reduzido apenas à *bouche de la loi* não se manteria até os nossos dias de forma tão grosseira. Evoluiu-se para métodos mais sutis.

De qualquer forma, a afirmação hoje corrente de que o juiz também pode criar o direito, como revelação da possibilidade de caber ao mesmo "descobrir" o espírito da lei, para Ovídio A. Baptista da Silva não passa de um "ardil":

"Esse modo de pensar o direito processual civil talvez seja um dos ardis mais astuciosos a impedir sua evolução. Enquanto formos mantidos na ilusão desse falso progresso, estaremos apaziguados e satisfeitos com os prodígios de nossa modernidade, no campo legislativo e doutrinário".[151]

Em verdade, as raízes do nosso sistema processual revelam as dificuldades enfrentadas pela doutrina para conceber uma tutela processual fruto de juízos de verossimilhança, porquanto a concepção do ato jurisdicional como produtor de coisa julgada, consoante já demonstramos, impede a suposição de que a lei possa ter "duas vontades", em razão de seu sentido unívoco. "Ao intérprete não seria dado hermeneuticamente 'compreendê-la' mas, ao contrário, com a neutralidade de um matemático, resolver o problema 'algébrico' da descoberta da sua 'vontade'". Resta assim eliminada a "compreensão" hermenêutica, retirando-se qualquer legitimidade da retórica enquanto ciência da argumentação.[152]

Aliás, e superando uma posição inicial de Freud, a moderna psicanálise considera que não há uma postura técnica que garanta ao analista uma atmosfera previsível na análise. Neutralidade e abstenção, pontos-chave da técnica clássica, são hoje considerados um mito e, desta forma, conceitos vazios. Instâncias mais contemporâneas, como a empatia, são conceitos igualmente míticos. A análise efetiva só pode ser conduzida como resultado de uma "negociação *intuito personae*", e como tal, absolutamente distinta de uma pessoa para outra. O âmago desta negociação é encontrar um modo de trabalho único no *setting* que se adapte a ambos os participantes. Mesmo como observador, a subjetividade do analista está sempre presente, o que difere da opinião de que os significados são apenas construídos no *setting* terapêutico, a partir dos conteúdos inconscientes que traz o paciente.[153] Em realidade, não há como negar que o subjetivismo é inerente à condição humana.[154]

---

[150] CARBONNIER, Jean. *Derecho flexible*, p. 283.
[151] BAPTISTA DA SILVA, Ovídio A. *Processo e ideologia*, cit., p. 89.
[152] Idem, p. 93-7.
[153] GREENBERG, Jay. The analyst's participation: a new look, p. 361.
[154] HANLY, Charles; FITZPATRICK HANLY, Margaret Ann. *Critical realism: distinguishing the psychological subjectivity of the analyst from epistemological subjectivism*, p. 361.

A marca do autoritarismo na produção de normas abstratas, universais e unívocas é patente. Como enfatiza Luis Recaséns Siches:

"É um enorme disparate pensar na possibilidade de uma interpretação literal. Pode-se compreender que certos legisladores, imbuídos de uma embriaguez de poder, às vezes tenha ocorrido ordenar tal interpretação, incorrendo em um disparate tão formidável (...). O legislador poderá ordenar, através de suas normas gerais, a conduta que considere justa, conveniente e oportuna. Até aí pode estender-se seu poder. Entretanto, essencial e necessariamente está fora do poder do legislador decidir e regular aquilo que jamais se poderá incluir no conceito de legislação: regular o método de interpretação das normas gerais que ele produz. Às vezes, porém, os legisladores, embriagados de petulância, sonham com o impossível".[155]

Jean Carbonnier questiona-se sobre a força que atrairia irresistivelmente alguns homens a estabelecer as leis para seus semelhantes, por ele qualificada como uma espécie de loucura. O louco por legislar. E opina no sentido de que tal atração se fundaria no que a lei tem de universal e eterno. Para Carbonnier, editar leis para o futuro e determinar os passos das gerações que se seguirão constitui o sonho secreto do legislador apaixonado, que projeta assim a sua vontade de viver na imensidão dos tempos. O jurista francês chama atenção para um fato curioso:

"Já se observou que os legisladores natos, como Justiniano ou Napoleão Bonaparte não tinham filhos? É como se tivessem buscado uma espécie de compensação nas leis, destinadas a fazer de cada homem, através das gerações vindouras, um pouco à sua semelhança, seu par obediente ou seu filho".[156]

Embora não seja o caso de se desenvolver todo o pensamento contido nesta obra de Carbonnier, conclui-se esta rápida abordagem com mais um questionamento lançado por ele: "O que deixaria mais loucos os litigantes? A loucura de certas leis, ou a de certos juízes? "A resposta não é segura, sobretudo se pensarmos em 'Os litigantes' de Racine, que encontram em si mesmos a fonte de sua própria loucura".[157]

Assim, sob o manto da dogmática jurídica ainda reinante nos dias de hoje, oculta-se não só o ideário liberal-individualista-normativista do racionalismo, que forjou as concepções jurídicas herdadas da modernidade, mas também um modo de pensar acentuadamente influenciado pela metafísica clássica e por todo um contexto filosófico existente pré e pós-modernidade, de funestos efeitos para a compreensão e aplicação do direito.

---

[155] RECASÉNS SICHES, Luis. *Introducción al estudio del derecho*, p. 240.

[156] Texto original: "Se há observado que los legisladores natos, como Justiniano o Napoleon Bonaparte no tenían hijos? Es como si hubieran buscado una espécie de compensación en las leyes, destinadas a hacer de cada hombre, a través de las generaciones venideras, un poco su imitador, su doble obediente o su hijo". CARBONNIER, Jean. *Derecho flexible*, p. 299-302.

[157] Texto original: "La respuesta no es segura, sobre todo si pensamos en 'Los Litigantes' de Racine, que encuentran en sí mismos la fuente de su propia locura". Idem, ibidem, p. 299-302.

Tais efeitos são mais facilmente perceptíveis no processo interpretativo meramente reprodutivo que está impregnado no sentido comum teórico dos juristas, pelo qual a hermenêutica é vista de modo estático, fracionada nas fases de conhecer (*subtilitas inteligendi*), interpretar (*subtilitas explicandi*) e aplicar (*subtilitas applicandi*),[158] inserindo-se no esquema subsuntivo-dedutivo na busca de uma espécie de método fundante, de um metacritério capaz de oportunizar a tão almejada segurança jurídica.

Esta concepção representa a hermenêutica clássica, vista como pura técnica de interpretação (*Auslegung*), caudatária da filosofia da consciência e da consequente dicotomia sujeito-objeto, arraigada em um paradigma metafísico-objetificante que busca o ente como ente.

Em outras palavras, pode-se dizer que o pensamento dogmático, com o fito de explicar o direito, utiliza-se de enunciados explicativos com pretensão de fixação de conceitos universalizantes – e, como tais, "fundantes" de sentido – ocultando as singularidades do caso concreto, impedindo o vir a ser do direito naquilo que ele deve ter de transformador, "entificando" o seu ser e, assim, esquecendo-se da diferença ontológica.

A dogmática parte do pressuposto de que é perfeitamente viável uma acoplagem da premissa menor (caso concreto – significado) à premissa maior (norma jurídica – significante), como se os sentidos (ser) universalizantes estivessem à espera de serem acoplados aos entes dispersos no mundo como entes.

Lenio Streck[159] inicia sua abordagem a respeito da importância de Gadamer na hermenêutica filosófica fazendo advertência para a diferença que existe entre a hermenêutica clássica, acima referida (*Auslegung*), calcada em uma práxis de interpretação opaca e objetificante como princípio, e a hermenêutica filosófica, de matriz gadameriana, com a inserção da interpretação em um contexto, trabalhando com um "dar sentido" (*Sinngebung*).

Sob a ótica da hermenêutica clássica, cujo papel seria o de tão somente traçar regras e estabelecer critérios, o processo interpretativo, consoante já referido, tem um caráter meramente reprodutivo, buscando o sentido que o texto carrega consigo, na crença de que existe uma natureza intrínseca da realidade. Desse modo, o juiz fica preso nas restritas amarras da lei, sendo-lhe permitido tão somente, através de uma atividade meramente subsuntiva, "desacoplar" (*Auslegung*) o sentido único daquela, ficando, destarte, impossibilitada toda e qualquer atividade criativa.

Ao delinear os traços fundamentais daquilo que denomina teoria da experiência hermenêutica, em especial a importância da historicidade da compreensão enquanto princípio hermenêutico, Gadamer parte da análise do círculo hermenêutico e da questão dos preconceitos para descrever a forma de realização da própria interpretação compreensiva.

---

[158] GADAMER, Hans-Georg. *Verdade e método*, p. 459.
[159] STRECK, Lenio Luiz. *Hermenêutica jurídica e(m) crise*, p. 186.

Aduz que o processo de compreensão de um texto envolve um projetar; que o aparecimento de um primeiro sentido determina um sentido ao todo. Tal sentido só se manifesta porque quem lê o texto só o faz a partir de suas expectativas e na perspectiva de um sentido determinado. A compreensão do texto está, pois, na elaboração desse projeto prévio e merecendo revisão constante, o que garantirá a possibilidade de antecipação de um novo projeto de sentido. Por isso Gadamer vai dizer que "quem quiser compreender um texto realiza sempre um projetar".[160]

Não é necessário esquecer as opiniões prévias, mas se abrir à opinião do outro ou do texto. Até porque, deve-se ressaltar, quem não ouve direito o que o outro diz, não conseguirá integrar o mal-entendido em suas próprias e variadas expectativas de sentido.[161] Por isso a tarefa hermenêutica acaba por se converter em um questionamento pautado na coisa; já se encontra determinada por esta. A consciência hermenêutica tem que se mostrar receptiva (e não neutra) desde o início, para a alteridade do texto. Importa nesse momento a apropriação das próprias ideias e a percepção das próprias antecipações. Assim, o texto se apresentará em sua alteridade e confrontará sua verdade com as suas opiniões prévias.[162]

A partir da teoria que diferencia os preconceitos gerados pelo respeito humano, dos preconceitos por precipitação (*Aufklärung*), chegou-se à conclusão de que, por pertencermos à história (nos compreendemos na família, na sociedade e no Estado em que estamos inseridos), os preconceitos de um indivíduo são, muito mais que seus juízos, a realidade histórica de seu ser.[163]

Em Gadamer, que parte da matriz ontológica heideggeriana, a interpretação possui sempre caráter produtivo; é um "dar sentido" (*Sinngebung*), considerando-se impossível a reprodução de sentido, pois o aporte produtivo do intérprete forma parte integrante do sentido da compreensão. Assim, é impossível ao intérprete desvincular-se da circularidade da compreensão, pois ao interpretar algo estará no entremeio do círculo hermenêutico.

Tem-se, na verdade, uma relação circular onde a antecipação de sentido, na qual está entendido o todo, chega a uma compreensão explícita através do fato de que as partes, que se determinam a partir do todo, determinam, por sua vez, a esse todo (círculo hermenêutico).[164]

A tarefa da hermenêutica está em perceber a linguagem em que nos fala a tradição. Aqui se manifesta a tensão entre a estranheza e a familiaridade que a tradição ocupa entre nós; entre a objetividade da distância, pensada historicamente, e a pertença a uma tradição. Esse campo é o verdadeiro lugar da hermenêutica, cuja tarefa está em esclarecer as condições sob as quais surge compreensão, e não desenvolver um procedimento de compreensão.[165]

---

[160] GADAMER, Hans-Georg, *Verdade e método*, cit., p. 402.
[161] Idem, p. 404.
[162] Idem, p. 405.
[163] Idem, p. 415-6.
[164] Idem, p. 436.
[165] Idem, p. 442.

A compreensão não deve ser entendida como ação da subjetividade de uma pessoa, mas sim como se envolver na tradição em que se fundem o passado e o presente, ao contrário do historicismo que propugnou pelo distanciamento entre o passado e o presente.

Na aguda abordagem de Gadamer,

"o tempo já não é mais, primariamente, um abismo a ser transposto porque divide e distancia, mas é, na verdade, o fundamento que sustenta o acontecer, onde a atualidade finca suas raízes. A distância de tempo não é, por conseguinte, algo que tenha de ser superado. Esta era, antes, a pressuposição ingênua do historicismo, ou seja, que era preciso deslocar-se ao espírito da época, pensar segundo seus conceitos e representações em vez de pensar segundo os próprios, e somente assim se poderia alcançar a objetividade histórica. Na verdade, trata-se de reconhecer a distância de tempo como uma possibilidade positiva e produtiva do compreender. Não é um abismo devorador, mas está preenchido pela continuidade da herança histórica e da tradição, a cuja luz nos é mostrado todo o transmitido. Não será exagerado, se falarmos aqui de uma genuína produtividade do acontecer. Todo o mundo conhece essa peculiar impotência do juízo, aí onde não há distância de tempo a nos proporcionar padrões seguros".[166]

Nesse contexto, o intérprete, ao inserir-se na sua tradição, utiliza seus próprios preconceitos para alcançar uma verdade do texto. O intérprete sempre se encontra em um contexto, fazendo com que o texto jamais possa ser lido/compreendido de acordo com a intenção de seu autor, justamente face às circunstâncias diferentes.

A partir desta concepção, compreender implica sempre a aplicação do sentido compreendido, de modo que a estratificação realizada pela pura técnica de interpretação não se verifica. As três fases antes mencionadas resumem-se em uma só, qual seja, a *applicatio*, tendo em vista que, na relação sujeito-sujeito, quem compreende está dentro do sentido compreendido, formando parte da mesma coisa que compreende.

Segundo Gadamer, interpretar não pode ser entendido como algo posterior a compreender. Compreender é sempre interpretar, e, por consequência, a interpretação é uma forma explícita de compreensão. A fusão entre interpretação e compreensão acabou por ensejar a desconexão do terceiro momento da problemática representado pela aplicação contexto da hermenêutica. Todavia, a aplicação é um momento tão importante como a compreensão e a interpretação.[167]

Anteriormente, a tarefa hermenêutica era a de adaptar o sentido de um texto à situação concreta. Atualmente, porém, é a de fazer valer a opinião do interlocutor como lhe parece necessário, a partir da real situação da conversação.

---

[166] GADAMER, Hans-Georg, *Verdade e método*, cit., p. 445.
[167] Idem, p. 459.

Gadamer aduz que tanto na hermenêutica jurídica quanto na teológica existe uma tensão entre o texto e o sentido que sua aplicação alcança no instante concreto da interpretação. E exemplifica o ilustre filósofo alemão mencionando que:

"Uma lei não quer ser entendida historicamente. A interpretação deve concretizá-la em sua validez jurídica. Da mesma maneira, o texto de uma mensagem religiosa não deseja ser compreendido como um mero documento histórico, mas ele deve ser entendido de forma a poder exercer seu efeito redentor. Em ambos os casos, isso implica que o texto, a lei, ou mensagem de salvação, se se quiser compreendê-lo adequadamente, isto é, de acordo com as pretensões que o mesmo apresenta, tem de ser compreendido em cada instante, ou seja, em cada situação concreta de uma maneira nova e distinta".[168]

Por isso compreender é também aplicar! A aplicação não é, portanto, uma parte do fenômeno da compreensão, mas o determina desde o seu princípio. Tampouco consiste em relacionar algo geral e anterior com o particular. O intérprete, diante da tradição, procura aplicá-la a si mesmo, sem que isso signifique que o texto transmitido fosse transmitido como universal que pudesse ser empregado posteriormente para uma aplicação particular.[169]

É a partir da tradição que o intérprete procura compreender o que ela diz e o que constitui o sentido e o significado do texto. Para tanto, contudo, ele não pode ignorar a si mesmo e a situação hermenêutica na qual se encontra. Para compreender, deve relacionar o texto com essa situação.

Em assim sendo, e consoante refere Gadamer,[170] a distância entre a hermenêutica espiritual-científica e a hermenêutica jurídica não é tão grande como se costuma supor. A tarefa da interpretação consiste em concretizar a lei em cada caso, isto é, em sua aplicação. E a complementação produtiva do direito, oriunda dessa concretização, está reservada ao juiz, o qual se encontra, por sua vez, sujeito à lei, exatamente como qualquer outro membro da comunidade jurídica.[171]

Entre a hermenêutica jurídica e a dogmática jurídica existe uma relação essencial na qual a hermenêutica deve predominar. Gadamer destaca que o jurista não vê na tarefa da aplicação uma liberdade sobre o texto, e salienta ainda que o que é comum a todas as formas de hermenêutica é que o sentido de que se trata de compreender somente se concretiza e se completa na interpretação, mas que, ao mesmo tempo, essa ação interpretadora se mantém inteiramente "atada" ao sentido do texto.[172]

Tal passagem inspira a lembrança da observação feita pelo jurista italiano Giuseppe Borrè, no sentido de que a lei não é o "ponto de chegada", com

---
[168] GADAMER, Hans-Georg, *Verdade e método*, cit., p. 461.
[169] Idem, p. 482.
[170] Idem, p. 482.
[171] Idem, p. 489-490.
[172] Idem, p. 493.

o qual sonharam os filósofos oitocentistas europeus, aquele porto seguro das nossas incertezas e aflições, o escudo da nossa liberdade, "mas um mero ponto de partida para as dúvidas, frustrações e inseguranças".[173]

Revela-se interessante o exemplo trazido por Gadamer quanto à compreensão de um comando. O filósofo refere que compreender a ordem significa aplicá-la à situação concreta a que se refere, pois afinal a compreensão se mede segundo um padrão que não está contido nem na literalidade da ordem nem na verdadeira intenção de quem a dá, mas unicamente na compreensão da situação e na responsabilização do que obedece.[174]

O processo de compreensão, assim, dá-se a partir de uma pré-compreensão (pré-juízos), que é determinada pela tradição na qual está inserida o intérprete e que modela seus pré-juízos.

O sentido, portanto, não é algo que pode ser imposto a um objeto, nem é um objeto de percepção distinto, nem sequer um intermediário entre o sujeito e o objeto, sendo determinado, em realidade, pela "condição de ser no mundo" do intérprete.

Consoante já mencionado, não se pode olvidar, porém, que toda compreensão tem uma indeclinável condição histórica, que faz a mediação entre o sujeito e a coisa a ser compreendida, havendo uma fusão de ambos a partir de sua historicidade, pois a história é uma condição prévia para que o ente seja um "ser no mundo".

Assim, nas palavras do mestre alemão, "compreender é sempre o processo de fusão desses horizontes presumivelmente dados por si mesmos", o que ocorre na vigência da tradição, pois nela "o velho e o novo crescem sempre juntos para uma validez vital, sem que um e outro cheguem a se destacar explicitamente por si mesmos".[175]

Eis a figura do diálogo, da abertura ao texto, da fusão de horizontes. A propósito, ao abordar o modelo da dialética platônica, Gadamer menciona que todo saber passa pela pergunta. Para perguntar, temos que querer saber, isto é, saber que não se sabe. Perguntar é colocar em aberto, no sentido de que não se está fixado na resposta. Quando falta essa abertura, estamos diante de uma pergunta aparente. Uma pergunta pode ser correta ou falsa, sendo que será esta última quando não alcança o aberto, mas o desloca para manutenção de falsos pressupostos.[176]

Ensina-nos Gadamer que a arte da dialética não é a arte de ganhar de todo mundo na argumentação. Como a arte de perguntar, a dialética é a arte de continuar perguntando; é a arte de pensar. É dialética porque é a arte de conduzir uma autêntica conversação. Para tanto, é necessária uma estrutura de

---
[173] BORRÈ, Giuseppe. *La Corte di Cassazione oggi. Diritto giurisprudenziale,* p. 161.
[174] GADAMER, Hans-Georg, *Verdade e método,* p. 495.
[175] Idem, p. 457.
[176] Idem, p. 534-6.

perguntas e respostas, colocando-se na pauta do tema sem abafar o outro, mas sopesando a opinião contrária, "num experimentando".[177]

A dialética é, assim, a arte de encontrar a verdadeira força do que foi dito, a partir da própria coisa, ao contrário da arte de falar e argumentar, que é capaz de tornar forte uma coisa fraca. É, ao mesmo tempo, a arte de olhar juntos na unidade de uma perspectiva, a formação de conceitos como elaboração da intenção comum. É na conversação que a língua realiza aquela comunicação de sentido que é tarefa da hermenêutica (entrar em diálogo com o texto, recuperando o que foi transmitido em forma literária ao presente vivo do diálogo, no perguntar e responder). Com isso a palavra se protege do dogmatismo.[178]

A estrutura da experiência hermenêutica, nessa dialética de pergunta e resposta, permitir-nos-á descobrir a compreensão como uma relação recíproca, sem que seja arbitrária, pois está referida à resposta latente no texto, pressupondo que aquele que pergunta esteja alcançado e interpelado pela própria tradição, numa verdadeira história efeitual. Há uma fusão de horizontes do compreender entre o texto e o intérprete, negando-se o fantasma do esclarecimento total.[179]

Essa fusão de horizontes ocorre através e na linguagem, cujo fenômeno se dará mercê de um "vir-à-fala" da própria coisa (a conversação pressupõe uma linguagem comum, constituindo um intercâmbio mútuo).[180]

Compreender não é uma transposição psíquica no sentido de que deva ser limitado ao que o autor tinha em mente originalmente ou pelo horizonte do destinatário a que o texto foi escrito na origem, visto que isso seria limitar sem fundamento o horizonte de sentido de um texto. Tais conceitos normativos são um lugar vazio que se preenche de compreensão, de ocasião em ocasião.

O fato de que a experiência hermenêutica se realize no modo da linguagem e que entre a tradição e seu intérprete tenha lugar uma conversação, coloca um fundamento completamente distinto, ou seja, algo acontece.

Esse acontecer quer dizer que não é ele que, como conhecedor, busca seu objeto e extrai com meios metodológicos o que realmente se quis dizer e tal como realmente era. O verdadeiro acontecer só se torna possível na medida em que a palavra que chega até nós a partir da tradição, e à qual temos de escutar, nos alcança de verdade, e o faz como se falasse a nós, e se referisse a nós mesmos.

Daí o caráter circular de toda compreensão: ela sempre se realiza a partir de uma pré-compreensão, que é procedente de nosso próprio mundo de experiência e de compreensão, mas essa pré-compreensão pode enriquecer-se por meio da captação de conteúdos novos, devendo o intérprete estar aberto à opinião do texto, relacionando-a com o conjunto de opiniões próprias.

---

[177] GADAMER, Hans-Georg, *Verdade e método*, p. 540-1.
[178] Idem, p. 541-3.
[179] Idem, p. 554-5.
[180] Idem, p. 556.

No entanto, adverte Gadamer que a compreensão somente alcança sua verdadeira possibilidade quando as opiniões prévias, com as quais ela inicia, não são arbitrárias, residindo justamente neste ponto a tarefa da hermenêutica, pois "são os preconceitos não percebidos os que, com seu domínio, nos tornam surdos para a coisa de que nos fala a tradição".[181]

Em outras palavras, para interpretar é necessário tornar transparente a própria situação hermenêutica, pois a descoberta de um preconceito (pré-juízo) será impossível enquanto ele permanecer (como preconceito). Desse modo, a tarefa primordial da hermenêutica é provocar os pré-juízos.

É o próprio filósofo alemão quem afirma:

"Esses estudos sobre hermenêutica procuram demonstrar a partir da experiência da arte e da tradição histórica, o fenômeno da hermenêutica em toda sua envergadura. Importa reconhecer nele uma experiência da verdade, que não terá de ser apenas justificada filosoficamente, mas que é, ela mesma, uma forma de filosofar. A hermenêutica que vai se desenvolver aqui não é, por isso, uma doutrina de métodos das ciências do espírito, mas a tentativa de um acordo sobre o que são na verdade as ciências do espírito, para além de sua autoconsciência metódica, e o que as vincula ao conjunto da nossa experiência de mundo. Se fizermos da compreensão o objeto de nossa reflexão, o objetivo não será uma doutrina artificial da compreensão, como o queria a hermenêutica tradicional da filologia e da teologia. Uma tal doutrina artificial ignoraria que, em face da verdade do que a tradição nos diz, o formalismo do saber artificial faz uma falsa reivindicação de superioridade. Se, a seguir, se passar a comprovar o quanto de acontecimento age em toda compreensão e quão pouco, através da consciência histórica-moderna, se debilitam as tradições em que nos vemos, não se procurará com isso, por exemplo, baixar diretrizes para as ciências ou para a prática da vida, mas sim, corrigir uma falsa concepção sobre o que são".[182]

Na mesma linha, refere Lenio Streck[183] que a hermenêutica é uma proposta de descrever as condições reais do intérprete e não uma oferta de critérios ou métodos científicos. Assim, não cabe se situar fora do ambiente cultural nem de uma cadeia interpretativa do texto. O intérprete não está, porém, indefectivelmente ligado à determinada compreensão, pois entender é sempre uma atitude de abertura a algo criador e complementário do passado. Conclui Lenio Streck: "a interpretação é uma nova leitura das normas jurídicas e cada caso será uma nova aplicação, como se o direito recobrasse o seu vigor cada vez que é aplicado ou cumprido".[184]

Benjamin Nathan Cardozo, o grande juiz da Suprema Corte americana, já havia intuído que "o direito nunca 'é', mas pode, a todo momento, vir a ser. Realiza-se somente quando incorporado a um julgamento e expira assim que foi

---

[181] GADAMER, Hans-Georg, *Verdade e método*, p. 406.
[182] Idem, p. 34.
[183] STRECK, Lenio Luiz. *Hermenêutica jurídica e(m) crise*, p. 210.
[184] Idem, p. 210.

realizado". Em passagem anterior, já havia declinado a impactante afirmação de que nem mesmo as leis constituem direito, pois "os Tribunais podem fixar-lhes o sentido".[185] Mais adiante, anota Cardozo que as forças das quais os juízes confessadamente se valem para dar forma e conteúdo a seus julgamentos "raramente são de todo conscientes. (...) Profundamente abaixo da consciência estão outras forças: as simpatias e antipatias, as predileções e prevenções, o complexo de instintos, emoções, hábitos e convicções que fazem o homem, seja ele litigante ou juiz".[186]

Nesse contexto, Lenio Streck propõe-se a desmitificar a tese corrente no senso comum teórico dos juristas de que o juiz primeiro decide e depois justifica/fundamenta sua decisão. Hermeneuticamente, segundo ele, é razoável afirmar, a partir da "Nova crítica do direito", que o julgador não decide para depois buscar a fundamentação; ao contrário, ele só decide porque já encontrou o fundamento. O fundamento é, assim, condição de possibilidade para a decisão tomada. Há um sentido que lhe é antecipado, onde a decisão é parte inexorável (dependente) do fundamento.[187]

A fundamentação, segundo expõe Lenio Streck, é produto do modo-de-ser-no-mundo do intérprete, que o levou a compreender (no caso do juiz, a decidir) daquele modo.[188] Então, é anterior ao ato explicitativo, na medida em que a compreensão antecede qualquer interpretação, pois só interpretamos quando e porque compreendemos algo anteriormente.

Considerando-se ainda a atividade do magistrado ao interpretar não só a lei, mas também os fatos sociais que lhe são apresentados, vale lembrar que sempre haverá uma inadequação da matéria a julgar em relação à própria lei, pois esta é abstrata e universal, e aquela, concreta e singular. Esta inadequação, todavia, só pode ser resolvida pelo trabalho criativo do juiz (*Sinngebung*), demonstrando-se, pois, a insustentabilidade do dogma da função judicial como atividade meramente reprodutiva do sentido unívoco da lei.

4.2. As estruturas processuais marcadas pelo racionalismo

O paradigma racionalista estabelece outros obstáculos para a construção de uma tutela preventiva. Ao vincular o ato jurisdicional à coisa julgada, ou seja, ao pronunciamento sobre o mérito, e, portanto, ao elemento declaratório da sentença, como veremos nas manifestações de Dinamarco e Chiovenda, reduzir-se-á a função do magistrado à descoberta da "vontade da lei" para aplicá-la ao caso concreto, não lhe sendo possível fazê-la incidir sobre fatos ainda não ocorridos. Sobre esta questão é certeira a crítica de Ovídio A. Baptista da Silva:

---

[185] CARDOZO, Benjamin N. *A natureza do processo e a evolução do direito*, p. 71.
[186] Idem, p. 95.
[187] STRECK, Lenio Luiz. *Jurisdição constitucional e...* cit., p. 180.
[188] STRECK, Lenio Luiz. *Hermenêutica (jurídica): compreendemos porque interpretamos ou interpretamos porque compreendemos? Uma resposta a partir do* Ontological Turn, p. 269.

"É um pressuposto de toda tutela preventiva que o juízo que a fundamenta sustente-se em critérios de probabilidade, no qual a certeza matemática cederá lugar aos juízos de verossimilhança. Se o magistrado deve prover para o que possa ocorrer no futuro, a sentença terá de apoiar-se em juízos hipotéticos. Em última análise, seu juízo será, nestes casos, necessariamente condicional, com o risco de a sentença não representar a vontade do legislador, mas a 'vontade do juiz', caso em que a sentença, dizia Hobbes, seria por definição 'injusta'. A dificuldade encontrada pela tutela preventiva reside nisto".[189]

A doutrina tradicional e ainda fiel ao paradigma da modernidade efetivamente não convive em harmonia com a provisoriedade, porquanto para ela é inadmissível um julgamento final e ao mesmo tempo fundado em juízo de probabilidade. Consoante demonstraremos a partir do próximo capítulo é claro o entendimento de Chiovenda no sentido de que a "obrigação" a respeito da qual o juiz deve pronunciar-se terá que nascer "antes da sentença", o que torna inviável a concepção de um "dever de segurança" que objetive a proteção de conflitos inexistentes quando do início do litígio. Aliás, Calamandrei também já comparara a atividade do juiz à do historiador, tendo em vista que ambos se dedicam a investigar o passado.

Ao referir-se aos provimentos antecipatórios previstos no art. 273 do CPC, anota Ovídio A. Baptista da Silva a singularidade com que a doutrina tradicional aborda a questão, pois para esta tais provimentos configurariam simples decisões interlocutórias, uma vez que provisórias e sob a forma de medidas liminares. Acaso reinseridas depois na sentença definitiva de procedência, tais decisões são transformadas em parcela do mérito da causa. Conclui Ovídio A. Batista da Silva:

"Como se vê, a doutrina presta tributo ao racionalismo sempre que se defronta com alguma categoria jurídica, particularmente processual, que não tenha o selo da definitividade; ou, quem sabe, como diriam Satta e Proto Pisani, o 'selo da eternidade'. A medida cautelar, para ela, será sempre dependente por ser provisória (...)!"[190]

Ao restringir-se a atividade de juiz à mera revelação da "vontade do legislador", não lhe resta permitido julgar com apoio em juízos de verossimilhança, pois estes corresponderiam, no máximo, à "provável vontade da lei". Em verdade, como mostra Ovídio A. Baptista da Silva:

"Temos insistido em que o racionalismo constitui um dos pilares de nosso sistema processual, mas é necessário examinar mais de perto essa relação. Vimos como o sistema, através da concepção de uma forma de tutela que seria, ao mesmo tempo, cautelar e antecipatória, acaba fazendo do processo cautelar uma 'porção da lide principal'. Ao identificar a proteção de mera segurança às medidas que antecipam 'efeitos da sentença' do processo satisfativo a que o processo cautelar deveria estar ligado por um

---
[189] BAPTISTA DA SILVA, Ovídio A. *Processo e ideologia*, p. 99.
[190] Idem, p. 109.

vínculo de dependência, anula-se a diferença entre as duas formas de tutela de urgência".[191]

A solução encontrada pela doutrina tradicional para o problema da tutela outorgada a quem não tivera ainda o seu direito "certificado", concebendo-a como uma forma de tutela "emprestada" para que se investigue depois, e na mesma relação processual sob contraditório "exauriente", se tal efeito que se "emprestara" corresponde realmente à "vontade da lei". A garantia da "ampla defesa" excluiu o contraditório diferido, especialmente o contraditório eventual, "que fora a arma responsável pela maior revolução no direito processual civil através da criação dos títulos executivos". E desta forma, "tendo eliminado todas as demais formas de contraditório, acabamos, como é natural, por transformar em 'ordinárias' todas as demandas, pois sem liminares de mérito todas elas tornam-se ordinárias, dada a relação essencial entre 'contraditório prévio e ordinariedade'".[192]

Encontramos em nosso Código de Processo Civil a ratificação do compromisso com a ordinariedade, uma vez que seu art. 162, § 1º, define como sentença o ato pelo qual o juiz implica alguma das situações previstas nos arts. 267 e 269 do CPC. Assim, para o sistema não pode haver "julgamento provisório". Em outras palavras, conclui Ovídio A. Baptista da Silva:

"Julgar provisoriamente não é julgar. Para o sistema, não há decisão provisória sobre a lide. Na verdade, decidir provisoriamente é nada decidir. (...) Como a exclusiva missão de nossos juízes é descobrir a 'vontade da lei', fica subtendido que eles não têm a mais mínima possibilidade discricionária de opção entre duas ou mais alternativas que o sistema reconheça como legítimas. Logo, nossos juízes apenas julgam, sem poder decisório. O ponto culminante da crise paradigmática encontra-se aqui. Sem a compreensão hermenêutica que supere o dogmatismo, não haverá solução. E isto supõe discricionariedade".[193]

Ao abordar o tema relativo à distinção de duas espécies de tutela processuais que não têm a marca da definitividade, aponta Ovídio A. Baptista da Silva aquelas cujos provimentos se caracterizam por sua provisoriedade, e as que, embora não definitivas, também não são provisórias. E para tanto cita um exemplo referido por Lopes da Costa:

"Os andaimes da construção são 'temporários'. Ficam apenas até que se acabe o trabalho no exterior do prédio. São, porém, definitivos, no sentido de que nada virá substituí-los. Já, entretanto, a barraca onde o desbravador do sertão acampa, até melhor habitação, não é apenas temporária, é provisória também".[194]

A distinção entre provisoriedade e temporariedade se impõe, tendo em vista que o juiz não poderia antecipar algo que não lhe fosse permitido conce-

---
[191] BAPTISTA DA SILVA, Ovídio A. *Processo e ideologia*, p. 111.
[192] Idem, p. 112.
[193] Idem, p. 113-4.
[194] Idem, p. 121.

der na sentença, ficando demonstrado que o provisório, a ser depois "trocado pelo definitivo", não passa de uma parcela da própria lide, que se antecipa. Conclui então Ovídio A. Baptista da Silva:

> "Não há, portanto, como tergiversar: a tutela cautelar que nos vem de Chiovenda, através de Calamandrei, reduz essa nobre espécie de tutela processual – que, por natureza, seria preventiva – a um 'pedaço' da tutela a ser outorgada pelo processo principal, na generalidade dos casos tutela repressiva, como o comprova o próprio conceito de ação, desde as fontes romanas da *actio*, reproduzidas pela pandetística européia".[195]

Para a doutrina tradicional a medida cautelar é provisória e capaz de ser "trocada" pelo provimento definitivo de mérito, ensejando a conclusão de que o provimento, ainda que supostamente cautelar, outra coisa não é senão um "pedaço" da própria lide principal. Não haverá para tal doutrina, portanto, distinção entre ambas, restando o processo "cautelar" sempre dependente do processo principal. Deste contexto extrai Ovídio A. Baptista da Silva a seguinte conclusão:

> "Iniciamos o parágrafo precedente mostrando que nossa submissão ao paradigma racionalista exige de toda relação litigiosa obediência ao princípio da 'cognição exauriente', eliminando a possibilidade de uma 'pretensão material à segurança', dotada de autonomia processual, porque, nesta espécie de proteção jurisdicional, tutela-se a simples aparência do direito, sem que o juiz possa descobrir a 'vontade da lei', posto ser a sua cognição fundada em probabilidade".[196]

Encerra Ovídio A. Baptista da Silva o capítulo no qual aborda: "O paradigma racionalista e a tutela preventiva" mostrando que para a remoção dos obstáculos oferecidos pela "capa ideológica" que encobre o compromisso da "ciência processual civil" com o racionalismo, é necessário

> "superar os obstáculos que se opõem a esse desiderato, e de precavermo--nos do conceito de 'ciência', de que somos herdeiros, a partir dos grandes filósofos do racionalismo, desde Galileu, Newton, Descartes e dos outros filósofos – matemáticos que formaram o moderno conceito de ciência. A ingente e, em nossas condições atuais, ainda utópica tentativa de superar o dogmatismo, fazendo com que a ciência jurídica retorne a seu leito natural de ciência da compreensão da hermenêutica, terá de ser, inevitavelmente, o caminho que permitirá ao direito processual civil desembaraçar-se de seus mais graves obstáculos, de modo a desempenhar sua função de instrumento para a prática de uma autêntica democracia 'representativa'".[197]

A análise abrangente e precisa das ações denominadas plenárias pressupõe, como anota Ovídio A. Baptista da Silva, um exame prévio do princípio do contraditório, o qual, após a redução das dimensões que lhe foi imposta pelos

---

[195] BAPTISTA DA SILVA, Ovídio A. *Processo e ideologia*, p. 122.
[196] Idem, p. 126.
[197] Idem, p. 128-9.

sistemas modernos, funciona como sentinela avançada do "procedimento ordinário".[198]

Preservando um pressuposto ultrapassado do sistema, a doutrina tradicional agrega ao princípio do contraditório, como condição para que se possa julgar a causa, a necessidade de audiência prévia do demandado, sugerindo, deste modo, a ideia de ampla defesa que, em nosso sistema, alcançou o *status* de cânone constitucional. Não obstante, como analisa Ovídio A. Baptista da Silva:

> "No inesgotável elenco de procedimentos especiais, em sua maioria existente em legislação extravagante, a 'ampla defesa' não tem vigência, com a generalidade que seria de supor. Nesses procedimentos privilegiados, o contraditório, além de não ser 'prévio', às vezes nem mesmo existe".[199]

Como já referido anteriormente, a aplicação deste princípio caracteriza a sentença como o ato que encerra o processo, na medida em que o juiz só estará apto a fazer ou a permitir que se faça algo após a oitiva de ambas as partes envolvidas no litígio:

> "É o procedimento ordinário, o procedimento que obedece à 'ordem' dos juízos privados do procedimento da *actio* do Direito Romano. É mais que um procedimento (apenas formalmente) ordinário: é o procedimento da 'cognição ordinária', como refere Chiovenda que, conceitualmente, elimina as demandas sumárias (...)".[200]

Não fossem as limitações ideológicas que permeiam nosso sistema, adverte Ovídio A. Baptista da Silva, que:

> "Seria fácil descobrir que o contraditório prévio não é a única expressão deste princípio e ver que os sistemas processuais históricos conheceram outras formas de contraditório".[201]

Em contraposição ao contraditório prévio, tem-se, nas ações em que é possível antecipar algum efeito final da sentença através da concessão de liminar, o contraditório diferido, onde há, sob a forma de um "julgamento provisório" a análise do mérito da causa. Ainda que provisória e baseada num juízo de verossimilhança, a decisão que antecipa algum efeito da sentença, neste sentido, contempla juízo a respeito da plausibilidade da pretensão invocada. A este respeito, destaca Ovídio A. Baptista da Silva:

> "O art. 273 do CPC é claro ao prescrever que a concessão da tutela antecipada dependerá de que o juiz se convença da 'verossimilhança da alegação', que se deve entender como plausibilidade de êxito da ação. A medida liminar, qualquer que seja ela, contém um juízo declaratório – embora rarefeito – sobre a legitimidade do pedido formulado na ação, e conseqüentemente constituiu um julgamento a respeito do *meritum causae*,

---

[198] BAPTISTA DA SILVA, Ovídio A. *Processo e ideologia*, p. 151.
[199] Idem, p. 151.
[200] Idem, p. 151-2.
[201] Idem, p. 152.

que só não será de mérito para a doutrina que reduz o conceito de mérito às hipóteses em que o julgamento tenha caráter definitivo. Somente haveria julgamento quando o ato jurisdicional revestir-se desta qualidade. Os 'julgamentos provisórios' tem-nos a doutrina como não-julgamentos (sic). Se o julgamento for provisório, não será juízo sobre a lide, porém mera decisão processual (interlocutória), de modo que se preserve a ordinariedade".[202]

Os procedimentos que contemplam a possibilidade de execução antes que seja proferida a sentença final de procedência da ação, em verdade, se opõem ao contraditório prévio. Há uma antecipação do julgamento sob a forma de provimento provisório, no qual, como observa Ovídio A. Baptista da Silva:

"O juiz autoriza a execução da sentença final, produzindo julgamento de mérito, porque tem como verossímil a pretensão contida na petição inicial. Que se trate de verdadeira execução – ainda que anterior a sentença e provisória –, confirma-o o próprio art. 273 do CPC, ao prescrever que a execução da tutela antecipada observará, no que couber, as regras editadas para a execução provisória da sentença (art. 273, § 3º)".[203]

A modificação do CPC pela Lei 11.232/2005 não altera o quanto afirma o ilustre professor.

A introdução das antecipações de tutela no nosso sistema, em verdade, muito embora tenha sido concebida como forma de quebrar a ordinariedade, não foi capaz de ultrapassar a intransigência da doutrina que, mantendo-se fiel ao paradigma, proclama que as medidas antecipatórias serão essencialmente cautelares.

É imperioso ressaltar, entretanto, que as tutelas cautelares, na medida em que destinadas a "assegurarem a futura execução" jamais serão executivas, o que enseja a conclusão de que as medidas antecipatórias efetivamente constituem provimentos de mérito. Muito embora designadas por alguns processualistas como decisões interlocutórias, tais medidas liminares que, segundo esta doutrina, nada teriam a ver com o mérito da causa, tornam-se, como salienta Ovídio A. Baptista da Silva, "como por encanto, um capítulo da sentença final de procedência da ação". E complementa:

"Esta singular metamorfose é admitida, de resto, pela doutrina e proclamada pela própria lei que dispõe, no art. 808, III, do CPC – que naturalmente nada tem a ver com a autêntica tutela cautelar –, que a medida que fora antecipada perca a eficácia em virtude do julgamento favorável ao autor em benefício de quem a medida fora antecipada, agora tornada definitiva pela sua inserção na sentença".[204]

A cessação da eficácia, todavia, é consequência da absorção dos efeitos da medida antecipada pela sentença final de mérito. Apesar disto, como observa Ovídio A. Baptista da Silva:

---

[202] BAPTISTA DA SILVA, Ovídio A. *Processo e ideologia*, p. 152.
[203] Idem, p. 153.
[204] Idem, p. 154.

"A doutrina não se dá por vencida. A explicação para esse fenômeno, tido como uma anomalia que seria apenas aparente é engenhosa, mas não deixa de revelar o núcleo do paradigma. Segundo a doutrina, essas medidas antecipatórias, uma vez encerrada a relação processual, com sentença de procedência da ação, ainda assim não integrariam o ato jurisdicional, não passando de uma de suas conseqüências. Segundo, a distinção entre conteúdo (formado apenas pela declaração) e efeitos da sentença (que seriam todos externos ao ato sentencial) é o outro resultado da atribuição de caráter cautelar às antecipatórias, que, todavia, não impede de ver as entranhas ideológicas do sistema, revelando seu componente normativista pela radical separação entre direito – enquanto norma – e suas conseqüências, enquanto fatos. O ato jurisdicional é declaratório ou, no máximo, executivo, como disseram J. C. Barbosa Moreira e Alfredo Buzaid, sustentando, o último, a natureza declaratória ou constitutiva ou condenatória do mandado de segurança, porque o efeito mandamental, segundo ele, como qualquer efeito, seria apenas um *posterius*, uma 'conseqüência' do ato jurisdicional, portanto algo existente fora de seu 'conteúdo'".[205]

Além do contraditório prévio e do diferido, outra forma que este princípio pode assumir é aquela denominada de eventual. A análise desta terceira forma de contraditório e o estabelecimento das diferenças entre esta e as formas anteriores têm pertinência na medida em que auxilia tanto no alcance da compreensão do instituto quanto na avaliação de suas potencialidades. Cândido Dinamarco, sobre o tema, ressalta que a classificação do contraditório nesta terceira categoria não passa de uma "série de preconceitos e desvios de perspectiva" para aqueles que não desconsideram que "a idéia de eventualidade é mesmo uma marca que acompanha quase inevitavelmente o próprio contraditório".[206]

Refere Ovídio A. Baptista da Silva, a este respeito, que efetivamente, em certo sentido, o contraditório, depois que os sistemas processuais conceberam o processo contumacial, passou a ser sempre eventual. Entretanto, complementa, "nem sempre o contraditório será realizado sob a forma de defesa, ou como 'direito a contestar a ação', como os processualistas supõem ser, necessariamente, o modo em que se traduz a garantia do contraditório, ao dizerem que 'o contraditório e a ampla defesa vêm assegurados em todos os processos'". Muito embora componente ideológico de que se serve a doutrina da ordinariedade, é falsa a afirmação segundo a qual a defesa ampla é assegurada em todos os processos. É forçoso reconhecer, como o faz Ovídio A. Baptista da Silva, que nem sempre o demandado desfruta da almejada "ampla defesa" e que esse princípio, tido por Robert Millar como o mais eminente, só desfruta dessa condição nos sistemas processuais modernos, comuns, não nos sistemas modernos privilegiados em que vicejam as ações sumárias.[207]

---

[205] BAPTISTA DA SILVA, Ovídio A. *Processo e ideologia*, p. 154-5.
[206] DINAMARCO, Cândido Rangel. *Execução civil*, p. 105.
[207] BAPTISTA DA SILVA, Ovídio A. *Processo e ideologia*, p. 156.

Na distinção que se faz entre o contraditório eventual e as formas anteriores, torna-se relevante o destaque à circunstância de que, no contraditório prévio e no diferido, não há alteração no que se refere às posições das partes, enquanto que, no contraditório eventual, "aquele que figurara inicialmente como autor irá tornar-se demandando, na ação plenária subsequente". Assim, observa Ovídio A. Baptista da Silva:

> "O que torna significativa a distinção entre o contraditório eventual e as demais expressões do princípio é que nele haverá uma inversão do contraditório, em razão da autonomia que a lei empresta ao que seria apenas fase inicial de uma única demanda, se o contraditório fosse diferido. Se ao invés de diferido o contraditório for eventual, aquilo que fora 'fase inicial' irá transformar-se em 'demanda inicial', ou demanda sumária, tornando-se, porém, uma ação independente".[208]

No caso das lides sumárias, é correto afirmar que, no contraditório eventual, o demandado não se defende propriamente, tendo em vista que a matéria de contestação vem inserida no conteúdo da "demanda inversa"; contraditório, neste caso, tem início somente na demanda posterior. Assim sendo, nessas hipóteses não se tem uma única demanda, como observa Ovídio A. Baptista da Silva, ao concluir que a denominação contraditório eventual é adequada:

> "A demanda, que originariamente constituía apenas uma ação, fraciona-se para dar lugar a duas demandas, uma sumária, com redução do contraditório – como na ação de desapropriação (art. 20 do Decreto-lei 3.365, de 21.06.1941) –; ou com eliminação do contraditório, como no processo de execução do Livro II do CPC, outra plenária, a ser proposta eventualmente pelas partes. Ao contrário do que pensa Dinamarco, é apropriada a denominação de contraditório eventual, neste caso especial em que o contraditório completa-se através de 'duas ações".[209]

Mesmo com as alterações do CPC, mantém-se válida a crítica, restando pertinente o exemplo da ação de desapropriação.

Outros exemplos de inversão do contraditório que é inerente ao contraditório eventual aparecem no processo executivo obrigacional e nas ações possessórias.

Ovídio A. Baptista da Silva a respeito desta forma de contraditório eventual, pretendeu demonstrar, em suma, que ela admite aquilo que ele denomina de parcialização da lide, sumarizando-a:

> "Isto é o que basta para mostrar o vínculo entre ordinariedade e plenariedade e a conseqüente incompatibilidade, tanto do contraditório diferido, quanto do eventual, com o procedimento ordinário".[210]

Com efeito, como amplamente demonstrado por Ovídio, o nosso sistema foi fortemente contaminado pela ideologia da ordinariedade, "indo ao ex-

---

[208] BAPTISTA DA SILVA, Ovídio A. *Processo e ideologia*, p. 157.
[209] Idem, p. 158.
[210] Idem, p. 161.

tremo de inscrever na Constituição Federal – dentre os direitos e garantias fundamentais – o contraditório 'como ampla defesa', com a conseqüência de tornar-se não apenas ordinário o procedimento, como plenária a respectiva ação".[211] Muito embora esta idéia de ordinarizar o sistema não tenha alcançado a dimensão imaginada pelo legislador, haja vista a adoção, pelo próprio Código, de algumas ações dotadas de procedimentos especiais, como os interditos possessórios, não se há de olvidar, que:

> "O ímpeto 'ordinarizante' tornou plenárias ações que foram tradicionalmente sumárias, no antigo direito luso-brasileiro, como se deu com a ação de depósito e com a própria ação de consignação em pagamento, sem falar na mais eminente de todas, existente desde o processo interdital romano, que é a ação de imissão na posse, cuja sumariedade foi destruída pela doutrina e pelos tribunais que não assimilaram sua natureza sumária e executiva, na disciplina que lhe dera o CPC de 1939 (...)".[212]

O mandamento constitucional que preconiza a "ampla defesa" convive em harmonia ao lado de procedimentos que tendem a limitá-lo ou mesmo eliminá-lo. Os "processos privilegiados" que formam o universo dos procedimentos constantes da legislação extravagante impedem a universalização deste princípio. A conclusão de Ovídio A. Baptista da Silva é enfática:

> "Como a enorme constelação de procedimentos especiais existente fora do Código é preservada, não obstante a consagração do princípio da 'ampla defesa', o resultado é a formação de dois sistemas processuais, um popular, plebeu, para aqueles que não disponham de um sistema privilegiado, o outro, destinado a tutelar as várias estruturas de poder, visível e invisível. Em última análise, o produtor do sistema não o consome. Ele é produzido para consumo das massas".[213]

O "princípio da economia processual" é outro componente ideológico que sustenta a plenariedade das ações. Como anota Ovídio:

> "Em geral, imagina-se que o princípio da economia seja uma arma contra a morosidade processual, quando, na verdade, ele contribui para que os processos se tornem mais lentos".[214]

Ao final da exposição sobre as demandas plenárias e sumárias, Ovídio A. Baptista da Silva, propõe um resgate das "ações sumárias" como forma de evitar um dispêndio inútil de despesas, e assim obter uma economia do Estado. Implementando-se este "resgate", arremata o processualista:

> "Conseguir-se-ia instituir procedimentos céleres, com reduzida complexidade probatória; e, além disso, seria provável que as antigas 'exceções reservadas' – tornadas 'ações reservadas' – jamais fossem trazidas em de-

---

[211] BAPTISTA DA SILVA, Ovídio A. *Processo e ideologia*, p. 161.
[212] Idem, p. 161.
[213] Idem, p. 162.
[214] Idem, p. 162.

mandas futuras, como parece indicar a experiência francesa contemporânea, da jurisdição de urgência".[215]

Além do fator segurança, fonte de inspiração do direito moderno, é a herança iluminista que está por trás da ideologia da ampla defesa, tal qual a mesma é difundida em nosso sistema. E assim sendo, pondera Ovídio A. Baptista da Silva:

"Para essa visão da história humana, o conflito seria uma patologia social, que cabe extirpar, sendo, portanto, condenável um processo que, em vez de por logo uma 'pá de cal' nos eventuais conflitos futuros, pudesse, ao contrário, estimulá-los. Este sonho, no entanto, revelou-se anacrônico, ante a sociedade industrial, para a qual o conflito parece ser a mola que lhe dá vida e promove o desenvolvimento social".[216]

Como exaustivamente já exposto, há em nosso sistema um comprometimento inexoravelmente arraigado a Thomas Hobbes, "para quem o problema da justiça seria uma atribuição do soberano, não do 'juiz subordinado', cuja missão deveria ficar limitada à aplicação da lei – necessariamente justa, segundo ele –, produzida pelo legislador". Para Ovídio A. Baptista da Silva, a adaptação do direito à "ciência" moderna, que agrega univocidade de sentido da lei, traz como consequência, entre outras tantas, "a extraordinária cadeia recursal que nos sufoca e da qual – como a ideologia do 'pensamento único' neoliberal – não temos condições de nos libertar", constituindo, destarte, "um dos tantos paradoxos do mundo contemporâneo".[217] Com efeito, é possível afirmar, como faz o abalizado processualista, que muito embora o homem tenha conquistado plena liberdade, não tem condições de usufruí-la, o que somente se tornaria possível na medida em que houvesse fidelidade ao sistema.

4.3. Perspectivas para o processo civil

Em capítulo que trata do "Processo civil, individualismo e democracia", Ovídio A. Baptista da Silva suscita as inevitáveis indagações que advêm da análise a partir de uma postura crítica ao sistema: como fazer para "ultrapassar" o sistema de modo a preservar a instituição jurisdicional com vistas à construção de uma "verdadeira democracia política?" Para tal questão, todavia, parece não haver resposta formulada: "Esta saída, a nosso ver, ainda não foi estabelecida ou, pelo menos, não aparece com a suficiente nitidez que a faça superar o reino da pura utopia".[218]

J. J. Calmon de Passos, em ensaio que se tornou clássico, fez uma proposição radical quanto ao ponto, entendendo não valer a pena medicar um gigante doente. A melhor solução seria deixá-lo morrer para que outro gigante, jovem

---
[215] BAPTISTA DA SILVA, Ovídio A. *Processo e ideologia*, p. 164.
[216] Idem, p 164.
[217] Idem, p. 297.
[218] Idem, p. 298.

e robusto, ocupe-lhe o lugar. A hora não seria de medicar gigantes, mas fazer com que a nação comece a parir gigantes.[219]

Em um sistema cuja tônica vem a ser o capitalismo global, a prática do consumismo pode ser vista como propulsora de graves e nefastas consequências, constituindo "a grande ameaça a que se encontra exposto o planeta". Citando pesquisa que reflete o modo de vida da sociedade americana, Ovídio A. Baptista da Silva revela que "a elevação do consumo privado destrutivo das condições ambientais corresponde a uma exasperação da miséria na maior parte dos países periféricos. Depois do comunismo, agora a grande ameaça é o consumismo".[220]

Os lamentos que hodiernamente são propalados por aqueles que não se conformam com a ineficiência da administração da justiça se ressentem de consequência prática, na medida em que deixam de questionar as causas reais dos fenômenos causadores da crise institucional que revela a morosidade e ineficácia do Poder Judiciário. Exemplo disso pode ser encontrado no movimento de pequenas reformas que foram introduzidas em nosso Código de Processo Civil, a partir de 1994. Em verdade, a supressão de qualquer vestígio de pensamento crítico e a incapacidade de indagação do "por que" das circunstâncias que embaraçam os lidadores do direito em geral, são consequências do dogmatismo.

Neste sentido, adverte Ovídio A. Baptista da Silva:

"Pois bem, nem a exasperação da crise que provocou o movimento de minirreformas introduzidas no Código de Processo Civil foi capaz de estimular, sejam os juristas que se envolveram no movimento reformador, sejam os órgãos do Governo e o Parlamento, a uma investigação que pudesse indicar-lhes as causas determinantes da inadequação de nossos instrumentos processuais. É surpreendente que se hajam feito essas reformas sem qualquer diagnóstico".[221]

Adiante com a pertinente crítica, arremata:

"Falta-nos capacidade de perquirir, ou mesmo, interessarmo-nos pelas origens de nossas instituições processuais. Supomos que os fenômenos jurídicos não tenham origem cultural, nem história. Como bons descendentes do platonismo renascentista, cremos que os conceitos jurídicos sejam da mesma natureza que as categorias geométricas. Eles estariam inscritos na natureza, ou seriam um produto da lógica pura. Neste particular, a submissão do direito aos pressupostos da 'ciência' do medir, pesar e contar é absoluta".[222]

Além da ausência de pensamento crítico e investigatório das causas determinantes da inadequação de nosso sistema processual, o dogmatismo ainda

---

[219] CALMON DE PASSOS, J. J. *Administração da Justiça no Brasil. Visão para além do imediato*, p. 200.
[220] BAPTISTA DA SILVA, Ovídio A. *Processo e ideologia*, p. 298.
[221] Idem, p. 299.
[222] Idem, p. 299.

traz como consequência a concepção de eternidade às categorias processuais, como analisa Ovídio A. Baptista da Silva:

"Este pendor pela 'naturalização' das instituições processuais constitui propriamente o dogma. Uma de suas expressões mais óbvias é a formação de um direito processual eminentemente conceitual, que se desliga da realidade social. Assim como as grandezas matemáticas não têm história, nem compromissos culturais, assim também imagina-se que a constelação de conceitos jurídicos com que laboram os processualistas possa servir a qualquer sociedade humana, em qualquer tempo, independentemente de suas peculiaridades culturais. O pensamento dogmático, porém, considera natural que as estruturas legais de um processo civil concebido para a sociedade européia do século XIX sirva para a sociedade pós-industrial do século XXI. Afinal, as figuras geométricas de Savigny não são as mesmas?"[223]

Tendo em vista que o direito é tratado como um "fato" natural, não causa estranheza a circunstância de que as normas sejam dotadas de univocidade de sentido, onde a função do intérprete está limitada à simples descoberta das leis que regem o "fato" normativo. Ao jurista, de resto, é imperceptível que os instrumentos processuais inseridos em uma sociedade com determinada estrutura regulada, necessariamente perdem eficiência quando destinados à regulamentar uma sociedade como a presente, "pós-industrial, tangida pelos meios cibernéticos de comunicação social, além disso, pluralista – condição, aliás, de possibilidade para um regime democrático – e carente de valores, conseqüentemente individualista e conflituosa".[224]

Existe, com efeito, uma conexão indeclinável entre a alienação dos juristas e os interesses econômicos e políticos: "Não se pode, por isso, pretender a superação do paradigma racionalista sem que as atuais estruturas políticas e econômicas também minimamente se transformem".[225]

A alienação referida contempla uma singularidade que se verifica na separação entre "fato" e "direito". Assim sendo, é vedado àqueles que se ocupam da pesquisa jurídica valer-se dos "fatos" de sua experiência pessoal, a não ser de forma oculta e disfarçada, uma vez que o objeto de investigação do jurista será sempre e tão somente a norma em si. Tal realidade é denominada por Ovídio A. Baptista da Silva de "mundo dos conceitos", no qual estariam confinados os juristas que, impedidos de utilizarem casos concretos de sua experiência profissional, "acabam formando uma classe singular de 'cientistas' que, embora se envolvendo com a sufocante realidade dos conflitos sociais, não lhes é permitido utilizá-los como exemplo".[226]

As peculiaridades atinentes a um dado caso concreto e bem assim aquilo que o torna diferente, são obrigatoriamente eliminados da análise da contro-

---

[223] BAPTISTA DA SILVA, Ovídio A. *Processo e ideologia*, p. 300.
[224] Idem, p. 301.
[225] Idem, p. 301.
[226] Idem, p. 302.

vérsia jurídica, sendo exigida uma uniformidade capaz de permitir a inserção do "individual" em casos idênticos. Desse modo constroem-se os sistemas.

Esta mesma ideologia, refere Ovídio A. Baptista da Silva, encerra o pressuposto liberal de que todos os homens são iguais, "entretanto, nada mais diferente, enquanto realidades vivas, do que os homens entre si".[227] Por esse mesmo viés, encontra-se a justificativa para a separação entre o "direito", que deve ser tratado com neutralidade, e a "política", que contempla, necessariamente, valores que devem ser desprezados pelos juristas.

Não se pode minimizar, em que pese a neutralidade dos juristas e a dissociação entre direito e política, o papel desta ciência na formação dos sistemas políticos da modernidade. Assim, é possível afirmar, como o faz Ovídio A. Baptista da Silva, que:

"Nosso direito é um produto da modernidade. A concepção jurídica moderna opõe-se ao comunitário, tanto da filosofia clássica quanto da estrutura social da Idade Média. Por sua vez, também a democracia caracteriza-se por ser um regime político que, não apenas pressupõe o conflito, como o tem como uma de suas virtudes naturais. É o conflito que gera a competição, matéria-prima do progresso e do desenvolvimento, as ideologias básicas do pensamento moderno".[228]

A transposição do paradigma dogmático só será viável na medida em que haja um desenvolvimento harmônico do processo em uma sociedade tal qual a contemporânea, complexa e individualista. Nesta medida, como enfatiza Ovídio A. Baptista da Silva, para adequar o conceito de jurisdição às exigências da sociedade atual, é fundamental que os juristas passem a ter acesso às questões políticas.[229]

No mesmo sentido observa István Mészáros que "a política é importante demais para ser deixada para os políticos, uma democracia digna deste nome é importante demais para ser deixada às atuais democracias parlamentares".[230]

Em síntese, não há como promover uma transformação do direito sem que haja, em conjunto, uma modificação das instituições políticas, o que encontra justificativa no desenvolvimento paralelo entre os sistemas sociais contemporâneos e o individualismo. Os pressupostos éticos, políticos e econômicos do capitalismo, com efeito, impedem uma transformação real do direito processual. Aliás, também assinalou Araken de Assis que "o individualismo e a despreocupação social imperam no processo civil brasileiro".[231]

Jonh Henry Merrymann, em passagem na qual se refere às dificuldades inerentes a esta questão nos países em desenvolvimento, aponta a permanência de uma certa exaltação da relação jurídica privada, do direito subjetivo e do próprio ato jurídico privado, que perpetuam uma forma individualista e

---

[227] BAPTISTA DA SILVA, Ovídio A. *Processo e ideologia*, p. 303.
[228] Idem, p. 304-5.
[229] Idem, p. 305.
[230] MÉSZÁROS, István. *Para além do capital*, p. 823.
[231] ASSIS, Araken de. O *contempt of* court no direito brasileiro. *Revista de Processo*, v. 111.

novecentista do darwinismo econômico e social, o que impede a redistribuição governamental do poder, da posição e da riqueza, e converte o direito e os advogados, de regra inconscientemente, em forças reacionárias. Estas críticas têm uma força e relevância especiais nos países em desenvolvimento do mundo do direito civil, sobretudo na América Latina, onde se pode detectar mais persuasivamente que o processo legal está se defasando em relação ao resto da cultura, porquanto se mostra inadequado como um veículo de mudança econômica e social.[232]

É possível, contudo, e apesar da ideologia do "pensamento único" que é ditada pelo liberalismo, que se proponha um determinado controle do capitalismo com vistas a estabelecer as mudanças que se fizerem necessárias às transformações do direito e, bem assim, à busca de uma autêntica democracia. Problema fundamental que deve ser enfrentado na busca da superação do dogmatismo frente ao processo civil é a compatibilidade entre democracia e individualismo, uma vez que, consoante reflete Ovídio A. Baptista da Silva, "o dogmatismo é a expressão de um regime autoritário. É, em última análise, a expressão jurisdicional do 'pensamento único' neoliberal".[233]

É imperioso que o próprio conceito de democracia, no entanto, seja repensado, tendo em vista a dissolução que nele foi promovida, conforme observou Martin Kriele, ensejando que ditaduras de direita e de esquerda se autoproclamassem como democráticas. Segundo Ovídio A. Baptista da Silva, contudo, existem elementos capazes de determinar a essência da democracia: a tolerância, inicialmente religiosa e, posteriormente, política e ética; e o consequente pluralismo político, determinado pela própria tolerância.[234]

Nas instituições políticas modernas, o indivíduo aparece como destinatário, muito embora, em verdade, não saiba sequer o que seja autonomia política. A doutrina democrática, consoante Norberto Bobbio, havia criado um Estado onde inexistem corpos intermediários:

> "O que aconteceu nos Estados democráticos foi exatamente o oposto: sujeitos politicamente relevantes tornaram-se sempre mais os grupos, grandes organizações, associações das mais diversas naturezas, sindicatos das mais diversas profissões, partidos das mais diversas ideologias, e sempre menos os indivíduos".[235]

A partir dessas observações feitas por Bobbio, é possível verificar algumas características de nossa democracia representativa, tais como:

> "A compreensível inapetência política do espírito burguês, voltado a uma perspectiva privada e individualista, e o próprio individualismo político, que se traduz na inexistência de um núcleo de questões que se pudesse

---
[232] MERRYMANN, John H. *La tradición jurídica...* cit., p. 275.
[233] BAPTISTA DA SILVA, Ovídio A. *Processo e ideologia*, p. 306.
[234] Idem, p. 308.
[235] BOBBIO, Norberto. *O futuro da democracia – Uma defesa das regras do jogo*, p. 35.

qualificar como sendo de 'interesse comum', capaz de ser indicado como o 'bem comum'".[236]

A importância do individualismo na formação da ideologia política liberal, como demonstra Ovídio A. Baptista da Silva, pode ser revelada a partir da "história das filosofias políticas que predominaram na Europa nos séculos XVII e XVIII, inspiradas, naturalmente, pelo novo espírito religioso nascido na Reforma". Exemplo disto se encontra no pressuposto do "contrato social" que tanto influenciou o ideário político da Revolução Francesa, e que se sustenta no individualismo:

"O indivíduo, livre e autônomo, é que constituiria, através de um pacto, o Estado. A filosofia política liberal e 'contratualista' sustenta-se na primazia do indivíduo, como sujeito originário, anterior ao Estado, de resto, concebido para protegê-lo".[237]

O conceito de democracia revelado pelo liberalismo, segundo Ovídio A. Baptista da Silva, apresenta uma série de contradições. Dentre elas, a busca da igualdade e a defesa da liberdade são marcantes: "Estes objetivos naturalmente são entre si antagônicos". Com efeito, a intervenção estatal só se torna necessária na medida em que seja indispensável assegurar o exercício pleno da liberdade:

"O objetivo, porém, quando levado às últimas conseqüências, como agora se pretende atingi-lo através do 'Estado mínimo', pode muito bem aproximar-se de uma espécie de darwinismo social, praticado em favor das classes dominantes".[238]

Nunca houve, por parte dos liberais, a defesa da democracia fundada na igualdade. A este respeito, escreve Immanuel Wallerstein, ao examinar o "governo dos especialistas":

"O que queremos dizer é que a democracia se opõe totalmente ao populismo de direita, e também ao que chamamos de liberalismo. A democracia implica precisamente desconfiar dos especialistas, dos competentes – de sua objetividade, do seu desinteresse, da sua virtude cívica. Os democratas viram no discurso liberal uma máscara para uma nova aristocracia".[239]

Referindo-se à "tecnocracia" a que fomos levados, menciona Ovídio A. Baptista da Silva a pertinente observação de Bauman a respeito da perda de poder político decisório do Governo que passa a contar com número significativo de assessores e uma multidão de conselheiros, que figuram cada vez mais no exercício da tarefa exclusiva dos legisladores. Neste contexto, revela Ovídio: "O espetáculo da eliminação da política oferece resultados assombrosos", na medida em que o governo se torna resultante de um "paralelogramo de forças" dos *lobbies* formados pelas organizações dos grandes interesses econô-

---

[236] BAPTISTA DA SILVA, Ovídio A. *Processo e ideologia*, p. 309.
[237] Idem, p. 310.
[238] Idem, p. 311.
[239] WALLERSTEIN, Immanuel. *O fim do mundo como o conhecemos*, p. 130.

micos. Ressalva, entretanto, que "não se deve imaginar que o poder, tornado invisível, não seja exercido com eficiência".[240]

Sob a ótica de Klaus Von Beyne, na sociedade consumista o problema das relações de poder pode sugerir a impossibilidade de mudança de opinião de gerações inteiras, o que se dá em razão do surgimento de um espectro maior de possibilidade de ação criada por um "novo estilo educativo", tornando impossível "a uniformidade de opiniões e atitudes".[241]

A respeito da identidade entre liberalismo e igualitarismo, aponta Ovídio A. Baptista da Silva, reportando-se à visão de Wallerstein, que entre tais conceitos não há identidade. Os liberais nunca ofereceram resistência à aristocracia, mas tão somente à aristocracia baseada em realizações passadas de algum ancestral. No século XX, tem-se a aceitação da denominada "meritocracia" pelo liberalismo a ensejar, como consequência, as escandalosas legiões dos excluídos:

"O que assusta não é a existência de ricos e pobres, mas a extensão do fosso, nunca vista, que a liberdade para os negócios gerou entre o fausto de poucos e a miséria mais abjeta dos que, no chamado terceiro mundo, alimentam-se dos 'lixões' das grandes metrópoles. Este é, sem dúvida, um espetáculo moderno".[242]

O exercício autêntico de um regime democrático poderá ser permitido desde que haja uma descentralização significativa do poder:

"A jurisdição, num regime verdadeiramente democrático, ao contrário do nosso, deve ser o agente 'pulverizador' do Poder, o órgão produtor de micro-poderes, que possam contrabalançar o sentido centralizador que os outros dois ramos zelosamente praticam".[243]

A acumulação de riqueza em mãos da minoria frente às cada vez mais crescentes pobreza e desigualdade social, torna inimaginável a prática da igualdade como princípio democrático. Em que pese esta diferenciação entre as classes tenha estado presente em todas as sociedades, nossa experiência com esta situação de desigualdade oferece certa particularidade:

"É que, como observou Arnold Toynbee, o célebre historiador inglês, as outras vinte civilizações já desaparecidas tinham as desigualdades sociais como um fenômeno 'natural', contra o qual nada se poderia fazer, enquanto a nossa finalmente descobriu que a pobreza não é uma contingência natural, de modo que 'a sempre antipática desigualdade na distribuição dos bens deste mundo, deixando de ser uma necessidade prática, transformou-se numa enormidade moral'".[244]

---

[240] BAPTISTA DA SILVA, Ovídio A. *Processo e ideologia*, p. 313.
[241] Idem, p. 314.
[242] Idem, p. 315.
[243] Idem, p. 316.
[244] Idem, p. 316.

Há uma exigência no sentido de que se abandone a anacrônica ideologia da "separação de poderes". Deste modo, analisa Ovídio A. Baptista da Silva que:

"Todos sabem que o ideal político da 'separação de poderes' é impraticável na sociedade contemporânea. Mas o direito – estou a referir-me ao direito processual civil – ainda não absorveu este fato político. Para ele a história parou no século XIX. Certamente nossos magistrados procuram formar direito, embora o façam dissimuladamente. A questão é que tanto o sistema, quanto a doutrina que lhe dá cobertura, estão formados para proteger e praticar o dogma da 'separação de poderes'. Daí porque não devemos depositar demasiada esperança na 'Reforma do Poder Judiciário', se não estivermos dispostos a repensar os fundamentos do sistema, superando os ideais do Iluminismo".[245]

Com toda certeza, afirma ainda, a reforma que se impõe no Poder Judiciário exercerá uma função moralizadora, nos pontos em que o sistema se tornou corruptível.

Como exemplos de alternativas na busca de uma modernização eficaz do sistema processual, Ovídio A. Baptista da Silva refere-se aos Juizados Especiais, instrumentos coadjuvantes na busca de uma prestação jurisdicional compatível com os nossos tempos, e as ações coletivas, as quais ensejam uma visão comunitária do direito, tendo em vista que proporcionam o exercício da solidariedade: "Mas é indispensável que as livremos do procedimento ordinário, com a indefectível 'cognição exauriente' que é seu apanágio".[246]

Além de apontar técnicas processuais capazes de produzir uma contribuição efetiva para a formação de um Poder Judiciário que responda com eficácia aos reclames da sociedade, Ovídio A. Baptista da Silva sugere que, se quisermos conferir ao Poder Judiciário a missão que lhe cabe como fiador de um regime democrático, deverá haver, necessariamente, uma severa redução dos recursos, com o consequente abrandamento do sentido burocrático da administração da justiça, com o que estaria restituída a legitimidade política à jurisdição de primeiro grau. Para tanto, será necessário, dentre outras condições, que comecemos a praticar um autêntico regime federativo.[247]

---

[245] BAPTISTA DA SILVA, Ovídio A. *Processo e ideologia*, p. 318.
[246] Idem, p. 319.
[247] Idem, p. 319-20.

Parte Segunda
Jurisdição, racionalismo e responsabilidade objetiva

5. A concepção de jurisdição herdada do Direito Romano tardio

5.1. As fontes romano-canônicas do direito processual civil

O direito processual civil adotado modernamente pelos países do *civil law*[248] não pode ser compreendido sem detida análise do direito romano tardio. A confirmar a assertiva, válido lembrar o quanto afirmara Villey,[249] no sentido de que a cultura ocidental adotou integralmente o direito romano, tendo a sociedade e o mundo moderno sido construídos sobre suas bases.

Considerando-se que o direito romano passou por fases completamente distintas umas das outras, para os efeitos do presente estudo restringir-se-á a análise ao período do *processo formular*, nas últimas fases de sua história, precisamente pelo fato de que foi neste período que se originaram as principais estruturas que representam as origens fundantes de nosso sistema processual.

Ao fazer a contraposição entre o sistema da *common law* e o da *civil law*, Cappelletti[250] destaca que aquele está intimamente relacionado com o direito romano em sua época clássica, enquanto este manteve institutos de épocas mais recentes do direito romano.

---

[248] Merrymann, em brilhante estudo sobre a tradição jurídica romano-canônica, faz a análise das marcantes diferenças políticas e culturais que determinaram as características dos países da *common law* e da *civil law* (MERRYMANN, John H. *La tradición jurídica romano-canónica*). Da mesma forma, René David, com suas importantes considerações a respeito das origens, estrutura e diversos outros aspectos relevantes destes dois sistemas (*Os grandes sistemas do direito contemporâneo*).

[249] VILLEY, Michel. *Direito romano*, p. 30.

[250] CAPPELLETTI, Mauro. El proceso civil italiano en el quadro de la contraposición *civil law-common law*. *Proceso, ideologías, sociedad*, p. 315-361.

O nosso sistema processual restou, então, com a nítida marca do direito romano tardio, identificado este, por sua vez, com a supressão dos interditos, providências consideradas de natureza administrativa, distintas da verdadeira jurisdição, característica esta que somente era atribuída às *actiones*.[251]

Com efeito, no período do processo formular, havia basicamente duas espécies de instrumentos dos quais podiam valer-se as partes, perante os magistrados, para a defesa de seus direitos: a *actio* e os *interdicta*.

A primeira (*actio*) era o meio próprio para a tutela das obrigações (*obligatio*), sendo que apenas estas geravam o direito a uma prestação e a elas estava estreitamente relacionada a *condemnatio*, razão da célebre equação *obligatio – actio – condemnatio*.

Segundo nos ensina Betti,[252] um dos maiores romanistas de todos os tempos, *obligatio* e *actio* estão estreitamente relacionadas, sendo a existência daquela pressuposto necessário para todas as ações pessoais do *ius civile*. Aduz, outrossim, que a condenação pecuniária é decorrente dos processos originários do direito das obrigações, sendo umbilical a vinculação entre *obligatio* e *condemnatio*.

E esta *obligatio* tinha como nota característica fundamental a absoluta incoercibilidade e também a absoluta pessoalidade, não havendo nenhum vínculo de responsabilidade patrimonial, sendo absorvida pelo processo, que acabava por "criar" uma nova obrigação, tal qual uma novação, a partir daquela originária, que rendera a *actio*. A *condemnatio*, por sua vez, tinha como objeto não mais aquela *obligatio* originária, mas sim esta nova obrigação.

Essa modificação da obrigação originária, com a sujeição do devedor em virtude da nova relação processual, e não mais em virtude daquela anterior, surge como um dos principais efeitos da *litis contestatio*, ato que encerrava a primeira fase do processo formular, oportunidade em que as partes aceitavam a fórmula e se submetiam ao *iudex*.

A primeira fase das ações pessoais do processo formular era denominada de fase *in iure* e desenvolvia-se perante o pretor; já a segunda fase, chamada de fase *apud iudicem*, ocorria diante de um *iudex* privado,[253] a quem competia a análise das provas e o julgamento nos exatos limites fixados pela fórmula.

É Luzzatto[254] quem leciona que a função do magistrado consistia no acertamento dos pressupostos de direito, trazendo a fórmula e a indicação das normas que deveriam ser aplicadas e do ritual a ser seguido, enquanto o *iudex* ficava limitado à pronúncia sobre os fatos e a determinação sobre se estes correspondiam à alternativa prescrita na fórmula.

---

[251] BAPTISTA DA SILVA, Ovídio A. *Jurisdição e execução na tradição romano-canônica*, p. 25.

[252] BETTI, Emilio. *Teoria generale delle obbligazzioni*, p. 12 e 98.

[253] Segundo Merrymann, o *iudex* era um homem que não possuía cultura jurídica, tanto que necessitava valer-se dos ensinamentos dos jurisconsultos, ficando sua função limitada a presidir os processos em atenção às fórmulas ditadas pelos pretores (MERRYMANN, John H, *La tradición jurídica romano-canónica*, p. 75).

[254] LUZZATTO, G. I. *Il problema d'origine del processo extra ordinem*, p. 101-4.

Paralelamente às *actiones in personam*, as partes dispunham, para a defesa de seus direitos, dos interditos, que eram considerados, consoante já referido, medidas administrativas exercidas pelo *praetor* romano, diferentes da verdadeira jurisdição, tendo em vista que, para os romanistas do século passado, somente o processo da *actio*, que se desenvolvia através do *ordo judiciorum privatorum*, possuía verdadeira natureza jurisdicional.

A propósito, afirma Ovídio A. Baptista da Silva[255] que não há controvérsias na doutrina, demonstrando que a partir de dado momento da evolução do instituto da *iurisdictio*, especialmente no período do direito romano clássico, seu campo compreendia exclusivamente a função de declaração do direito, excluídas dela todas as atividades desenvolvidas pelo pretor.

Este conceito de jurisdição que nos foi legado pelo direito romano tardio "pressupunha a distinção clara e radical entre a função declaratória do direito, enquanto *ius dicere*, e o *facere*, com que o magistrado haveria de socorrer o litigante, impondo uma ordem", transparecendo com clareza a circunstância de recusar toda a doutrina a natureza jurisdicional aos interditos, "fundamentalmente por serem eles decretados pelo magistrado com base num *sommario esame delle circostanze*",[256] tendo esta visão realmente se disseminado, ao que se vê da passagem do relatório de V. Foschini, publicado em 1870, onde estão expostas as razões pelas quais os agentes do Poder Judiciário não deveriam se imiscuir no terreno "frequentemente odioso da aplicação dos julgados, sendo recomendável que eles limitassem sua ação a campo *del puro diritto*". A concepção romana de jurisdição, traduzida pela oposição entre *iurisdictio* e *imperium* "é suficiente para demonstrar a redução do campo jurisdicional apenas ao seu momento declaratório, restando os princípios e a estrutura da *actio* do direito privado romano perpetuadas no direito moderno por razões históricas e ideológicas".[257]

Com efeito, o interdito era proferido pelo pretor com base em um exame sumário dos fatos, através de um comando concreto com caráter de acertamento prévio, sujeito a ser revisto no subsequente *judicium secutorium*. Sendo assim, para a maioria da doutrina, como mostra Luzzatto,[258] os interditos sempre foram um comando condicionado, sendo sua eficácia dependente da efetiva existência das circunstâncias pressupostas na ordem emitida pelo magistrado.

Somente a concordância da parte, com a ausência de impugnação da legitimidade do interdito, é que seria capaz de outorgá-lo definitividade, motivo pelo qual jamais fora qualificado como uma sentença definitiva. Ora, com base no que a doutrina considera decidir – restrito ao julgamento definitivo – os

---

[255] BAPTISTA DA SILVA, Ovídio A. *Jurisdição e execução na tradição romano-canônica*, p. 25-6.
[256] Idem, p. 35.
[257] Idem, p. 42 e 46.
[258] LUZZATTO, G. I. Op. cit., p. 198.

interditos eram tidos como simples ordens emanadas do pretor, nas quais nada se decidia.[259]

Já a noção que se tinha de *iurisdictio* repudiava o poder de ordenar, razão pela qual os interditos estavam excluídos de seu campo de atuação, vez que representavam mais um ato de vontade do pretor do que o ato de inteligência correspondente à pura declaração de existência do direito.

Ademais, mesmo que o interdito viesse a ter caráter definitivo, ainda assim havia a negação de natureza jurisdicional, na medida em que sua providência final, além de ser produto de um juízo sumário e provisório, encerrava, na esteira de Luzzatto,[260] um decreto (*decretum*), e não uma decisão (*iudicium*).

Ilustrativa, neste ponto, a análise magistral feita por Ovídio A. Baptista da Silva[261] ao referir que a grande dificuldade encontrada pela doutrina em geral para equiparar o interdito a uma decisão está na qualidade do provimento emitido pelo pretor na fase *in iure*, tendo em vista que é resultado de um juízo de verossimilhança, sujeito a ser revisto no procedimento subsequente. O ilustrado processualista afirma que a identificação que a doutrina faz entre decidir e julgar é talvez o testemunho mais eloquente de que a jurisdição, tal como ela é concebida por nosso direito, resume-se numa pura declaração. Aduz que julgar, enquanto ato intelectivo, é apenas o antecedente lógico para a decisão, que é ato de vontade, de modo que, a não ser que se parta da premissa de que o magistrado não possui vontade própria – sendo apenas a "boca que pronuncia as palavras da lei" – e que, para ele, decidir confunde-se exclusivamente com a pronúncia das palavras contidas na lei, seria impossível equiparar decisão a juízo.

Destarte, para a doutrina moderna, todos os provimentos judiciais baseados em juízos de verossimilhança ou provisórios, independentemente da matéria veiculada, são consideradas meras decisões interlocutórias,[262] e nunca decisões de mérito, chancelando, assim, o paradigma[263] doutrinário que sus-

---

[259] A este respeito, é digna de nota a lição de Pablo Fuenteseca, ao mencionar que os interditos eram ordens pretorianas nas quais não se decidia nenhum vínculo entre pessoa e coisa, nem entre duas pessoas, mas unicamente em relação ao *factum* ou *vis* que alterava a situação de fato existente. Refere ainda o ilustre romanista que, nos interditos, opera-se com o fato material, à margem do direito que as leis determinam e fora do âmbito da *iurisdictio* propriamente dita, dentro da esfera do poder ou autoridade (*imperium*) do pretor (FUENTESECA, Pablo. *Investigaciones de derecho procesal romano*, p. 143-144).

[260] LUZZATTO, G. I. Op. cit., p. 226.

[261] BAPTISTA DA SILVA, Ovídio A. *Jurisdição e execução na tradição romano-canônica*, p. 36.

[262] A respeito dos conceitos de decisão interlocutória e decisão de mérito, imprescindível a leitura de BAPTISTA DA SILVA, Ovídio A. *Decisões interlocutórias e sentenças liminares. Da sentença liminar à nulidade da sentença*, p. 3-24.

[263] O conceito de paradigma utilizado no presente trabalho foi extraído do brilhante estudo realizado por Thomas Kuhn, para quem "um paradigma é aquilo que os membros de uma comunidade partilham e, inversamente, uma comunidade científica consiste em homens que partilham um paradigma", com o que se destaca a forma circular de utilização deste termo. Destaca o aludido autor que um paradigma governa, em primeiro lugar, não um objeto de estudo, mas um grupo de praticantes da ciência, sendo que qualquer estudo de pesquisas orientadas por paradigma ou que levam à destruição de paradigma, deve começar pela localização do grupo ou grupos responsáveis (*A estrutura das revoluções científicas*, p. 219 e 223-224).

tenta todo o nosso sistema processual, calcado no processo de conhecimento e suas correlatas plenariedade e ordinariedade.

5.2. Racionalismo e jurisdição

O racionalismo, como já anotamos, dominou todos os ramos da ciência a partir do século XVIII. Seus reflexos no âmbito do Direito tornaram-se a principal base de apoio dos revolucionários franceses que fizeram dos juízes "la bouche de la loi", proibidos de interpretá-la. Como sustentara Montesquieu, "o poder de julgar é nulo", pois "os juízes da Nação, como dissemos, são apenas a boca que pronuncia as palavras da lei; seres inanimados que não lhe podem moderar nem a força, nem o rigor".[264]

O prestígio do racionalismo foi maior na Europa continental e nos países que adotaram o sistema denominado de *civil law*. Mas o sistema da *common law* parece que também não se livrou totalmente de tal influência, como nos dá conta Lawrence M. Friedman:

> "O último século dezenove foi o ponto alto, ou baixo, da jurisprudência 'mecânica', tanto no sistema do direito comum e civil – a 'teoria dedutiva' da tomada de decisão judicial na qual, segundo Wasserstrom: 'Todos os casos são decididos por um recurso com regras que são certas e imutáveis, cuja aplicação é completamente previsível'. Nesta teoria, o 'juiz está peculiarmente qualificado para apresentar decisões porque ele sabe que muitas das regras estão onde os outros possam estar prontamente situados, e como utilizar os cânones da lógica para discernir argumentos válidos'".[265]

Ao atestar o prestígio contemporâneo do formalismo, José Puig Brutau afirma que ao jurista lhe apraz, ainda hoje, um dos mitos mais renitentes da Idade Média: o rigor da lógica formal. Com este rigor aspiram vestir seus silogismos os juristas de quase todo o mundo, esquecidos de que a lógica formal é incapaz de antecipar qual será a conclusão de uma sentença, muito embora, uma vez lançada, essa conclusão guarde toda a aparência de algo inevitável.[266]

Com a acuidade e a ênfase que lhe são peculiares, J. J. Calmon de Passos detecta, como consequência do formalismo advindo do paradigma racionalista, que juristas e juízes foram progressivamente demitindo-se dos seus compromissos com a política, no seu sentido mais nobre e legítimo, deixando

---

[264] MONTESQUIEU, Charles de Secondat, Baron de. *O espírito das leis*, p. 171-176.

[265] Texto original: "The late nineteenth century was the high, or low, point of 'mechanical' jurisprudence, both in the common-and civil-law system – the 'deductive theory' of judicial decision – making in which, in Wassertrom's terms: 'all cases are decided by an appeal to rules that are certain and unchanging, whose application is completely predictable'. In this theory, the 'judge is peculiarly qualified to render decisions because he knows what many of the rules are, where the others may be readily locates, and how to use the canons of logic to discern valid arguments'" FRIEDMAN, Lawrence M. *The Legal System*, p. 240.

[266] BRUTAU, José Puig. *A jurisprudência como fonte do direito*, p. 34.

de pensar sobre os fins da sociedade e os meios necessários para alcançá-los. Escrevendo em 1982, ainda sob a égide do regime de exceção imposto no Brasil em 1964, Calmon de Passos faz uma autocrítica e também um *j'accuse* à classe dos juristas em geral, nos seguintes termos:

"Eles, que sempre tinham sido homens públicos, na significação de homens comprometidos com os problemas advindos da convivência social, empenhados na necessidade de harmonizar conflitos em termos de otimização da sociedade política, passaram a ser 'profissionais', conhecedores e manipuladores de uma técnica, aquela necessária para reduzir a generalidade da lei ao particular da norma disciplinadora da conduta dos indivíduos na sociedade. O conteúdo dogmático lhes era fornecido pronto e acabado e só lhes cumpria reduzi-lo à dimensão do caso particular. Uns lógicos, que, por força de se omitirem diante da vida, findaram por emascular-se, fazendo-se eunucos".[267]

Revela-se indesmentível a constatação que faz Boaventura de Sousa Santos, com remissão a Wittgestein, segundo a qual, depois de três séculos de prodigioso desenvolvimento científico, torna-se intoleravelmente alienante concluir que a acumulação de tanto conhecimento "sobre" o mundo se tenha traduzido em tão pouca sabedoria "do" mundo, do homem consigo próprio, com os outros, com a natureza, concluindo o sociólogo português:

"Tal fato, vê-se agora, deveu-se à hegemonia incondicional do saber científico e à conseqüente marginalização de outros saberes vigentes na sociedade, tais como o saber religioso, artístico, literário, mítico, poético e político, que em épocas anteriores tinham em conjunto sido responsáveis pela sabedoria prática (a phronesis), ainda que restrita a camadas privilegiadas da sociedade".[268]

É inegável a poderosa influência do positivismo entre nós, tanto na área jurídica quanto na política, razão pela qual entendemos indeclinável uma abordagem a respeito da estrutura conceitual de algumas das suas principais características. Em obra que se tornou um clássico da História do Direito, cuja segunda edição data de 1967, Franz Wieacker nos dá conta de que a autoridade normativa do *Corpus iuris*, sob o qual a dogmática jurídica tinha se formado durante quase oitos séculos, e também a legitimação concernente à ideia conferida ao direito alemão dos tempos passados, esta decorrente do que ele chama do "espírito do povo", foram abandonadas como proposta metodológica.

O conhecimento destas duas tradições, segundo o jurista e historiador, é indispensável para a compreensão da ordem jurídica alemã vigente, embora não tenham mais estas tradições autoridades humanística, normativa ou nacional. Não obstante reconheça Wieacker que há juristas preocupados com o abandono deste patrimônio cultural, pois segundo eles não seria dado ao homem viver com justiça sem a tradição ou sem as convicções autônomas, im-

---

[267] CALMON DE PASSOS, J. J. Administração da justiça no Brasil. Visão para além do imediato. *Estudos de Direito Processual em homenagem a José Frederico Marques*, p. 183.
[268] SOUSA SANTOS, Boaventura de. *Introdução a uma ciência pós-moderna*. Rio de Janeiro: Graal, 1989, p. 147-8.

pondo-se a desconfiança do positivismo legalista do nosso tempo, entende ele que foi justamente a "emancipação" em relação ao entendimento tradicional das fontes da história jurídica que permitiu visualizar os problemas jurídicos elementares na sua materialidade histórica. Para Wieacker, parece que a compreensão do presente depende da sua ruptura com o passado, o que permitiria "ao jurista prático" "atualizar" "o passado no presente". Nos parágrafos que seguem faremos um apanhado da evolução do positivismo, principalmente na Alemanha, extraído da obra de Wieacker.[269]

A Escola Histórica do direito, tomando-se então a abordagem de Wieacker, dedicou-se à construção de uma civilística sistemática, transformando-se, em consequência, numa "pandectística" ou "ciência das pandectas". O método construtivo da pandectística, de orientação formalista (teorias de Anselm Feuerbach e Savigny), inicialmente aplicado no direito comum, foi posteriormente transportado para outras disciplinas, como o direito público, sobretudo por influência de Jhering, Gerber e Labana.

Baseada na perspectiva do direito do positivismo científico, esta corrente deduzia as normas e sua aplicação exclusivamente a partir do sistema, sem conceber valores subjetivos ou extra-jurídicos. A fundamentação ética desta convicção foi extraída por Savigny e pelos seus contemporâneos da teoria jurídica de Kant, segundo a qual a ordem jurídica não constitui uma ordem ética, mas apenas a possibilita, possuindo, portanto, uma "existência independente".

O positivismo científico do século XIX, cuja definição mais apropriada seria formalismo científico, haja vista sua origem kantiana, deve distinguir-se de outras concepções de positivismo. O positivismo legalista, segundo o qual todo o direito é criado pelo legislador, e o positivismo científico em geral, que limita as possibilidades de explicação do mundo à observação e organização científica dos fatos físicos, sociais e psicológicos, só têm em comum com o positivismo científico do séc. XIX a recusa de uma fundamentação metafísica do direito e o reconhecimento da autonomia absoluta da ciência especializada.

São consequências do positivismo científico: a) Uma dada ordem jurídica constitui um sistema fechado de normas distanciando-se da realidade social das relações que regula. Sendo assim, as situações jurídicas são decididas através de uma operação lógica. Baseada no idealismo científico formal, esta ideia desenvolve-se sob a concepção insustentável de que os direitos e as situações jurídicas seriam coisas reais, regidas pelas leis gerais da experimentação física; b) Embora as normas não sejam plenas, e o positivismo científico assim as exija, o lugar dos conceitos na pirâmide conceitual e as conexões lógicas do sistema permitem um preenchimento das lacunas da lei positiva através da "construção criadora", de modo que o juiz limita-se a desvelar a solução já latente contida no sistema, não criando nenhum direito novo. O ideal de formação científica do positivismo é representado pela vinculação do juiz à teoria

---

[269] WIEACKER, Franz. *História do direito privado moderno*. Trad. A. M. Botelho Hespanha da 2. ed. alemã de 1967. Lisboa: Fundação Calouste Gulbenkian, 1980, p. 490-1.

científica. Há ligação do positivismo com o programa de formação dos juristas, que recebem a forma de ensino sob estrito treino conceitual.

A função original do positivismo científico está hoje descaracterizada em razão de não haver mais sentido uma aplicação do direito que exclua as "considerações políticas, sociais ou econômicas", numa época de lutas ideológicas e sociais. A neutralização de uma jurisprudência ainda responsável perante si mesma continuou a ter a função de construir um substituto de um padrão de justiça. O próprio Estado de Direito burguês respondia à relação entre Estado e sociedade com uma restrição do poder político no domínio da ordem jurídica civil, restrição esta que significou uma recusa de poder ao juiz: *pouvoir neutre, pouvoir nulle*.

Segundo Wieacker, o juízo desfavorável difundido sobre o positivismo cientifico carece de retificação na medida em que é confundido com um positivismo legal que ficou para sempre comprometido com as desastrosas experiências dos últimos anos. De outro lado, a exigência do positivismo, no mundo de hoje, apresenta-se descomprometida com o ponto de vista ético-social. Constitui, no entanto, um pressuposto de qualquer concepção jurídica que acredite no valor autônomo do direito. Precisamente ordens jurídicas duradouras, como a romana, a inglesa ou a medieval, reivindicaram uma autonomia deste tipo, abandonando-se à realização da justiça através da aplicação de normas autônomas, com a manutenção dos raciocínios lógicos.

Com deveres fundamentais pautados em uma ética autônoma do dever e da liberdade, a pandectística pôde captar, do ponto de vista jurídico, as grandes mudanças da Revolução Industrial desde os meados do século XIX e manter uma ordem externa até a crise europeia de 1914. Deixando de estar à altura da evolução presenciada no séc. XIX, tornou-se um instrumento de manutenção das injustiças sociais. Uma vez que a sensibilidade típica do Estado social da atualidade condena o liberalismo, tornou-se natural a censura que foi antecipada por Karl Marx, de que a pandectística teria se tornado, com a liberdade contratual e de propriedade, num instrumento da sociedade de classe burguesa. Correta a censura de que a recepção não evitou o mau uso do direito privado de caráter abstrato. A pandectística, no entanto, correspondeu ao espírito do seu tempo e está naturalmente sujeita ao juízo histórico sobre esse período, juízo a que nenhuma época escapa, ressalva Wieacker.

No particularismo jurídico que persistia durante a Liga Alemã e nos primeiros tempos do Império de Bismarck, a pandectística garantiu a unidade da dogmática jurídica, do ensino do direito e da jurisprudência científica, antecipando a unidade jurídica do Código Civil. Ultrapassando os limites da Alemanha, a pandectística suíça tornou-se um dos domínios mais vivos da Escola Histórica do Direito. Expandindo-se ainda mais, o método e o sistema da pandectística adquiriram uma influência dominadora sobre a Europa meridional, sobre a Hungria e Grécia. Com influência menos intensa, foi também disseminada na Itália, França, Rússia, países escandinavos e Inglaterra.

A pandectística conta na Alemanha com um número apreciável de clássicos da ciência civilística. Destacam-se, na geração seguinte à de Puchta, os seguintes juristas: Vangerow, Aloys Brinz, Ernest Immanuel Bekker, Regelsberger, Arndts, Heinrich Dernburg e o jurista mais citado até os dias de hoje, Bernhard Windscheid. Na ausência de uma codificação, o manual de pandectas revestiu-se de uma autoridade que hoje ainda se dispersa por várias fontes: a lei, a decisão do tribunal superior, o grande comentário e o manual. Assim, resultou da pandectística uma suma do direito privado, cuja fama levou até aos países mais distantes à influência e a vigência da mesma.

As contracorrentes utilitaristas ou sociais da segunda metade do século XIX não se impuseram imediatamente na prática jurídica porque o prestígio científico e moral do corpo de juristas continuou a legitimar o positivismo e porque a tradição e a crença dos juristas na lei se subtraiu durante muito tempo à pretensão de optar pelas exigências ideológicas de grupos sociais particulares. O domínio da teoria do direito privado sobre a prática foi limitado quer pelos traços tradicionalistas-autoritários, quer do Estado-providência, prenunciadores do Estado social dos meados do século XX.

As tradições autoritárias do Estado alemão têm conseguido até hoje manter uma reserva no domínio do direito, o que se verifica na tradição centenária da administração comum. Ao lado dos traços conservadores e reacionários, encontram-se os do Estado de bem-estar, que tão largo futuro haveriam de ter.

Correntes contrárias à pandectística, baseadas na crítica segundo a qual a ciência jurídica dominante tinha isolado a aplicação do direito em relação à realidade, começaram a ter maior influência a partir da metade do séc. XIX, quando iniciou a impor-se a concepção do princípio de que o direito era uma função da realidade. A crítica renovada do positivismo jurídico remonta a esta época, muito embora só ampliada já no século XX. A crítica socialista do direito, na sua principal versão marxista ataca tanto o individualismo liberal como o formalismo idealista do direito privado dominante.

Embora ricas em consequências, tais críticas socialistas foram negativamente influenciadas pelas relações de poder político e social no século XIX. Destas correntes, uma advinda do iluminismo, baseada no liberalismo, e outra de caráter social-autoritário que se voltava contra o liberalismo, põem em evidência dois dos maiores representantes da ciência jurídica na segunda metade do século XIX: Jhering e Gierke.

Em Jhering, a transição do positivismo científico para o naturalismo encontra expressão. Na primeira fase do seu trabalho, descreveu e elogiou a arte da construção jurídica como a forma mais elevada da jurisprudência. A partir dos anos cinquenta do século XIX, desenvolveu-se em Jhering uma autodestruição massiva da jurisprudência dos conceitos. O formalismo jurídico e o naturalismo são necessariamente as fases consecutivas de uma visão do direito que recusou uma ideia suprapositiva desse direito e que se tem agora de orientar para seus sucedâneos.

Mais tarde, Gierke pronuncia-se favoravelmente ao coletivo. Com alguns pontos de vista provenientes da herança romântica e histórico-filosófica e outros do arrebatamento nacionalista e democrático, Gierke é, em muitos dos seus traços, o contrapolo de Savigny. As descobertas históricas do seu direito das pessoas coletivas tornaram-se para ele modelos para a explicação da origem do Estado e do direito, bem como para a construção da relação entre comunidade e indivíduo. Sua teoria do direito reconstitui uma teoria social que é ao mesmo tempo tradicionalista e reformista.

Karl Marx, observador da pandectística e revelador da função classista do direito na sociedade burguesa pós-feudal, não viu qualquer possibilidade de fundamentação do direito privado que o libertasse das leis dialéticas da história. A sua análise social partia de um direito privado abstrato e aparentemente neutro e significava para os pioneiros da Revolução Industrial a exploração das classes mais frágeis da sociedade. Com isto, foram colocadas questões com as quais ainda hoje se ocupam as instâncias reflexivas do direito e da sociedade do presente. Se a harmonia postulada da liberdade de conformação do direito privado não está destruída, a igualdade de oportunidades transformou-se na arma dos mais fortes contra os mais fracos. De fato, a liberdade contratual é sempre também poder econômico e político, que limita e submete a liberdade alheia. Como pode então ser limitada a autonomia privada, a fim de se manter como algo de possível a justiça social? Nesta altura, os esforços da crítica socialista voltaram-se unilateralmente contra a autonomia privada, uma vez que o naturalismo sacrificava a liberdade de conformação dos particulares ao interesse da sociedade, ou seja, respondeu do ponto de vista teórico com a dissolução do direito privado. Para Wieacker, o mundo ocidental procura resolver esta questão através das diferentes ideologias sociais e de meios técnico-jurídicos.

A partir dos meados do século XIX, vários Estados alemães editaram códigos penais. Em 1848, o movimento liberal da unificação impôs, mesmo depois da sua derrota política, o prosseguimento dos trabalhos de codificação do direito comum a toda Alemanha. Em lugar do positivismo científico, começou a aparecer o positivismo legalista, tornando a criação estatal do direito independente do desenvolvimento erudito do direito, fazendo surgir a ideia de que a "vontade do povo" se exprime na lei e que, na verdade, no Estado constitucional esta não se manifesta.

As codificações não estão apenas ligadas ao fenômeno de um Estado unificado, mas também a certos pressupostos culturais. Vivem, outrossim, de concepções axiológicas, no plano social e econômico, de natureza coerente.

Como acentua Ovídio A. Baptista da Silva:

"A verdade, incessantemente buscada através dos juízos de certeza, e a irrelevância dos 'significados', como se a lei tivesse uma vontade invariável ('vontade constante'), foi o preço exigido pelo positivismo jurídico, enquanto fiador do Estado Industrial".[270]

Na sociedade real do século XIX, a imagem do direito dos códigos civis, de uma sociedade subordinada aos princípios da liberdade de propriedade e da liberdade contratual, constituía a ordem jurídica particular da nova sociedade do lucro surgida com a revolução industrial. Por isso, acentua Wieacker,

---
[270] BAPTISTA DA SILVA, Ovídio A. *Verdade e significado*, p. 28, no prelo.

o direito dos outros grupos sociais devia ser excluído da codificação, revelando o caráter particular da ordem jurídica que o movimento de unificação burguês adotou na codificação.

A pré-história política das primeiras compilações e dos primeiros projetos de um direito comum a toda Alemanha da decadente Liga Alemã após 1848 mostram a classe burguesa impulsionando a unificação. Ao lado da legislação da Liga Alemã decorreram projetos de codificação dos Estados alemães particulares. Em 1865, em Saxe, entra em vigor um Código Civil que, embora do ponto de vista da política do direito represente a codificação de um Estado particular, constitui um precursor do Código alemão que haveria de vir. O *Code de Procédure* napoleônico materializava as exigências do primeiro liberalismo quanto à política judiciária, e constituiu modelo para outros sistemas.

Também no domínio do processo civil se exprimiram, tal como no direito privado substantivo, as exigências da sociedade em relação ao Estado no plano da política judiciária. A sociedade não se satisfazia nem com a antiga tradição processual do direito comum, nem com a organização judiciária autoritária da Prússia. Isto constituiu o ponto de partida de uma nova e decisiva recepção: a adoção dos princípios do processo civil e penal francês.[271]

Ao pressupor a autossuficiência das normas do direito para a solução judicial dos casos, o positivismo rejeita outros argumentos externos ao jurídico, qualquer que seja a natureza dos mesmos, afastando assim inclusive a moral e a ética. Isso nos faz lembrar a crítica de Carnelutti ao trabalho de López de Oñate e a Calamandrei, ao afirmar: "Se viu, assim, qual é o preço da 'incidência', como disse López, da justiça na certeza: em palavras bruscas, a infalibilidade do legislador. Quem está disposto a pagar tal preço?". Em outras palavras, conclui Carnelutti, haveria uma correspondência da cópia em relação ao modelo, do direito em relação à ética, do direito positivo em relação ao natural; "somente a este preço o problema da diferença entre justiça e certeza é eliminado".[272]

Uma das consequências das concepções políticas e filosóficas inspiradas pelo racionalismo é a de que o Direito se torna imune às transformações históricas, o que enseja o primado do formalismo, "para o qual os princípios e as instituições processuais teriam a virtude da eternidade, próprias das verdades matemáticas".[273]

A lógica do racionalismo, portanto, funda-se no primado da lei como verdade universal, emanada do soberano (Rei, Parlamento, Ditador), cuja incidência no caso concreto, o juiz, como "poder nulo", limitar-se-á a reconhecer, ou seja, a declarar. Em outras palavras, e como afirmava Chiovenda, a "vontade da lei" já estará sempre concretizada ao instaurar-se o processo, cabendo ao juiz apenas e tão somente "revelá-la". Para o racionalismo é impensável que a lei tenha "duas vontades". Seu sentido deverá ser sempre "unívoco" e sua

---

[271] WIEACKER, Franz. Op. cit., p. 491-533.
[272] CARNELUTTI, Francesco. La certezza del diritto. *Rivista do Diritto Processuale Civile*. Padova: Cedam, 1943, p. 88-9.
[273] BAPTISTA DA SILVA, Ovídio A. *Processo e ideologia*, p. 90.

compreensão deve ser procedida com a mesma neutralidade com a qual um matemático busca a solução de um problema algébrico.

No que se refere ao Direito Processual Civil, um astucioso "ardil" é apontado por Ovídio A. Baptista da Silva como impeditivo de sua evolução, mantendo-se o primado do procedimento ordinário com cognição plenária, mercê do qual o juiz revelará o direito com o selo da certeza matemática. E este ardil consiste na sustentação de que aquelas "velhas" doutrinas da "escola da exegese" de Montesquieu, e do próprio racionalismo, estariam superadas, na medida em que se passou a admitir uma margem de "criação" por parte do juiz. Na ilusão desse falso progresso, "estaremos apaziguados e satisfeitos com os prodígios de nossa modernidade, no campo legislativo e doutrinário".[274]

É fácil compreender o "ardil" ao qual se refere Ovídio A. Baptista da Silva; bastará o exame de doutrinas que seguem desfrutando de grande prestígio. Em sua obra clássica "Hermenêutica e Aplicação do Direito", cuja terceira edição data de 1940, Carlos Maximiliano elege o critério "teleológico" como o melhor dentre todos para a interpretação das normas legais. Para tanto, reporta-se aos "Estatutos da Universidade de Coimbra, de 1772", que recomendavam descobrir o sentido e o alcance de uma regra de Direito examinando as circunstâncias e os sucessos históricos que contribuíram para a mesma, e perquirir o fim do negócio de que se ocupa o texto. Novamente invocando os "Estatutos", afirma Maximiliano: "Este é o único e verdadeiro modo de acertar com a genuína razão da lei, de cujo descobrimento depende a compreensão do verdadeiro espírito dela".[275]

Sustenta mais adiante Maximiliano que o fim da norma jurídica não é constante, nem absoluto, nem eterno e nem único, mas esclarece que o sentido desta afirmação consiste na desvinculação da "pesquisa" ao objetivo primordial da regra, pois caberá ao intérprete descobrir também o fundamento hodierno da mesma. Prossegue o mesmo autor: "A 'ratio juris' é uma força viva e móvel que anima os dispositivos e os acompanha no seu desenvolvimento". Ao aproximar-se da conclusão, Carlos Maximiliano deixa claro que o hermeneuta deve buscar o sentido naquelas ideias vitoriosas a respeito da concepção do próprio Direito; e sendo este normativo, encontram-se no seu conteúdo previstos e assegurados os fins da vida do homem na sociedade.[276] A fidelidade ao racionalismo resta evidente, e bem assim a distância da hermenêutica filosófica, cuja pedra de toque é a atribuição de sentido da norma pelo intérprete, ponto que abordaremos mais adiante em tópico específico.

Alfredo Rocco, processualista italiano de grande prestígio no século XX, em obra que se tornou clássica, enfatiza desde logo que "a primeira característica da norma jurídica, que devemos recordar, advém da sua função específica:

---

[274] BAPTISTA DA SILVA, Ovídio A. *Processo e ideologia*, p. 89.
[275] MAXIMILIANO, Carlos. *Hermenêutica e aplicação do direito*. 5.ed. Rio de Janeiro-São Paulo: Freitas Bastos, 1956, p. 188.
[276] Idem, p. 190-1.

a garantia".[277] A segunda característica da norma jurídica apontada por Rocco é ser ela "irrefragavelmente obrigatória".[278] Uma terceira, também identificada como importante é sua "generalidade e universalidade",[279] razão pela qual "a norma processual, em razão da abstração, engloba todos os casos de uma mesma espécie em uma categoria geral e contempla esta categoria".[280] Nesta mesma obra, Alfredo Rocco deixa clara sua concepção da atividade jurisdicional, afirmando ser ela "uma atividade do Estado, cronológica e conceitualmente posterior à função legislativa e desta dependente", não havendo mais espaço para a interpenetração de ambas como ocorrera primitivamente, mas cujos resquícios ainda se pode encontrar no Direito inglês contemporâneo.[281]

Alfredo Rocco contradita Büllow, na medida em que este aponta uma "abertura" para uma atividade criadora por parte do juiz ao afirmar que o processo não tem por objetivo tutelar o direito privado, mas completá-lo. Ao interpretar o pensamento do Büllow, afirma Rocco que a conclusão do autor alemão está fundada na visão de que a regra que se contém na lei se limita a fornecer uma diretriz obrigatória, mais ou menos precisa, para a formação da norma concreta, não fornecendo, ela própria, a norma. Mas, na medida, e não obstante formulada de modo abstrato, a norma jurídica é sempre um comando e por isso, tão logo editada, se impõe à vontade dos sujeitos, contrapõe Rocco, prosseguindo em sua contestação a Büllow: que um comando formulado genericamente seja menos comando que um outro formulado de maneira específica, é verdadeiramente difícil de compreender, sendo por isso também difícil compreender a razão pela qual se deve chamá-lo de comando incompleto e carente de complemento.

Poderá haver dúvida, prossegue Rocco, sobre o real conteúdo da norma em qualquer das hipóteses aventadas, o que ensejará a necessidade de uma operação lógica para reconstruir exatamente a vontade do Estado expressa no comando. Mas esta operação lógica sobre o ato não é complemento do ato. Falar de complemento da norma por ato do juiz que a aplica, equivaleria à descabida tentativa de qualquer comentador complementar a obra de Dante, Shakespeare e Goethe. Arremata Rocco sua crítica a Büllow:

> "O conceito de Büllow tem por pressuposto a identificação entre o sujeito do conhecimento e o objeto a ser conhecido, os quais no processo do conhecimento ocorrem indistintamente, se não se quiser banir toda a realidade do campo do pensamento".[282]

---

[277] Texto original: "il primo carattere della norma giuridica che dobbiamo ricordare è dato dalla sua funzione specifica: la garanzia".
[278] Texto original: "irrefragabilmente obbligatoria".
[279] Texto original: "generalità ed universalità".
[280] Texto original: "la norma procede dunque per astrazione: raggruppa tuti i casi di una medesima specie in una categoria generale, e contempla questa categoria". ROCCO, Alfredo. *La sentenza civile*. Milano: Giuffrè, 1962, p. 2-3. Ristampa inalterata della prima edizione di 1906.
[281] ROCCO, Alfredo. Op. cit., p. 7, nota 10.
[282] Texto original: "Il concetto del BÜLLOW ha per presupposto l'identificazione tra il 'soggetto conoscente e l'oggetto conosciuto', i quali nel processo della conoscenza vanno invecedistinti, se non si vuol bandire del tutto il reale dal campo del pensiero".

Ao examinar a distinção entre a sentença declaratória e a condenatória, afirma o mesmo autor que a primeira é uma "pura e simples sentença",[283] ou seja, um juízo lógico sobre a existência ou inexistência "de uma relação ou estado jurídico",[284] enquanto a segunda é uma sentença à qual é agregada uma específica "cominação de exercício forçado direcionada ao obrigado".[285] A primeira "é um puro juízo lógico".[286]

Em obra publicada em 1942 e muito festejada na Itália, Flavio López de Oñate defende e sintetiza o significado da "certeza" do Direito para a doutrina moderna, afirmando que desde Thomas Hobbes, o primeiro grande teórico do Estado como introdutor da soberania absoluta do mundo humano, o pensamento moderno exige a certeza e a segurança como base fundamental "que no se dispersará ya". Prossegue Oñate lembrando que o iluminismo, ou pelo menos uma parte dele, deixou este tema da certeza como herança até o pensamento da Restauração, surgindo o conceito de Estado de Direito alimentando as suas raízes precisamente "de este jugo vital". Agrega também que para os juristas contemporâneos, mesmo depois das críticas e discussões acerca do Estado de Direito:

"A certeza da norma e a conseqüente segurança jurídica restam como bens adquiridos para a experiência jurídica moderna. A abstração, a rigidez e a firmeza da norma, contra as quais de muitos arcos se lançam milhares de flechas tendem simplesmente a isso, a garantir de maneira certa e inequívoca a ação, de forma que possam os homens contar como o que haverá de ocorrer (...) A lei permite cada um saber o que pode querer".[287]

Oñate contesta com veemência a posição de Büllow, anteriormente já referida, e bem assim a chamada "doutrina da interpretação livre", proclamando que nos sistemas jurídicos "progressistas" o juiz deve se portar frente à lei codificada como "el custodio de la ley". Na esteira de Wlassak afirma que a figura do juiz criador do Direito se encontra em insolúvel contradição com um conceito fundamental do sistema dos meios de impugnação. Tal sistema, afirma Oñate agora invocando Calamandrei, foi instituído segundo a célebre fórmula "para manter a exata observância das leis", o que impediria de todos os modos ao juiz negar a autoridade da lei, seja na figura da violação, seja na da falsa aplicação da mesma.[288] A instituição do "sistema dos meios de impugnação" de que fala Oñate, ensejou a Ovídio A. Baptista da Silva uma conclusão

---

[283] Texto original: "pura e semplice senteza".
[284] Texto original: "di um rapporto o stato giuridico".
[285] Texto original: "comminatoria di esecizione forzata, rivolta all'obbligato".
[286] ROCCO, Alfredo, op. cit., p. 118-120 e 144.
[287] Texto original: "La certeza de la norma y la consiguiente seguridad jurídica quedan como bienes adquiridos para la experiência jurídica moderna. La abstracción, la rigidez y la fijeza de la norma, contra las que de tantos arcos se lanzan millares de flechas, sólo tienden simplemente a esto, a garantizar de manera cierta e inequívoca la acción, en forma que puedan los hombres contar con lo que ha de ocurrir (...) La ley hace saber a cada cual lo que puede querer". LÓPEZ DE OÑATE, Flavio. *La certeza del derecho*. Trad. Santiago Santís Melendo y Marino Ayerra Redin. Buenos Aires: EJEA, 1952, p. 73-5.
[288] LÓPEZ DE OÑATE, Flavio. Idem, p. 110.

diametralmente oposta, como se pode constatar em passagem de ensaio inédito:

> "Mas nem só os provimentos judiciais anteriores à sentença são emitidos com base na verossimilhança; também o é a sentença de mérito. Se não o fosse – se o juiz depois do mortificante procedimento ordinário – houvesse afinal encontrado a 'vontade da lei', não haveria como justificar a cadeia recursal que nos inferniza. Por ventura, a última decisão de última instância seria capaz de possuir o divino segredo recusado às instâncias inferiores? Somente este julgamento será capaz de revelar a 'vontade da lei'? Certamente não, porquanto também contra ele cabem revisões judiciais; cabem ações rescisórias. E rescisórias de rescisórias!"[289]

Mais de meio século depois de Oñate, ou seja, bem recentemente, Cândido Dinamarco sustentou que "o juízo do bem e do mal é feito em primeiro lugar pelo legislador e depositado no texto da lei, mas ninguém desconhece que esta, uma vez posta, se destaca das intenções de quem a elaborou e passa a ter o seu próprio 'espírito'; a 'mens legis' corresponde, assim, ao juízo axiológico que razoavelmente se pode considerar como instalado no texto legal. Ao juiz caberá esse trabalho de descoberta". Como se vê, Dinamarco defende a opção da "descoberta" (busca) do espírito e do sentido da norma, ressalvando ainda assim que "daí, porém, não deve emanar a idéia de uma carga excessiva e perigosa de poderes entregues ao juiz. Legislador ele não é e, com as ressalvas postas, sempre continua o juiz sujeito à lei".[290] Pensamos já haver demonstrado anteriormente a superação da hermenêutica clássica.

A precedente afirmação de Dinamarco inspira-nos a lembrança do que já ensinava Beling em 1931, como nos dá conta Karl Engisch: "O poder outorgado para criar o Direito que o legislador detém em suas mãos (...) não é um poder inteiramente ilimitado. O povo presume certas valorações como tão fundamentais que o legislador não se acha autorizado a fixar normas que vão contra elas", ao que complementa Engisch: "Aqui, portanto, é fixado um limite ao dever de obediência à lei em nome de valorações fundamentais dominantes no seio da população. Mas isto há de também, evidentemente, refletir-se sobre a aplicação judicial do direito".[291]

A fidelidade ao racionalismo e a sobrevivência da filosofia que lhe serviu de fundamento, para usar-se a expressão de Villey, transparecem de forma clara em nossa doutrina atual. Cândido Dinamarco, um dos mais prestigiados e operosos processualistas brasileiros, sustenta em outra obra que o "escopo social da jurisdição" será a eliminação das incertezas, o que será atingido mediante a declaração contida na sentença de mérito.[292]

O modo de conceber a jurisdição como simples declaração é consequência do dogma da separação dos poderes, que por sua vez é fruto do racionalismo.

---

[289] BAPTISTA DA SILVA, Ovídio A. *Verdade e significado*. Inédito, p. 23.
[290] DINAMARCO, Cândido. *A instrumentalidade do processo*. São Paulo: RT, 1987, p. 421-3.
[291] ENGISCH, Karl. *Introdução ao pensamento jurídico*. Trad. e prefácio J. Baptista Machado. 3. ed. Lisboa: Fundação Calouste Gulbenkian, 1965, p. 273.
[292] DINAMARCO, Cândido. *Fundamentos do processo civil moderno*. São Paulo: RT, 1986, p. 203.

Ao limitar a atividade verdadeiramente jurisdicional à declaração, a doutrina que chamamos de "tradicional" se mantém fiel ao paradigma racionalista, porquanto neste caso ao juiz caberá simplesmente reconhecer um direito preexistente e certo. Assim, além de não restar margem para a criação do direito pelo órgão judicial, a certeza e a univocidade desse direito ensejará ao vencido a responsabilidade pela sucumbência, como mostraremos adiante.

Ao examinar a doutrina de Calamandrei, que considera um dos maiores, senão o maior processualista italiano do século XX, Ovídio A. Baptista da Silva enfatiza a abordagem feita pelo primeiro quanto à distinção entre a função jurisdicional e a administrativa. É jurisdicional, segundo Calamandrei, a atividade através da qual o juiz decide sobre a existência de vontades concretas da lei, das quais são destinatários os sujeitos da relação controvertida. E será de natureza administrativa a atividade do juiz ao executar, ou decidir se deve executar vontades de leis que nascem das normas jurídicas direta e expressamente dirigidas a ele. Agregue-se a tanto a circunstância constatada por Enrico Tulio Liebman de que a condenação, no plano do direito material, "não passa de uma declaração", e estará determinada a precedência da cognição do juiz sobre a execução, o que implica a exigência de sua estrita submissão à lei.[293]

Em obra publicada na Itália já na década de 1940, Piero Calamandrei ratifica sua posição anterior ao afirmar que o direito objetivo manifesta-se em forma de regras de conduta "gerais e abstratas". Gerais enquanto ordenam um certo comportamento a todos aqueles que, em série indefinida, no futuro possam eventualmente encontrar-se numa certa situação de fato. Abstratas enquanto não ordenam em relação a eventos concretos já ocorridos, mas estabelecendo a hipótese que possa, mais cedo ou mais tarde, produzir-se na realidade uma certa situação de fato, restando formulado antecipadamente o mandato que se tornará imperativo e categórico.

Calamandrei completa seu pensamento quanto à aplicação da lei no sentido de constituir a jurisdição uma atividade do Estado, mas posterior à elaboração da norma. A jurisdição está, segundo o mestre italiano, direcionada a colocar em prática a coação ameaçada e a fazer efetiva a assistência prometida pelas leis, concluindo que legislação e jurisdição constituem uma "atividade jurídica" que se desenvolve da seguinte forma:

"Primeiro, ditar o direito e depois fazê-lo observar; primeiro o estabelecimento e depois o cumprimento do direito. A jurisdição aparece, então, como a necessária prossecução da legislação, como o indispensável complemento prático do sistema da legalidade".[294]

A interpretação e aplicação da lei através da atividade jurisdicional, em decorrência principalmente da herança racionalista em suas múltiplas nuances, acabaria sendo vinculada pela doutrina tradicional à produção da coisa julgada. Por isso o sistema mostra-se refratário aos juízos de verossimilhança.

---

[293] BAPTISTA DA SILVA, Ovídio A. Op. cit., p. 147.
[294] CALAMANDREI, Piero. *Direito processual civil* – Estudos sobre Processo Civil. Trad. Luiz Abeiza e Sandra Drina Fernandez Barbey. Campinas: Bookseller, 1999, p. 102 e 107.

Somente um processo "plenário" ensejaria encontrar a "verdade" contida na lei e a produção da indispensável "certeza". Este entendimento é sintetizado de maneira enfática por Cândido Dinamarco: "Naturalmente, só tem direito à tutela jurisdicional aquele que tem razão, não quem ostenta um direito inexistente, porque, ao julgar improcedente a demanda, é claro que o juiz não estará dando tutela alguma ao autor".[295] A ideologia redutora da atividade e do poder do juiz mostra-se evidente. Ao outorgar o direito à jurisdição somente a quem tiver razão, a doutrina tradicional acabará naturalmente por entender merecedor de punição todo aquele que restar vencido no processo, porquanto deveria o sucumbente saber, antes de propor a demanda, que a lei não lhe reconheceria direito algum.

Chiovenda, cuja doutrina desfruta do prestígio maior entre os autores brasileiros e italianos, conceitua jurisdição como a atividade que "consiste na atuação da lei mediante a substituição da atividade privada pela atividade de órgãos públicos, no sentido de afirmar a existência da vontade da lei e colocá-la posteriormente em prática".[296] Em outra obra, Chiovenda expressa com palavras diferentes a mesma ideia ao afirmar que, "conceitualmente, 'sentença' é o pronunciamento sobre a demanda de mérito e, mais precisamente, o provimento do juiz que afirma existente ou inexistente a vontade concreta da lei alegada na lide".[297]

A respeito desta visão doutrinária, considera-a Ovídio A. Baptista da Silva insustentável, demonstrando à saciedade em várias publicações, das quais destacamos como antecipação da análise que faremos mais adiante a que se refere à circunstância inadmissível para Chiovenda, de conter a lei "duas vontades", valendo a transcrição:

"A conclusão que se deve extrair decorre necessariamente dessa premissa: como seria impensável supor que a lei tivesse 'duas vontades', toda a norma jurídica deverá ter, conseqüentemente, sentido 'unívoco'. Ao intérprete não seria dado hermeneuticamente 'compreendê-la' mas, ao contrário, com a neutralidade de um matemático, resolver o problema 'algébrico' da descoberta de sua vontade. Torna-se fácil compreender as razões que, no século XIX, fizeram com que os autores dos Códigos procurassem impedir que eles fossem interpretados. Reproduziu-se no século XIX a tentativa de Justiniano".[298]

A identificação de um vínculo "biunívoco indestrutível" entre jurisdição contenciosa e coisa julgada é enfatizada por Enrico Allorio, tendo ele afirmado como premissa que "a idéia da jurisdição propriamente dita, ou seja, da

---

[295] DINAMARCO, Cândido. *Fundamentos do processo civil moderno*. São Paulo: RT, 1986, p. 203.

[296] Texto original: "Consiste en la actuación de la ley mediante la sustitución de la actividad de órganos públicos a la actividad ajena, ya sea afirmando la existencia de una voluntad de ley, y poniéndola posteriormente en práctica". CHIOVENDA, Giuseppe. *Principios de derecho procesal civil*. Trad. José Casais Santaló. Madrid: Réus, 1977, t. I, p. 377.

[297] CHIOVENDA, Giuseppe. *Instituições de direito procesual civil*. Trad. J. Guimarães Menegale e notas de Enrico Túlio Liebman. São Paulo: Saraiva, 1945, v. 3, p. 46-7.

[298] BAPTISTA DA SILVA, Ovídio A. Antecipação de Tutela e Responsabilidade Objetiva. *Da sentença liminar à nulidade da sentença*. Rio de Janeiro: Forense, 2001, p. 266.

jurisdição de declaração de certeza, inseparável da presença do efeito declaratório, que identifico com a coisa julgada, ausente, ao contrário, na administração".[299] A doutrina que restringe a jurisdição à produção de coisa julgada já havia sido defendida por Calamandrei em 1917, e mais tarde também por Liebman e Couture.[300] Esta teoria, de resto e como já visto acolhida igualmente por Dinamarco, exclui da jurisdição o processo executivo, o processo cautelar e a jurisdição voluntária, e bem assim as sentenças que extinguirem qualquer demanda, inclusive a declaratória, por ausência de algum pressuposto processual.

Esta doutrina que estamos chamando de tradicional fundou seus princípios no racionalismo, como atesta Ovídio A. Baptista da Silva ao afirmar que a moderna metodologia jurídica, e particularmente a doutrina processual, encontra-se comprometida com a ideia de um sistema de ciência generalizante e formadora de regras pretensamente universais e, por conseguinte, com um sistema jurídico oriundo de um legislador iluminado, cuja sabedoria e previdência, além de dispensar a atividade criadora do direito por parte do magistrado que o aplica, ainda seria dotado da suprema virtude capaz de dar ao preceito legal "univocidade" de sentido, de modo que a sentença seria sempre certa ou, ao contrário, errada, como qualquer problema matemático.[301]

A fuga do Direito rumo ao formalismo e seu desligamento da realidade social, como anotou Franz Wieaker, representou uma "trágica opção-chave".[302] Não é difícil a conclusão dos obstáculos criados por este paradigma para a construção de uma autêntica tutela preventiva. Em verdade, pode-se dizer que nosso sistema desestimula o uso dos procedimentos mercê dos quais poder-se-ia obter tutelas de urgência, e bem assim a antecipação dos efeitos da tutela, atribuindo a responsabilidade objetiva àquele cuja sentença de mérito não lhe outorgue razão. Como ensina Ovídio A. Baptista da Silva, a primeira razão é facilmente compreensível, pois se a função do magistrado é descobrir "a vontade da lei" para aplicá-la ao caso concreto, não seria a ele possível fazê-la incidir sobre fatos ainda não ocorridos. E como se sabe, toda tutela preventiva apoia-se em um juízo de probabilidade no qual a certeza matemática deve ceder lugar a juízos de verossimilhança. Mas o sistema, que ainda se mantém fiel ao paradigma racionalista, não pode prescindir de um "processo principal", em que a "cognição exauriente" dará ao juiz as condições para descobrir a "vontade" da lei. Como se vê, a doutrina presta tributo ao racionalismo, sempre que se defronta com alguma categoria jurídica, particularmente as processuais, que

---

[299] Texto original: "La idea de la jurisdicción, en sentido propio, o sea, de la jurisdicción de declaración de certeza, inseparable de la presencia del 'efecto declarativo', que identifico con 'la cosa juzgada', ausente, por el contrario, en la administración". ALLORIO, Enrico. *Problemas del derecho procesal*. Trad. Santiago Santís Mellendo. Buenos Aires: EJEA, 1963, t. II, p. 15.
[300] COUTURE, Eduardo. *Fundamentos del derecho procesal civil*. 3. ed. Buenos Aires: Depalma, 1978, p. 42-3.
[301] BAPTISTA DA SILVA, Ovídio A. Antecipação de Tutela e Responsabilidade Objetiva. *Da sentença liminar à nulidade da sentença*. Rio de Janeiro: Forense, 2001, p. 202-3.
[302] WIEACKER, Franz, op. cit., p. 458.

não tenham o selo da definitividade; ou, quem sabe, como diriam Satta e Proto Pisani, o "selo da eternidade".[303]

Esperamos haver demonstrado que a superação dos axiomas racionalistas sobre os quais erigiu-se o paradigma da modernidade não foi capaz de evitar a subserviência e comprometimento ainda atuais do nosso sistema jurídico, principalmente o processual. Mas como adverte Boaventura de Sousa Santos: "Há um desassossego no ar. Temos a sensação de estar na orla do tempo, entre um presente quase a terminar e um futuro que ainda não nasceu". Ele sugere que o direito moderno seja "des-pensado", na medida em que a transição paradigmática já se manifesta no plano epistemológico.[304]

5.3. O legado da modernidade: liberalismo e racionalismo aplicados ao processo civil

O processo civil tem sido considerado como um ramo extremamente técnico do direito; o ramo técnico por excelência, como anotou Cappelletti. E é como mera técnica estudado e ensinado, e só raramente se têm analisado os seus fundamentos ideológicos, suas premissas filosóficas, seus reflexos políticos e sociais. "Mas uma análise semelhante se faz indispensável, uma vez que o processualista tomou consciência de que nenhuma técnica jurídica é um fim em si mesma, nem mesmo neutra do ponto de vista ideológico".[305]

Em nossa doutrina, o autor que mais tem se ocupado na investigação da influência da história e das ideologias na formação dos institutos do direito processual moderno é, sem dúvida, Ovídio A. Baptista da Silva. Há mais de trinta anos, vem ele chamando atenção para a influência das concepções liberais dos séculos XVIII e XIX no confinamento do juiz na função de um mero aplicador da lei, a partir da generalização da ideia da *actio* como a única forma de tutela jurisdicional concebida pelos juristas romanos.[306] Suas ideias são aprofundadas na preciosa obra Jurisdição e execução na tradição romano-canônica, já anteriormente referida, na qual aborda, a partir das fontes romanas, as grandes transformações (e deformações) pelas quais passaram os institutos fundamentais do processo civil até os dias atuais, examinando as respectivas influências históricas, filosóficas, sociológicas, econômicas e, enfim,

---

[303] BAPTISTA DA SILVA, Ovídio A. Racionalismo e Tutela Preventiva em Processo Civil. *Sentença e coisa julgada* – Ensaios e Pareceres. Rio de Janeiro: Forense, 2003, p. 271-4.
[304] SOUSA SANTOS, Boaventura de. Op. cit., p. 41 e 120.
[305] Texto original: "Pero un análisis semejante se torna indispensable una vez que el procesalista ha tomado conciencia del hecho de que ninguna técnica jurídica es un fin en sí mismo y que ninguna es neutral desde el punto de vista ideológico" CAPPELLETTI, Mauro. *Proceso, ideologías, sociedad*, p. 83.
[306] BAPTISTA DA SILVA, Ovídio A. *A ação cautelar inominada no direito brasileiro*. Rio de Janeiro: Forense, 1979, p. 104. Idem, *Sentença e coisa julgada*. Porto Alegre: Sergio Antonio Fabris Editor, 1979. Idem, *Ação de imissão de posse no direito brasileiro atual*. São Paulo: Saraiva, 1981, p. 6, 10 e ss. BAPTISTA DA SILVA, Ovídio A., em coautoria com L. MELÍBIO UIRAÇABA MACHADO, RUY ARMANDO GESSINGER e FÁBIO LUIZ GOMES. *Teoria geral do processo civil*, Porto Alegre: LEJUR, 1983, p. 39.

ideológicas,[307] em um amplo estudo da própria estrutura dos sistemas processuais do ocidente.

E foram inúmeros estes componentes históricos, ideológicos e políticos que determinaram a manutenção do arcabouço procedimental que herdamos do direito privado romano, plasmado em nossa concepção de Jurisdição, e que aniquilaram toda e qualquer parcela de poder dos magistrados, limitando-os, em prol da almejada segurança jurídica, a simplesmente declarar mecanicamente o sentido unívoco da lei.

Partindo da era moderna, observa-se que o início da mesma foi marcado por fortes reações à instabilidade política e econômica do período medieval, mormente em oposição às relações feudais, cujas injustiças sociais e econômicas ainda permaneciam vivas nos países de tradição civil. Havia indeclináveis reclamos por ordem, culminando com a fusão do universo legal unicamente nas mãos do Estado.[308]

Destaca-se, nesse contexto, Thomas Hobbes que, segundo afirma Macpherson,[309] foi um dos primeiros pensadores que rompeu com o conjunto de teorias anteriores a respeito do direito natural, que professavam a busca da ordem em algo além do direito positivo, desconectada dos fatos mundanos das relações reais dos indivíduos entre si, fundando na ideia de pacto o Estado absolutista.

Welzel[310] demonstra que, para Hobbes, era necessário o estabelecimento de uma ordem real, capaz de superar a luta de todos contra todos do estado de natureza, partindo desta necessidade de segurança jurídica a sua concepção de direito natural.

Informa Bobbio[311] que todas as 20 regras enumeradas por Hobbes, sob a forma de leis naturais, cuja finalidade seria tornar possível uma coexistência pacífica, estão subordinadas a uma primeira regra que o filósofo inglês considerava fundamental: aquela que prescreve buscar a paz.

Na concepção de Hobbes, considerando-se que no estado de natureza a vida está sempre em perigo, a regra fundamental da razão, bem como todas as regras desta derivadas, conduzindo o homem para uma coexistência pacífica,

---

[307] A respeito do conceito de ideologia, vale a leitura de recente ensaio de Ovídio, intitulado "Processo e ideologia", no qual o autor faz uma aprofundada análise a respeito do tema, salientando a compreensão do seu conceito como forma de pensamento que se sustenta em critérios e valores tornados anacrônicos e, portanto, impróprios para as novas realidades (BAPTISTA DA SILVA, Ovídio A. Processo e ideologia. *Revista de Processo*, n. 110, São Paulo: RT, 2003, p. 19-36).

[308] A respeito deste tema, são ilustrativas as palavras de Merrymann: "Las tradiciones legales separadas se fundieron em um solo cuerpo de derecho nacional. El universo legal, antes muy complicado, se simplificó de pronto: en adelante, estaria habitado teóricamente sólo por el individuo y el estado monolítico. (...) El estado tendia a convertirse en la fuente única del derecho, la que reclamaba una soberania en lo interno y en lo internacional" (MERRYMANN, John H., op. cit., p. 45 e 49).

[309] MACPHERSON, C. B. *A teoria política do individualismo possessivo de Hobbes até Locke.* Rio de Janeiro: Paz e Terra, 1979, p. 97.

[310] WELZEL, Hans. *Introducción a la filosofia del derecho.* Trad. Felipe Gonzáles Vicén. 2. ed. Madrid: Aguilar, 1971, p. 117.

[311] BOBBIO, Norberto. *Thomas Hobbes.* 4. ed. Rio de Janeiro: Campus, 1991, p. 39.

são ordenadas tendo em vista o fim verdadeiramente primário de conservar a vida.

Era preciso, então, existir um poder em favor do qual cada um dos indivíduos tivesse concordado em ceder todos os seus direitos e poderes e que não pudesse este poder ser limitado por qualquer poder humano conjunto ou superior.[312] Assim, somente o poder soberano do Estado teria condições de garantir esta almejada segurança.

Esta concordância dos indivíduos em busca constante de segurança passa a justificar o Estado como medida de todas as coisas, produtor de toda ordem e de toda a justiça. Segundo a filosofia hobbesiana, uma vez constituído o Estado, não existem para os súditos outros critérios para aferição da justiça ou da injustiça além daquilo que prescreve o poder estatal. O direito, assim, é visto como expressão da vontade do soberano.

Na concepção de Hobbes, o poder soberano jamais comete injustiça, até porque "nenhuma lei pode ser absolutamente injusta, na medida em que cada homem cria, com seu consentimento, a lei que ele é obrigado a observar; e esta, por conseguinte, tem de ser justa, a não ser que o homem possa ser injusto consigo mesmo".[313]

Ora, se o Estado é a única fonte do direito, carregando a lei consigo toda a justiça, nada mais natural do que limitar a função do juiz à mera aplicação da lei do Estado.

Aliás, como bem refere Friedrich,[314] Hobbes não deixou margem a dúvidas a respeito da necessidade de subordinação da magistratura às leis e, portanto, ao poder soberano, afirmando que, em todos os tribunais de justiça, quem julga é o soberano (que é a pessoa do Estado), sendo que o "juiz subordinado" deve ter em conta a razão que levou o soberano a fazer determinada lei, para que sua sentença seja conforme esta. Nesse caso, a sentença é uma sentença do soberano e, portanto, justa. Caso contrário, ou seja, não estando a sentença exatamente conforme a lei e à vontade do soberano, seria uma sentença do juiz e, por isso mesmo, injusta.

Vale lembrar que Hobbes sofreu uma extraordinária influência das guerras e da desordem que o estado belicoso tornara permanente na realidade quotidiana do ambiente social em que ele viveu, constituindo tais elementos dados sem os quais se torna difícil a compreensão do pensamento deste filósofo. Exatamente nesse sentido, Bobbio sublinha que para Hobbes a paz se tornara um problema fundamental, tendo em vista que ele viveu numa época de feroz e prolongada guerra civil, de uma forma de guerra que, mais do que qualquer outra, dava a ideia da "guerra de todos contra todos".[315]

Na filosofia política do século XVII, a segurança realmente foi o valor preferido e eleito, o que, como bem lembrou Ovídio A. Baptista da Silva, levou

---
[312] MACPHERSON, C. B. Op. cit., p. 101.
[313] Expressões de Hobbes, referidas por Bobbio (BOBBIO, Norberto. *Thomas Hobbes*, p. 49).
[314] FRIEDRICH, Carl Joachim. *La filosofia del derecho*. México: Fondo de Cultura Econômica, 1997, p. 136.
[315] BOBBIO, Norberto. *Thomas Hobbes*, p. 108.

Grocio a dizer, em seu célebre *Direito da Guerra e da Paz*, "ser preferível uma dominação ilegítima a uma guerra civil". Ainda com Ovídio A. Baptista da Silva, é válida a lembrança de que o valor segurança já estava presente como preocupação principal dos legisladores dos séculos IV e V da era cristã, a partir de Theodósio II, cuja legislação foi assimilada posteriormente pelo direito canônico.[316]

A primazia da segurança jurídica, com a concepção da lei decorrente tão só da vontade do soberano e como único critério de aferição da justiça, foram indicadas por Ovídio A. Baptista da Silva[317] como as primeiras condições para que a função judicial se conservasse limitada à pura declaração e aplicação das leis.

Este conceito conservador de segurança permanece mais vivo do que nunca em nossa doutrina, ao que se vê da conclusão de um trabalho de Juarez Freitas, para quem "é irrenunciável a luta pela formação de um Direito dotado de concatenação interna", de modo a que se possa "oferecer uma ordem", com o objetivo de "se manter respeitável e garantidora da segurança das relações jurídicas".[318]

A necessidade de previsibilidade e ordem, referida por Juarez Freitas como indispensável para a manutenção do sistema normativo do Estado Democrático, nada mais é do que decorrência do positivismo, como consciência filosófica do conhecimento-regulação. Com efeito, Boaventura de Sousa Santos demonstra, com propriedade, que o conhecimento sistemático e a regulação sistemática são as duas faces da ordem, salientando que aquele é o conhecimento das regularidades observadas e esta o controle efetivo sobre a produção e reprodução destas regularidades. Nessa linha, enfatiza o sociólogo português que tais procedimentos formam, em conjunto, a ordem positivista eficaz, "uma ordem baseada na certeza, na previsibilidade e no controle". E conclui que "graças à ordem positivista, a natureza pode tornar-se previsível e certa, de forma a poder ser controlada, enquanto a sociedade será controlada para que possa tornar-se previsível e certa".[319]

Juarez Freitas com toda certeza desconhece haver a melhor doutrina identificado esta posição como representativa do retrocesso imposto pelo Direito Justinianeu, que estabeleceu o princípio segundo o qual o direito é criação unicamente do Estado, constrangendo o jurista a "renunciar a toda atividade criativa",[320] na medida em que fixava, também como princípio, que "o direito constitui-se em uma unidade completa, em todas as suas partes, que pode e deve ser consolidado em um código, no qual aqueles que quiserem ler e pes-

---

[316] BOBBIO, Norberto. *Thomas Hobbes*, p. 110.
[317] Idem, p. 113.
[318] FREITAS, Juarez. *A interpretação sistemática do direito*. São Paulo: Malheiros, 1995, p. 188.
[319] SOUSA SANTOS, Boaventura de. *A crítica da razão indolente*. Contra o desperdício da experiência, p. 141.
[320] Texto original: "rinunciare ad ogni attività creatice" (DE FRANCISCI, Pietro. *Storia del diritto romano*. 1943, v. 3, p. 178-9).

quisar possam encontrar a solução para todas as hipóteses".[321] Ele deve ter copiado a doutrina de Anselm Feuerbach.

A fundamentação do absolutismo do Estado resta, assim, definitivamente lançada. A partir de agora, porém, o Estado passa a ser concebido como neutralidade filosófica e religiosa, por essa razão capaz de superar as lutas intermináveis, originadas das divergências ideológicas.[322] Assim é que, como bem salienta Ovídio A. Baptista da Silva,[323] na verdade, a neutralidade do juiz é mais uma consequência, ou um reflexo, da neutralidade do Estado.

Nesse Estado tecnicamente neutro, seus valores, suas verdades e sua justiça são impregnados por sua perfeição técnica, e todas as outras ideias a respeito são absorvidas pela decisão do comando legal. A tendência para a neutralidade, característica das instituições modernas, porque apenas instrumental, torna-se obrigatoriamente ilusória.[324]

O curso da exposição enseja-nos concluir que é estreitíssima a afinidade entre o conceito de jurisdição que nos foi transmitido e as doutrinas que então sustentavam a formação do Estado Absoluto. Como bem salienta o Prof. Ovídio A. Baptista da Silva, somente uma organização estatal ideologicamente neutra quanto a valores poderia abrigar, como de fato tem abrigado, tanto a liberal democracia ocidental quanto os regimes totalitários, servindo a todos com o mesmo desempenho instrumental, próprio de uma máquina, indiferente a valores.

Entenda-se a lição em toda a sua profundidade: a neutralidade quanto a valores não prescinde da ideia dos valores estabelecidos quando da concepção dessa neutralidade, e conforme as ideias de quem os concebeu. Em outras palavras, essa "neutralidade" estará sempre a serviço do grupo dominante e do *status quo*, não havendo como não o identificar com um conceito conservador.

A doutrina de Hobbes concernente ao estado absoluto, no qual as leis decorrentes da vontade do soberano são os únicos critérios de aferição do justo ou injusto, foi fator determinante da limitação da função judicial à mera declaração da vontade da lei, sem qualquer outro poder, sequer interpretativo.

Curiosa é a forma totalmente diversa da manifestação da relação entre a segurança e a justiça nos países de tradição civil e naqueles do sistema da *common law*. Na *civil law*, advieram as grandes codificações e o consequente aprisionamento do juiz aos restritos traçados legais; já no sistema da *common law*, buscou-se a mesma segurança jurídica no sistema dos precedentes, evitando-se a codificação.

A propósito, são ilustrativas as palavras de Radbruch,[325] ao destacar que o direito inglês tem em vista a proteção do direito que o juiz descobre na apli-

---

[321] Texto original: "Il diritto costituisce una unità completa in tute le sue parti, che può e deve essee fermata nei codice, in cui loro che sano cercare e leggere potrano trovare la soluzione del qualsiasi ipotesi". DE FRANCISCI, Pietro. Op. cit., p. 178-9.
[322] SCHMITT, Carl. *O conceito do político*. Petrópolis: Vozes, 1992, p. 92.
[323] BAPTISTA DA SILVA, Ovídio A. Op. cit., p. 111.
[324] Idem, p. 112.
[325] RADBRUCH, Gustav. *Lo spirito del diritto inglese*. 3. ed. Milano: Giuffrè, 1962, p. 47.

cação ao caso concreto e não um direito sedimentado em um determinado preceito normativo. Afirma ainda que, enquanto sistema inglês procura preservar a segurança do direito, os sistemas legalistas da Europa continental, identificando o direito com a lei, satisfazem-se com a segurança da lei do Estado, sem qualquer preocupação por sua eventual injustiça material.

Salientando as diferentes formas através das quais se manifestaram as transformações ocorridas na Europa continental e no direito inglês em decorrência das Revoluções Europeias, Merymann[326] explica de forma esclarecedora este fenômeno, demonstrando que o positivismo estatal se destacava, no período revolucionário, de forma muito mais aguda no continente do que na Inglaterra.

Merymann reputa tal fato à natureza bem mais moderada e gradual da Revolução Inglesa, que conservou formas culturais próprias da Idade Média, que iam aos poucos se transformando. Já no continente, a revolução parecia requerer a eliminação total da antiga ordem legal, orientada por uma visão de mundo devidamente organizada em Estados Nacionais, positivistas.[327]

Podem ser percebidos, desde já, os reflexos desta tão almejada segurança jurídica no nexo que é possível observar entre o mito da neutralidade do juiz, como corolário direto da exigência de respeito e aplicação mecânica da lei do Estado, e a ideologia do processo de conhecimento que ainda preside o nosso direito processual civil.

Afirma Ovídio A. Baptista da Silva[328] que o princípio que prescreve a neutralidade do juiz, no curso da demanda, é o mesmo que impede a existência simultânea de conhecimento e execução, pois o eventual conteúdo executório, numa ação que, pela doutrina, haveria de ser exclusivamente de conhecimento, permitiria a concessão de tutela preventiva antecipada, sob forma de liminar. E isso seria atribuir ao juiz uma faculdade incompatível com a exigência de sua neutralidade. Seria conceder-lhe poder para ordenar, antes de estar em condições de aplicar a lei. Em última análise, seria outorgar-lhe uma dose de discricionariedade inconciliável com a função que o Estado lhe reserva.

O professor exemplifica a referida relação segundo as concepções da modernidade, com a circunstância de que a concessão de uma medida executiva liminar em uma demanda onde só deveria haver conhecimento, posteriormente revogada na sentença final que permitiria a proteção, ainda que provisória, de alguém a quem o ordenamento jurídico estatal não atribuíra o direito. Sendo assim, tal procedimento corresponderia ao exercício de um poder arbitrário do juiz, quebrando sua neutralidade, tendo em vista que fizera derivar consequências de algo não permitido pela lei. Aí já se observam as verdadeiras razões pelas quais o sistema não convive bem com as medidas antecipatórias, inserindo toda a sorte de entraves à sua plena efetivação.

---

[326] MERRYMANN, John H. *La tradicion jurídica romano-canonica*, p. 50-2.
[327] Idem, p. 51.
[328] BAPTISTA DA SILVA, Ovídio A. Op. cit., p. 106.

Não obstante essa realidade descrita por Ovídio A. Baptista da Silva, conforme por ele também anotado, Hans Reichel, há quase cem anos, já havia lançado severa crítica ao "absolutismo legal" que sucedera ao absolutismo político, revelador da desconfiança com que o poder tratava a magistratura, observando que tanto na Inglaterra, quanto na França, era concedido ao júri o poder discricionário recusado aos magistrados.[329]

O que se observa é que a limitação do poder do juiz e a redução de sua função de mero aplicador da lei foram preservadas desde o limiar do Estado Moderno, tendo sido inclusive acentuadas com o advento do ideário liberal, responsável pela segunda forma de que se revestiu o Estado na modernidade. O Estado absolutista passou a ser substituído pelo Estado Liberal.

Agora, com as ideias democrático-liberais, a segurança jurídica, embora tenha permanecido como justificativa para a prisão do magistrado às amarras da lei, passa a ter uma outra conotação. Originou-se da extrema desconfiança sustentada pela Revolução Francesa em relação à magistratura, tendo em conta os compromissos desta com o Antigo Regime.

É Merrymann[330] quem relata que os juízes, durante o período absolutista, formavam uma casta de aristocratas que apoiava os proprietários de terra, em oposição aos camponeses, às classes médias e os trabalhadores urbanos. Por outro lado, acabavam por representar um empecilho para que a Coroa implementasse reformas legislativas de certo modo progressistas, pois se negavam a aplicar as novas leis, interpretando-as de forma contrária aos motivos de sua elaboração, não havendo uma clara distinção entre elaboração e aplicação da mesma.[331] Esta seria, então, a razão pela qual os juízes foram um dos principais alvos da revolução.

Nesse contexto, é possível notar que, a partir de então, a segurança jurídica representava o fim das arbitrariedades cometidas pelos tribunais, de modo que o juiz ficasse limitado à mera declaração das palavras da lei, retirando de suas mãos qualquer atividade potencialmente criativa do direito. Desse modo, os magistrados não mais ficavam sujeitos à vontade do soberano inserta nas leis do Estado Absoluto, mas sim à "vontade geral" refletida nas leis do parlamento.

Era um caldo de cultura perfeito para que se tornasse profícua a doutrina de Montesquieu e outros filósofos, que sustentavam a importância fundamental do estabelecimento e da preservação de uma separação entre os poderes governamentais e, em particular, a importância de uma distinção e uma separação clara entre o Legislativo e o Executivo de um lado, e o judicial de outro. Tratava-se de evitar, assim, a invasão do poder judicial em áreas reservadas aos outros poderes, quais sejam, a elaboração e a execução das leis.[332]

---

[329] BAPTISTA DA SILVA, Ovídio A. *Processo e ideologia*, p. 241.
[330] MERRYMANN, John H. *La tradición jurídica romano-canónica*, p. 40.
[331] Idem, p. 41-42.
[332] Idem, p. 41.

Esta necessidade de completa separação entre fazer a lei e aplicá-la também era reflexo da desenfreada busca de certeza do direito como ideal do racionalismo, que eclodiu nas grandes codificações, concebidas com pretensões de exclusividade e plenitude.[333] Nessa linha, o juiz somente poderia ser a boca que pronunciava as palavras da lei.[334]

E esta concepção da função judicial, segundo demonstra Merrymann,[335] pode ser observada como regra em todos os países de tradição civil, nos quais o magistrado deve raciocinar cientificamente, de modo que a norma aplicável é identificada e aplicada sem nenhuma criatividade.

Destacou-se, assim, a formação de uma estrutura burocrática de organização judiciária, com a função do juiz concebida tal qual um funcionário público comum, completamente atrelado aos (des)mandos das autoridades judiciárias superiores e, principalmente, dos órgãos governamentais.

A propósito, refere Denti[336] que este era um dos aspectos fundamentais do iluminismo, quando o funcionário da coroa passou a ser o funcionário do Estado. Sobre o tema, Merrymann[337] ressalta que o papel dos juízes nos países de tradição civil é idêntico ao de um funcionário, um empregado público, sendo a função judicial uma carreira eminentemente burocrática, mecânica e sem criatividade.

A noção de Jurisdição como uma atividade essencialmente declarativa e produtora de efeitos tão somente no plano normativo determinou os rumos do direito processual civil.

Esta ideia de Jurisdição tão somente declarativa fica transparente nas lições de Carnelutti,[338] ao examinar as funções e estruturas do processo, fazendo a nítida distinção entre a estrutura jurisdicional do processo de conhecimento e a estrutura meramente processual que estaria no processo de execução.[339]

Certamente por estas mesmas razões, Calamandrei,[340] considerado um dos mais notáveis processualistas do século XX, via na jurisdição uma atividade secundária cuja função era apenas declarar a certeza e fazer observar a vontade da lei. Este ilustre processualista reconhecia na função executiva uma atividade puramente administrativa que ficava, portanto, fora dos limites da competência do juiz, em decorrência da rígida separação de poderes.

É possível identificar perfeitamente a posição do juiz em países como o nosso, com a tradição que se remonta ao *iudex romano*, na medida em que lhe sendo ceifada qualquer possibilidade de atividade criadora do direito e vedada

---

[333] MERRYMANN, John H. Lo 'stile italiano': la dottrina. *Rivista Trimestale di Diritto e Procedura Civile*. Milano, 1966, p. 1.193.

[334] MONTESQUIEU, Charles de Secondat. *O espírito das leis*. São Paulo: Martins Fontes, 2000, p. 175.

[335] MERRYMANN, John H. Lo 'stile italiano': la dottrina, p. 1.181.

[336] DENTI, Vittorio. *Un progetto per la giustizia civile*. Bologna: Il Mulino, 1982, p. 101-2.

[337] MERRYMANN, John H. *La tradición jurídica romano-canónica*, p. 79.

[338] CARNELUTTI, Francesco. *Sistema de direito processual civil*. São Paulo: Classic Book, 2000, v. 1, p. 221 e ss.

[339] Idem, v. 2, p. 25.

[340] CALAMANDREI, Piero. Limiti fra giurisdizione e amministrazione nella sentenza civile. *Opere giuridiche*. Napoli: Morano, 1965, v. 1, p. 88.

a interferência concreta na realidade fenomênica, nada mais lhe resta do que permanecer exatamente como fazia o *iudex* no procedimento privado da *actio*. Esta tradição restou impulsionada pelas filosofias liberais e pela radicalização da doutrina de uma estrita separação de poderes.

O ideário liberal passa a dar muita ênfase à liberdade individual, culminando com a organização do Estado de maneira a ser o mais fraco possível, caracterizando-se como "Estado Mínimo".

As funções estatais, nesse contexto, deviam ficar limitadas à garantia das condições mínimas para o seu funcionamento espontâneo, não sendo permitida a interferência na ordem social natural, com vistas à sua modificação. A este respeito, são ilustrativas as palavras de Pelayo,[341] ao expor que o Estado e a sociedade eram considerados dois sistemas distintos, com limites bem definidos, cada um com sua regulação autônoma e com mínimas relações entre si.

Com razão Merrymann[342] ao identificar esta como uma das causas pelas quais repugna à tradição civil a ideia de outorgar aos magistrados a faculdade geral de obrigar os indivíduos em suas ações civis, limitando suas funções a uma atividade meramente declarativa que não produz alteração no mundo dos fatos.

É exatamente nesse sentido a preciosa lição de Ovídio A. Baptista da Silva,[343] para quem nossas instituições processuais foram informadas exatamente por estes pressupostos ideológicos que se assentam no princípio da intangibilidade da pessoa humana, cuja autonomia e liberdade devem ser preservadas com tal profundidade e extensão que nenhuma lei poderá penetrar na esfera inviolável da autonomia da vontade individual.

Assim sendo, restaria plenamente justificado o paradigma processual refletido no processo de conhecimento, que asseguraria limitação da atividade do juiz, desprovida de qualquer *imperium*, e a sentença condenatória com a faculdade de apenas exortar o condenado que, de acordo com sua livre e consciente deliberação, cumprirá ou não o seu preceito. E a desobediência a este preceito, nas palavras de Ovídio A. Baptista da Silva, se não chega a ser uma proeza admirável, certamente não constitui rebeldia de que possa resultar ao condenado contumaz alguma punição, nem violação de um dever, capaz de acarretar-lhe a imposição de uma penalidade.[344]

Observa-se, portanto, que inexistia espaço para a tutela autoritativa própria dos interditos deferidos pelo pretor romano, sobrando lugar apenas para a atividade declarativa e normativa do *iudex* do procedimento privado da *actio*.

---

[341] GARCIA PELAYO, Manuel. *Las transformaciones del Estado contemporáneo*. 4. ed. Madrid: Alianza Editorial, 1996, p. 22.
[342] MERRYMANN, John H. *La tradición jurídica romano-canónica*, p. 108.
[343] BAPTISTA DA SILVA, Ovídio A. *Curso de processo civil*. 5. ed. São Paulo: RT, 2002, v. 2, p. 341.
[344] Idem, p. 345.

Destarte, evidente a contribuição dos ideais modernos de obtenção de um direito exato, perfeitamente previsível, com o fito de garantir a segurança da liberdade civil e impedir o arbítrio judicial para a redução da atividade judicial à mera aplicação da lei, que tinha de ser suficientemente precisa a ponto de impedir a atividade criadora do magistrado.

Imiscuindo-se no processo de criação do direito, o juiz transformar-se-ia em legislador. Interferindo na realidade concreta das partes, produzindo resultados efetivos no mundo dos fatos, tornando-se um executivo. De qualquer forma, ceifaria todos os fundamentos da doutrina da separação dos poderes, de forma que deveria permanecer preso aos estreitos traçados legais.

Desse modo, o processo de conhecimento, ordinário e plenário, adequava-se perfeitamente aos ideais liberais. De outro lado, toda e qualquer forma distinta de tutela processual que interferisse na ordem social, alterando a conjuntura vigente com base em um "corte" no conflito trazido para o processo, com restrição da matéria de defesa, acarretava, na ótica capitalista, instabilidade, insegurança e incerteza, não atendendo, pois, os interesses do mercado e da sociedade liberal.

Por tais razões, e com vistas à garantia da segurança jurídica necessária para o desenvolvimento da economia capitalista, o que somente seria possível, na ótica moderna, com uma jurisdição estável e previsível, abandonou-se definitivamente o pensamento clássico, de origem aristotélica, para o qual a compreensão do direito estava atrelada a juízos de verossimilhança[345] e nunca juízos de certeza, pois os princípios e métodos das ciências explicativas eram inaplicáveis à moral e ao direito, enquanto ciências da compreensão.

Acresça-se a todos estes elementos determinantes da preservação das antigas estruturas procedimentais do direito privado romano, a avassaladora conquista do espírito científico moderno de todos os territórios culturais do Ocidente, que acabou determinando a sujeição do pensamento jurídico aos métodos e princípios das ciências da natureza, como ideia nascida do racionalismo.

A máxima de que a finalidade do processo de conhecimento é a busca da verdade soa-nos perfeitamente natural e certamente representa, conforme menciona Ovídio A. Baptista da Silva,[346] o entendimento geral da ciência processual moderna. Esta assertiva revela, entretanto, a partir dos filósofos racionalistas do século XVII, o repúdio do Direito como ciência da cultura, de natureza hermenêutica, submetendo-o aos princípios e métodos das ciências explicativas, quando em verdade deveria ser considerado como ciência da compreensão.

---

[345] Para a compreensão do que se pretende expressar acerca dos juízos de verossimilhança em contraposição aos juízos de certeza, apropriamo-nos da lição aristotélica de que o verdadeiro – que corresponderia aos juízos de certeza – é o universal; e a verossimilhança é o universal em relação a alguma coisa. No terreno das ciências da compreensão, no qual o direito está (ou deveria estar) inserido, entendemos que esta espécie de juízos nunca devia ter sido afastada, pois não se compadecem com as ciências da cultura unicamente juízos de certo ou errado, verdadeiro ou falso, tal qual um problema de matemática.
[346] *Curso de processo civil.* v. 2, p. 115.

Este objetivo aparece evidente no pensamento de Leibniz,[347] que pretendeu transportar para o mundo jurídico as verdades e a exatidão das ciências da natureza, o que o levava a professar a necessidade de reduzir inúmeras regras e decisões particulares a princípios mais gerais, nos moldes de uma fórmula de geometria.

Nessa mesma linha, é imperioso destacar a decisiva contribuição do racionalismo cartesiano para o desenvolvimento das ciências exatas e, em contrapartida, para a devastadora influência na formação das bases teóricas do direito, e especialmente do direito processual civil.

Consoante Descartes,[348] existem ideias claras e distintas que são apreendidas por todos da mesma maneira, independentemente dos sentidos próprios de cada um. Com base nisso, pretendeu o filósofo, a partir do método dedutivo, construir uma matemática universal. A aplicação dessa teoria, segundo a qual somente se considera verdadeiro o que for evidente, no campo das ciências humanas foi determinante para formação do dogma da certeza, ao que é tão servil o nosso sistema processual.

Bodenheimer,[349] analisando a doutrina kelseniana, afirmou que a Teoria Pura do Direito de Kelsen tinha como fundo a intenção de eliminar da jurisprudência todos os elementos não jurídicos, objetivando a eliminação da ciência jurídica de postulados próprios da ética, sociologia, etc.

Esta tentativa de fazer o direito uma ciência pura, completamente afastada de tudo que não fosse jurídico e, portanto, também da história, culminou com a criação do abstrato e conceitual "mundo jurídico" e com a abissal distância entre as criações normativas do direito e a realidade viva dos fatos.

Merrymann[350] chamou de "a-histórica" esta forma de pensar derivada do racionalismo e observada na doutrina italiana, destacando os compromissos desta com a abstração e com a generalidade dos conceitos.

Em outro lugar, Merrymann já havia lançado sua crítica aos que resistem à evolução da ciência jurídica, sob o fundamento de que a mesma deve manter a sua pureza, razão pela qual rechaçam tudo o que se considere "não legal", o que, segundo Merrymann, enseja a separação do direito da vida da sociedade, cujos problemas deveriam constituir sua preocupação básica. "Este agnosticismo social, econômico e político separou o direito do resto da cultura e fez com que os advogados se tornassem cada vez menos relevantes para as necessidades sociais".[351]

E foi justamente no contexto acima exposto que as concepções de processo e jurisdição que temos hoje adquiriram seus contornos bem definidos, com a construção dos conceitos de ação, pretensão, jurisdição e lide, dentre outros.

---

[347] LEIBNIZ, Gottfried Wilhelm. *Novos ensaios sobre o entendimento humano*. São Paulo: Nova Cultural, 1999, p. 423.
[348] DESCARTES, René. *Discurso do método*. São Paulo: Nova cultural, 2000, p. 35-330.
[349] BODENHEIMER, Edgar. *Teoría del derecho*. México: Fondo de Cultura Económica, 2000, p. 328.
[350] MERRYMANN, John H. Lo 'stile italiano': la dottrina, p. 1.196.
[351] MERRYMANN, John H. *La tradición jurídica romano-canónica*, p. 274.

A propósito, Denti[352] destaca o formalismo incompreensível a que foi acometido o processo, lembrando que tais conceitos, mais do que colaborar para o concreto funcionamento da justiça, em última análise serviram para perpetuar o tecnicismo extremo do processo.[353]

Tinha início, assim, a gradual e laboriosa construção da ciência processual, como disciplina autônoma, restando o processo totalmente afastado do direito material, abandonando-se toda e qualquer preocupação com os procedimentos, bem assim com as especificidades do direito litigioso e, portanto, com a realidade concreta, com os fatos sociais e com a história.

Com efeito, a teoria da relação jurídica processual, contribuição de Oskar von Bülow[354] para a construção dessa ciência, fez com que a ideia de procedimento, que identificava o processo até meados do século XIX, fosse inteiramente banida do processo,[355] chegando a ser vista como uma realidade que não interferia na sua formulação teórica.[356]

A partir de então, o que se viu foi a imersão dos processualistas no ideário da autonomia do direito processual, concebido como um sistema fechado, de institutos perfeitamente construídos, radicalmente distinto e separado do direito material.

Para garantia de todas essas premissas, fortalecidas pela ideologia da "separação dos poderes", concebeu-se o processo de conhecimento, naturalmente ordinário, no qual a tão almejada verdade é declarada após exaustivo debate judicial, em um juízo de certeza. Este se consolidou, então, como um paradigma de prestação jurisdicional, de modo que o sistema não consegue conviver bem com outras formas de tutela que, com base na verossimilhança, realizando cortes no conflito existente de modo a sumarizar a demanda, produza alterações na realidade fática que viabilize ao jurisdicionado uma resposta mais célere e efetiva.

Vistos os principais fatores que determinaram a submissão do juiz aos precisos ditames da lei e transformaram o direito, especialmente o direito processual civil, em uma ciência análoga à matemática, com sua incansável busca da verdade absoluta, em prol da tão almejada segurança jurídica, passaremos ao exame específico do princípio da sucumbência no processo civil, com o fito de demonstrar que as reformas por que tem passado o nosso Código de Processo Civil, em verdade, são apenas aparentes, permanecendo altaneiro o paradigma racionalista.

---

[352] DENTI, Vittorio. *Um progetto per la giustizia civile*. Bolonha: Il Mulino, 1982, p. 124.
[353] DENTI, Vittorio. *Processo civile e giustizia sociale*. Milano: Edizioni di Comunità, 1971, p. 27.
[354] BÜLOW, Oskar von. *La teoría de las excepciones procesales y los presupuestos procesales*. Trad. Miguel Angel Rosas Lichtschein. Buenos Aires: EJEA, 1964.
[355] DINAMARCO, Cândido Rangel. *Execução civil*. 6. ed. São Paulo: Malheiros, 1998, p. 116.
[356] MARINONI, Luiz Guilherme. *Novas linhas do processo civil*. 3. ed. São Paulo: Malheiros, 1999, p. 248.

6. Responsabilidade objetiva e sucumbência

6.1. Teoria geral da responsabilidade objetiva

A doutrina processual, em regra, não faz uma abordagem da teoria geral da responsabilidade objetiva. Entendemos relevante o exame das suas origens e contornos no âmbito deste trabalho. Esta investigação, a nosso sentir, não pode ser declinada, sob pena de incorrermos no equívoco de tratarmos o direito como um conglomerado caótico de princípios. Tal conceito deve então ser aqui estudado, pois como observa Hélio Tornaghi, "a responsabilidade do vencido é meramente objetiva como em tantos outros casos acolhidos em direito".[357] Em outras palavras, não é diversa sua natureza nos campos do direito civil e penal, onde encontramos seu berço.

A origem da teoria da responsabilidade civil objetiva remonta à doutrina alemã de Binding que, no fim do século XIX, já se manifestava a respeito da projeção dos influxos da responsabilidade penal sobre a responsabilidade civil, com referência ao Código Prussiano de 1794 e ao Código Austríaco de 1811, referindo que aludidos casos de reparação civil incidem sobre atos não caracterizados como delitos criminais, por ausência de culpa, qualificando o dano deles decorrente como uma realidade objetiva.

A doutrina alemã enriqueceu-se com outros adeptos, dentre os quais Larenz e Enneccerus, surgindo também, no mesmo sentido, o acolhimento da doutrina italiana. Savatier[358] já afastava, de início, a culpa como fundamento do dever de reparar, transferindo tal suporte para o risco.

Tal pensamento doutrinário, todavia, só foi instituído com as obras de Salailles e Josserand,[359] que partiram da interpretação do art. 1.382 do Código de Napoleão, para chegar à conclusão de que o ressarcimento independe de culpa.[360]

Salailles[361] sustentou que a culpa significa nexo causal entre o ato e o dano, confundindo-se, portanto, com a sua causalidade. Verifica-se na teoria deste autor que seu conceito é a própria negação da culpa, pois elimina o elemento subjetivo. Daí por que ele pode ser considerado um dos precursores da responsabilidade objetiva, cuja ideia central é a de que muitos danos devem ser reparados, sejam ou não resultado de culpa, sustentando que a questão deve ser resolvida sob a ótica do risco e proveito.

---

[357] TORNAGHI, Hélio. *Comentários ao Código de Processo Civil*. São Paulo: RT, 1976, v. 1, p. 165.
[358] "La responsabilité née du risque créé est celle qui oblige à réparer des dommanges produits, même sans faute, par une activité que s'exerçait dans votre intérêt et sous votre autorité" ("A responsabilidade nascida do risco criado é aquela que obriga a reparar os danos causados, mesmo sem culpa, por uma atividade que se exerce em seu próprio interesse e por sua autorização") (SAVATIER. *Traité de la responsabilité civil em droit français*. Paris: Libraire Générale, 1951, p. 349).
[359] Rotulados por RIPERT como os *síndicos da quebra da culpa*.
[360] PEREIRA, Caio Mário da Silva. *Responsabilidade civil*. Rio de Janeiro: Forense, 1991, p. 22.
[361] SALAILLES. *L'oueuvre Juridique de Raymond Saleilles*, Paris.

A partir de Salailles e Josserand, os tribunais franceses passaram a interpretar a regra codificada em consonância com a nova realidade que se desenhara. É nesse sentido a observação de Carbonnier,[362] na medida em que o prodigioso desenvolvimento da jurisprudência fez nascer nesse campo um gênero literário novo, expresso nos diferentes tratados especializados sobre responsabilidade civil.

Nos países da *common law*, a evolução em matéria de responsabilidade objetiva foi veloz e pródiga. É evidente que este fenômeno se deve ao incremento industrial mais acelerado experimentado por estes países, bem como da maior flexibilidade de seus sistemas jurídicos.[363] Os fatos sociais, neste tipo de sistema jurídico, em regra são mais rapidamente percebidos pelo direito, o que é justificado através da tônica da *common law* na qual, ao contrário da *civil law* (denominação de nosso sistema romano-germânico pelo direito anglo saxão), a "idéia que permeia o sistema é de que o direito existe não para ser um edifício lógico e sistemático, mas para resolver questões concretas".[364] Seguindo esta linha de atuação jurídica, os Estados Unidos, em 1916, no caso Macpherson *v.* Buick Co., e a Inglaterra, em 1932, no caso Donoghue *v.* Stenvenson,[365] trouxeram para o direito uma nova concepção de responsabilidade civil e distribuição dos ônus probatórios.

O precedente jurisprudencial que nos Estados Unidos origina a doutrina da teoria da responsabilidade sem culpa é o caso Greenman *v.* Yuba Power Products, de 1962.[366] Neste caso, a parte foi a juízo buscando a reparação dos danos sofridos em razão de uma lesão causada em seu rosto, fruto de um pedaço de madeira que se desprendeu da máquina pertencente a um conjunto de carpintaria que lhe foi oferecido pela vendedora Yuba Power Products. Em que pese não tenha havido culpa da vendedora, restando comprovado que o ato se deveu ao uso normal do equipamento, houve a responsabilização da empresa.[367]

---

[362] CARBONNIER, Jean. *Droit civil*. Paris: Presses Universitaires de France, 1979.

[363] Sobre o tema, advertiu CAMPOS, Maria Luiza de Sabóia, Publicidade: responsabilidade civil perante o consumidor. *Revista de Direito Civil, Imobiliário, Agrário e Empresarial*. São Paulo, 1991, p. 64, n. 55: "A teoria da responsabilidade objetiva dispensa a indagação do elemento culpa. O dever de indenizar tem seu embasamento no simples risco, bastando a relação da causalidade entre a ação do agente e o dano por ele praticado. Sem dúvida é de se notar que trata-se, a teoria da responsabilidade objetiva, de uma doutrina bastante ajustada à realidade da vida de uma sociedade tão modernizada como a norte-americana ou mesmo como a inglesa, no entanto não parece tão claro a aplicabilidade e eficácia de tal sistema em países subdesenvolvidos, munidos de um incipiente parque industrial, com elevado índice de analfabetismo e grande parte de seu povo encontrando-se em condições subumanas de sobrevivência, para não se falar na elevada mortalidade infantil, na subnutrição, entre outros problemas".

[364] SOARES, Guido Fernando Silva. *Common law*: Introdução ao direito nos EUA. São Paulo: RT, p. 53.

[365] V. ALMEIDA, Carlos Ferreira de. *Os direitos dos consumidores*. Lisboa: Almedina, 1982. p. 134.

[366] Idem, ibidem.

[367] Há notícia de outros dois precedentes narrados por ALTERINI, Aníbal Atílio. Responsabilidad objetiva derivada de la generación de confianza. *Revista de Direito Civil Imobiliário, Agrário e Empresarial*. São Paulo, p. 7, n. 73. O primeiro caso é o de uma loção capilar utilizada em um tratamento (Newmark *v.* Gimbel´s Inc., de 1969), o outro é o de uma mostra de sangue contaminada com um vírus (Cunningham *v.* Mc Neal Memorial Hospital, de 1970).

Este tipo de responsabilidade fundada no risco do negócio foi denominada na *common law* de *strict liability in torts*, consistindo em um tipo de sistema essencialmente causal.

Ao discorrer sobre o tema, Louis Josserand, um dos seus mais autorizados mestres, previne que a responsabilidade abrange um espectro cada vez maior e deriva de várias fontes que brotam de todas as partes e em todos os pontos do campo jurídico – "responsabilidade contratual e responsabilidade delitual; responsabilidade do ato pessoal do homem ou do ato de outrem, ou do ato de animais, ou do ato de coisas inanimadas; responsabilidade objetiva ou subjetiva; responsabilidade baseada na idéia de culpa ou no conceito de risco; responsabilidade individual ou coletiva, conjunta ou solidária".[368]

O renomado professor e Conselheiro da Corte de Cassação de França sustenta que a responsabilidade se tornou todo um mundo jurídico, tendo se desdobrado do primitivo tronco romano e evoluído aceleradamente.[369] E a causa essencial dessa evolução acelerada e constante "a mais tangível e a que mais toca o espírito, é ao mesmo tempo de ordem social e mecânica; deve ser procurada na multiplicidade dos acidentes, no caráter cada vez mais perigoso da vida contemporânea", uma vez que "os instrumentos inofensivos de antanho foram substituídos por máquinas cujo poder é terrível", o que enseja a necessidade de proteção por parte do legislador e do juiz. "O desdobramento da responsabilidade é assim em função da insegurança, e a fórmula 'viver perigosamente' atrai fatalmente uma outra que lhe constitui a réplica e a sanção: responder pelos nossos atos".[370]

Mas como toda a teoria tradicional da responsabilidade se assentava sobre a velha ideia de culpa, recaindo sobre o autor do pedido de indenização o ônus de prová-la, com o advento da modernidade restava este singularmente pesado em muitos casos, como o da vítima de um acidente resultante de uma queda de um trem em demonstrar que os empregados da empresa ferroviária haviam negligenciado no fechamento da porta logo depois da partida da última estação; ou que um pedestre, colhido por um automóvel num lugar solitário, à noite, na ausência de testemunhas, provar que o carro não estava iluminado, ou que corria a uma velocidade excessiva. "Impor à vítima ou aos seus herdeiros demonstrações dessa natureza equivale, de fato, a recusar-lhes qualquer indenização (...) não ter direito, ou, tendo-o, ficar na impossibilidade de fazê-lo triunfar, são uma coisa só".[371]

A solução para tal ordem de problemas, conclui Josserand, é uma nova concepção da responsabilidade para quem cria um risco, devendo este tomar o lugar da culpa, não havendo aí lugar para a ideia de mérito ou demérito, impondo a lei o princípio justo e salutar "a cada um segundo seus atos e segun-

---

[368] JOSSERAND, Louis. Évolutions et actualités. Trad. Raul Lima. *Revista Forense*, 1946. p. 52 e ss., v. 86.
[369] Idem, ibidem.
[370] Idem, p. 53.
[371] Idem, p. 55.

do suas iniciativas, princípio valioso para uma sociedade laboriosa, princípio protetor dos fracos".[372]

Alvino Lima,[373] em sua clássica monografia, arrola e enfatiza, dentre as causas do inovador movimento da teoria da responsabilidade objetiva, a necessidade de se manterem incólumes os interesses em jogo, cujo desequilíbrio é manifesto entre os poderosos criadores de risco e suas vítimas.

Na esteira de Silvio Tretin, o saudoso professor da USP coloca o princípio da igualdade como sustentáculo da teoria da responsabilidade, ao dizer que:

"A teoria objetiva da responsabilidade civil, partindo de uma verdade real e incontestável que a vida forneceu ao jurista – a criação da insegurança material da vítima, da desigualdade manifesta entre os criadores de riscos e aqueles que suportam os efeitos nocivos destes perigos criados – procurou na segurança jurídica, responsabilizando o homem pelo fato decorrente da sua atividade, aquela igualdade a que se refere o notável jurista italiano (...) para não se deixar a vítima inocente sem a reparação do mal sofrido pelo criador de uma atividade disseminadora de perigos (...) Uma das funções primaciais da lei é anular o desequilíbrio das partes, vindo em socorro dos mais fracos".[374]

José de Aguiar Dias[375] empresta integral apoio às posições de Alvino Lima.

Em linhas gerais, nosso direito positivo o Código Civil de 1916 estabelecia a responsabilidade civil, inclusive da Administração Pública, sob o regime da responsabilidade subjetiva, nos casos em que enumerava (arts. 15 e 159), reafirmada esta posição nas Constituições de 1934 (art. 171) e de 1937 (art. 158), embora nesse período já houvesse doutrinadores que sustentassem a existência da responsabilidade objetiva da Administração, como se pode ver na resenha que se contém em estudo de Nelson Nery Junior.[376]

Com o advento da Constituição Federal de 1946 (art. 194), foi instituída no direito constitucional brasileiro a responsabilidade objetiva da Administração Pública, com base no risco administrativo, sendo mantida nos textos das Constituições de 1967 (art. 105), de 1969 (art. 107), bem como na de 1988 (art. 37, § 6.°).

No caso da Administração Pública, o fundamento da responsabilidade objetiva fixa-se no risco administrativo, ou o risco da atividade, fundando-se também tal dever da Administração no "princípio da boa-fé objetiva, pois o administrado crê, com boa-fé objetiva, que o Estado tem de exercer os seus

---

[372] JOSSERAND, Louis. Op. cit., p. 61.
[373] LIMA, Alvino. *Culpa e risco*. São Paulo: RT, 1999, p. 116.
[374] Idem, p. 329-35.
[375] DIAS, José de Aguiar. *Da responsabilidade civil*. Rio de Janeiro: Forense, 1973, p. 56.
[376] NERY JUNIOR, Nelson. Responsabilidade civil da Administração Pública. *Revista de Direito Privado*, p. 31 e ss., v. 1.

misteres para o benefício da população, sendo certo que não foi idealizado para provocar ou causar danos".[377]

A lei civil brasileira mantém o princípio geral, em direito privado, da responsabilidade com base na culpa, embora em algumas áreas aplique-se a teoria do risco. Assim, tanto o Código Civil de 1916, como o atual, assentam a responsabilidade na doutrina subjetiva. O Código Civil de 2002 estabelece tal regra geral no art. 186, incluindo no art. 187 previsão expressa da ilicitude do ato cometido pelo titular de um direito quando exceda "manifestamente os limites impostos pelo seu fim econômico ou social, pela boa-fé ou pelos bons costumes".

O Código também inova quanto à disciplina da obrigação de indenizar, pois não obstante mantenha a subjetividade como regra geral no *caput* do art. 927, em seu parágrafo único estabelece que "haverá obrigação de reparar o dano, independentemente de culpa, nos casos especificados em lei, ou quando a atividade normalmente desenvolvida pelo autor do dano implicar, por sua natureza, riscos para o direito de outrem".

Quanto à previsão legal de hipóteses de responsabilidade objetiva, nenhuma novidade, porquanto de longa data há regras específicas em várias áreas, como na de acidentes do trabalho e bem assim no que diz respeito aos transportes em geral, e mais recentemente no Código de Defesa do Consumidor (arts. 12 e 14 da Lei 8.078/1990).

No que diz respeito à regra genérica que disciplina a responsabilidade objetiva na parte final do parágrafo único do art. 927 do Código Civil, parece não haver dúvida de que a sua aplicação diz respeito aos danos decorrentes de atividades consideradas perigosas.

Pode-se afirmar, em resumo, que o novo Código Civil manteve a responsabilidade subjetiva como regra geral, criou, ou "oficializou", a responsabilidade pelos danos decorrentes do exercício abusivo, ou pelo menos anormal do direito, e inovou ao chancelar o estabelecimento da responsabilidade objetiva pelos danos causados por atividades cuja natureza implique riscos para o direito de outrem.

Ao que se vê, portanto, embora tenha a teoria do risco, que sustenta a responsabilidade objetiva, granjeado prestígio e acumulado adeptos nos meios doutrinários, deve-se atribuir razão a Caio Mário da Silva Pereira[378] quando afirma que o certo é que não chegou a substituir a da culpa nos sistemas jurídicos de maior expressão. O que se observa é a convivência de ambas: a teoria da culpa impera como direito comum como regra geral básica da responsabilidade civil, ocupando a teoria do risco os lugares excedentes, nos casos e situações que lhe são reservados.

Feita, ainda que sucintamente, esta abordagem a respeito da responsabilidade objetiva no campo do direito material, é chegado o momento de fazermos uma análise a respeito das origens das normas que restaram inseridas em nos-

---

[377] NERY JUNIOR, Nelson. Responsabilidade civil da Administração Pública, cit., p. 34.
[378] PEREIRA, Caio Mario da Silva. Op. cit., p. 273.

so direito positivo, relativamente às responsabilidades do vencido no processo judicial.

6.2. Fontes do princípio da sucumbência

O exame do quanto sobre o tema consta da nossa doutrina nos remete às posições de Chiovenda,[379] e especialmente a sua monografia *La condena em costas* publicada em 1900, para as quais nos remete a maioria, senão a totalidade dos autores que do mesmo trataram.

Em sua primeira avaliação, afirma Chiovenda que a regra mercê da qual o vencido deve pagar necessariamente ao vencedor os gastos ou custas do processo corresponde à última fase do Direito Romano. Antes disso, segundo refere o ilustre autor, a condenação em custas somente era imposta ao vencido temerário.[380] Em dias mais remotos, ainda não havia lugar para o reembolso de gastos entre as partes contendentes, uma vez que ficavam a cargo do vencedor e do vencido, a não ser que algum deles tivesse direito de exigi-las de um terceiro, alheio ao pleito, mas responsável pelas mesmas.[381]

A representação em juízo era a princípio vedada, pois as partes compareciam pessoalmente frente ao juiz, atribuindo-se a Rômulo a instituição do patronato com a missão de assistência, e não de representação, de qualquer forma com caráter honorífico e gratuito, Depois, pouco a pouco tal prática foi sendo modificada para se admitir a representação da parte ausente e, posteriormente, com o aumento da produção legislativa e multiplicação do comércio com o florescimento das fórmulas mediante a ação do pretor, o aparecimento do *cognitor* e do *procurator*.

O antigo patrono, protetor e amigo converteu-se em representante legal, própria e verdadeiramente mandatário, cujo trabalho desempenhado deveria, por natural consequência, deixar de ser gratuito. Nos últimos tempos da República, o *procurator* já via recompensado seu trabalho pelos litigantes, seguindo-se depois a sua proibição para, sob o reinado de Cláudio, haver o reconhecimento da licitude da retribuição aos advogados, fixando-se o máximo em 10.000 sestércios.[382]

Justifica Chiovenda a total ausência de indicação relativa aos gastos judiciais nos tempos primitivos em razão do absoluto silêncio do direito, dos cos-

---

[379] CHIOVENDA, Giuseppe. *La condena en costas*. Tradução espanhola por Juan de la Puente y Quijano. Tijuana: B.C., 1985.

[380] Em suas próprias palavras: "Anteriormente, la condena en costas no se imponía sino al vencido temerario, entendida la *temeritas*, al igual que la *calumnia*, como conciencia de lo injusto" (Anteriormente, a condenação em custas não se impunha senão ao vencido temerário, entendida a *temeritas* e igualmente a *calumnia*, como a consciência do injusto" – tradução livre) (Idem, p. 35).

[381] Idem, p. 36-7.

[382] Desse modo, segundo narra Chiovenda, foi oficialmente reconhecida a advocacia como uma profissão por meio da qual poderiam ser auferidos recursos lícitos, aventando-se a possibilidade desta passar a ser regulamentada legalmente (Idem, p. 38-9).

tumes e das relações comerciais, sendo inclusive proibida a representação em juízo, que era oral, como também o era a própria sentença durante o período das *legis actiones* e nos primeiros tempos das fórmulas.[383]

No seguimento do seu profícuo escorço histórico, ao examinar o período que vai dos tempos primitivos até Ulpiano, dá-nos conta Chiovenda, fazendo remissão a Gayo, de que antes de o legislador se ocupar das custas judiciais, e antes mesmo da existência destas na realidade, o procedimento judicial romano ensejava consequências de índole patrimonial ao vencido, que tinham a conotação de penas, sendo conveniente a referência às mesmas porque a condenação nas custas judiciais, advinda posteriormente, foi de certo modo seu equivalente.[384]

A quem tiver o prazer de examinar esta clássica monografia do grande mestre peninsular poderá desde logo notar seu comprometimento com a ideia da imposição das custas ao vencido pelo simples "fato objetivo da derrota", como afirmou ele depois em outra obra,[385] pois sublinha que a perda do *sacramentum*, no período das *legis actiones*, supunha uma pena rigorosa e absoluta que haveria de sofrer sempre o vencido, sem necessidade de averiguações especiais a respeito da temeridade da ação ou ocorrência de dolo.[386]

Ao longo de toda a sua obra, sempre enfatiza Chiovenda os aspectos que podem contribuir para uma conclusão no sentido da responsabilidade objetiva do vencido, não obstante as opiniões contrárias daqueles que se encontravam mais próximos das fontes romanas, como os glosadores, por exemplo.

A absoluta honestidade intelectual de Chiovenda, entretanto, denunciou suas pré-concepções, pois ainda que comprometido, sempre referiu as divergências, identificou a origem da condenação em custas nas penas por litigância temerária e destacou, ainda, que a parte vendedora não era a destinatária da mesma; tratava-se de um "ressarcimento indireto", porquanto o produto da pena aplicada era entregue aos sacerdotes ou ao erário.

Mas sempre que havia uma referência à superação da ideia de custas, inclusive decorrente de pena, como o fez Justiniano em relação a *actio veteris calumniae*, apunha Chiovenda uma ressalva no sentido de mantê-las.[387]

Em outra passagem critica Erman ("La restitution des frais de procés en droit romain") para tentar salvar a ideia de que as leis de Ulpiano ditavam a condenação em custas somente do autor vencido, contra a daquele doutrinador que as interpretava no sentido de que tais leis se aplicavam também ao réu, tendo antes observado que o direito se mostra geralmente mais severo em relação a quem assalta e invade a esfera do alheio do que contra o demandado que está na defensiva.[388]

---

[383] CHIOVENDA, Giuseppe. *La condena en costas*, cit., p. 36-7.
[384] Idem, 1985, p. 51.
[385] CHIOVENDA, Giuseppe. *Instituições de direito processual civil*. Trad. J. Guimarães Menegale e notas de Enrico Tullio Liebman. São Paulo: Saraiva, 1945. p. 285, v. 3.
[386] CHIOVENDA, Giuseppe. *La condena en costas*, cit., p. 51.
[387] Idem, p. 55.
[388] Idem, p. 68-9.

O comprometimento de Chiovenda pode ser medido também pela inequívoca repulsa a quem ousou defender opinião contrária à sua, como se pode ver da grave acusação a um grande jurista tedesco, ao afirmar que "não encontramos até agora um só texto sobre a matéria cuja significação mais simples e natural não tenha sido distorcida por Waldner com o propósito de adaptá-lo a sua opinião preconcebida".[389]

É importante que se fixe a constatação de que as custas surgiram como sucedâneo das penas; de qualquer forma, e ainda segundo Chiovenda, a regra que parece dominar até fins do século II da "Era vulgar" foi a de que cada parte litigante devia suportar as custas causadas por sua instância.[390] Em verdade, e como mais claramente explicitado por Vittorio Scialoja,[391] este sistema, que tinha por base uma série de disposições que são realmente de natureza penal, teria perdurado pelo menos durante todo o período do direito clássico; mais adiante, com a decadência do Império, modificou inteiramente sua base, o que teria ocorrido a partir de uma Constituição de Zenón, do ano de 487 ("L. 5, *Cod. de fructibus et litis expensis*, 7, 51"), Constituição esta confirmada por outras Constituições de Justiniano, estabelecendo-se a partir de então a condenação do vencido ao reembolso de todas as custas ao adversário vencedor.

Um exame atento da própria obra de Chiovenda revela que a interpretação que ele e Scialoja emprestam à Constituição de Zenón pode não ser a melhor, até porque reina acirrada controvérsia sobre a mesma.

Observe-se, em primeiro lugar, que esta Constituição de Zenón, da qual se conservou apenas um resumo em grego, manteve-se desconhecida até que o jurisconsulto francês Jacobo Cujácio (1522-1590) a incluiu no Código com o auxílio das Basílicas, enfatizando Chiovenda[392] que Justiniano, ao legislar depois sobre o ponto, se refere expressamente a ela, reiterando o que preceituava a mesma em termos quase iguais. Conclui Chiovenda que o Direito Romano, por obra de Zenón, e mais claramente com Justiniano, chegou ao princípio absoluto e incondicionado da condenação do vencido nas custas judiciais, que é comum a todos os procedimentos judiciais modernos.[393]

O contexto do sistema de Direito Romano enseja realmente sérias dúvidas sobre esta "novidade" de um "princípio absoluto e incondicionado" de condenação do vencido nas custas; e mais ainda quando se tenha presente que tal inovação foi extraída de um resumo em grego de uma Constituição resgatada por Cujácio graças às Basílicas. Da própria obra de Chiovenda, conforme já frisamos, extrai-se a constatação das acirradas divergências, apontando ele que outros autores chegam a conclusões distintas. Noticia que Erman, um dos que mais aprofundou este estudo, opina que o Direito Romano não reconheceu a

---

[389] Texto original: "no hemos encontrado hasta ahora un solo texto, sobre la materia, cuya significación más sencilla y natural no haya sido torcida por WALDNER con el fin de adoptarlo a su preconcebida opinión". CHIOVENDA, Giuseppe. *La condena en costas*, cit., p. 109.
[390] Idem, p. 67-68.
[391] SCIALOJA, Vittorio. *Procedimiento civil romano*. Buenos Aires: EJEA, 1954, p. 274.
[392] CHIOVENDA, Giuseppe. *La condena en costas*, cit., p. 91.
[393] Idem, p. 92.

condenação incondicionada do vencido ao pagamento das custas, e que sempre a subordinou a *temeritas*, entendida esta no sentido de culpa.[394]

O exame dos textos doutrinários ora citados enseja-nos também a conclusão da grande dificuldade dos autores com as próprias fontes romanas. No caso específico da Constituição de Zenón, ademais de restar da mesma apenas um resumo, tratava-se de um resumo em grego, e até a sua própria tradução para o latim já deu ensejo às primeiras e graves divergências.[395]

Erman, Waldner e Hennemann divergem de Chiovenda a respeito da tradução e interpretação do § 3º da L. 5 pr. C. de fruct. Et. Lit. exp. 7, 51, apoiando-se eles neste texto para demonstrar que os romanos não admitiam a condenação absoluta,[396] ou como refere Chiovenda, segundo Waldner, com este texto, e mais precisamente relacionando entre si o 1º e o 3º caso, se exclui a condenação absoluta do demandado vencido nas custas, e se admite somente a condenação do vencido que tenha agido com dolo ou culpa.[397] Aqui mais uma vez Chiovenda lança sua indignação contra quem contraria seu posicionamento, qualificando a interpretação de Waldner de "engenhoso" trabalho, feito para transformar em regra uma exceção, com o fim de retirar "violentamente" todo o valor da norma primeiramente enunciada.[398]

Ao examinar mais especificamente as leis de Justiniano, reconhece Chiovenda que no direito comum o princípio da condenação do vencido nas custas restou limitado ao vencido temerário, como resultante da interpretação do Direito Romano, inclusive do justinianeo, tendo sustentado Donello que Justiniano não derrogou o princípio antigo, apenas o estendeu àqueles pleitos em que o litigante é condenado, não por temeridade, mas por rebeldia.[399]

Mais adiante, reconhece Chiovenda a dificuldade de compatibilizar os textos de Zenón e o das Institutas, uma vez que no § 1º, Inst. *De poena temere litigantium*, IV, 6, a condenação em custas aparece condicionada à calúnia, qualificando Dernburg de fundamental tal regra. Para Chiovenda, trata-se apenas de uma aparente contradição, porquanto aquele texto não exclui a condenação também do vencido de boa-fé.[400]

Emerge dessas passagens, sem qualquer sombra de dúvida, o exagerado esforço do mestre peninsular no sentido de uma interpretação elástica e mais ampla do princípio que defende.

Chiovenda inicia o exame do direito intermédio fazendo um registro que bem revela o acerto do nosso sentimento quanto aos seus compromissos ideológicos, pois não obstante todos os seus esforços para encontrar no Direito Romano a fonte do princípio da responsabilidade objetiva do vencido ao pagamento das custas, obriga-se a reconhecer que é "lógico supor" que as leis

---

[394] CHIOVENDA, Giuseppe. *La condena en costas*, cit., p. 92
[395] Idem, p. 93, nota 2.
[396] Idem, p. 93.
[397] Idem, p. 94.
[398] Idem, p. 94.
[399] Idem, p. 106.
[400] Idem, p. 108.

de Zenón e Justiniano sobre custas não lograram impor na prática judicial a condenação absoluta e incondicional do vencido, o que teria ocorrido pelo fato de aplicar-se, durante muito tempo, as leis mais antigas, especialmente as de Valentiniano e Valente, do ano de 369, e de León e Antemio, do ano de 472, o que se seguiu durante a dominação bárbara.[401]

Ora, em primeiro lugar, a "Constituição inovadora" de Zenón estava muito próxima, porquanto datada do ano de 487; ao depois, e como nos dá conta o clássico Emilio Costa,[402] as compilações de Justiniano posteriores a Zenón deviam, segundo o propósito do Imperador, constituir a única fonte de direito vigente, e inclusive o único texto a ser estudado nas escolas, permitindo-nos a conclusão de sua obrigatoriedade.

A doutrina dos glosadores não acolheu a tese da responsabilidade do vencido pelas custas pelo simples fato da sucumbência. Chiovenda identifica como razões para este posicionamento a imitação do direito canônico, de um lado, e por outro a "falta correlativa de sentido histórico", não obstante a bagagem de erudição que dava aos glosadores um "profundo conhecimento dos textos".[403]

O certo é que se pode extrair dos textos dos glosadores, segundo o próprio Chiovenda, que somente está obrigado ao pagamento das custas quem litiga por *calumnia* ou *temeritas*, ou seja, sem justa causa, sendo que o litigante que possui justa causa fica isento deste pagamento, bem assim que a justa ignorância é uma justa causa e também exime o pagamento das custas.[404]

A *iusta causa litigandi* prevaleceu em geral como escusa para o vencido, mas foi negada ao apelante, tanto porque a doutrina mesma lhe era desfavorável, como porque esta prevenção contra quem apela se encontra em todas as legislações antigas, inclusive no Direito Romano clássico.[405] De qualquer forma, a escusa da justa causa alcançou tanta aplicação que a regra *victus victori* ficou reduzida somente ao caso de apelação ou de promessa preexistente.[406]

No âmbito do direito canônico, os papas não consideravam a condenação em custas como um remédio normal em benefício do vencedor, mas como uma pena para os litigantes de má-fé, o que seguia a tradição do direito processual da Igreja. Em outros casos tal condenação aparece ditada como uma pena por uma ação dolosa, ou pelo uso abusivo das cartas apostólicas obtidas, ou então por haver o autor demandado em juízo mais do que era devido, sendo estes os fundamentos mercê dos quais foi construída uma doutrina sobre custas judiciais nos séculos XII, XIII e XIV.[407]

A condenação em custas na legislação dos príncipes, nos séculos XIII a XVI, aparece inspirada nos mesmos conceitos do direito comum e dos estatu-

---

[401] CHIOVENDA, Giuseppe. *La condena en costas*, cit., p. 137.
[402] COSTA, Emílio. *Historia del derecho romano público y privado*. Madrid: Reus, 1930, p. 244.
[403] CHIOVENDA, Giuseppe. *La condena en costas*, cit., p. 156.
[404] Idem, p. 157.
[405] Idem, p. 177.
[406] Idem, p. 176.
[407] Idem, p. 161.

tos, destacando-se as limitações relativas a *probabilis et evidens causa ignorantiae* (Federico II) e *iusta causa litigandi* (Carlos V), inclusive fora da Itália. Não obstante a pretendida vigência da regra *victus victori* na maioria dos estatutos, a opinião que prevalecia era favorável ao vencido.[408] Novamente Chiovenda expõe sua inconformidade com o que denomina de "rebelião contra o texto das leis novas".[409]

Segundo Chiovenda impunha-se uma reação por parte dos legisladores, em face da necessidade de obviar os inconvenientes que davam lugar à "arbitrariedade predominante na prática", reação esta que chegou da França, com a célebre Ordenança de Luis XIV, promulgada em 12 de novembro de 1667, cujo art. 1º do título 31 não se limitava apenas a reproduzir a regra absoluta de condenação em custas, mas também a proibição expressa da compensação por qualquer motivo, impondo que a condenação se produza *ipso iure*, e ainda que o juiz não a estabeleça.

Chiovenda[410] festeja o advento da Ordenança de Luis XIV, embora reconheça não haver condições de afirmar uma completa obediência aos rigorosos preceitos, o que não a impede de continuar sendo importantíssima, do ponto de vista histórico, para o estudo do instituto, em razão da grande influência que exerceu na prática do foro e sobre outras legislações.

Admite Chiovenda que a ordenança de Luis XIV não inspirou uma adesão generalizada e incondicional, mas sim um modelo mais moderado, do que foi exemplo na Itália o Édito de 28 de abril de 1701, do rei Victor Amadeo II para o Consulado de Turim, seguindo-se as Constituições de Carlos Manoel III, de 1770, e as modenesas de 1771, dentre outras. Obriga-se Chiovenda a reconhecer novamente, desta vez citando V. Viani, que a doutrina continuava afirmando que, em matéria de custas, o juiz é o árbitro e que a não imposição de condenação em custas aos litigantes que não os temerários é uma máxima aceita por todas as legislações.[411]

As disposições legais sobre procedimento dos diferentes Estados alemães dos séculos XVI e XVII pertencem a um grupo com reação também mais vacilante e medida entre a influência da doutrina e o desejo de pôr freios aos abusos da prática judicial, sendo marcadas por determinações para que os juízes não compensem as custas, a não ser frente a um motivo bastante (*genügsame Ursachen*), plausível, jurídico e importante (*redliche, rechtmässige, erhebliche Ursachen*), do que é exemplo o Regulamento do Tribunal de Wismar, de 1657, que admitia, como *iustae et probabiles causae litigandi*, além da vitória em primeira instância, a complexidade do assunto, a obscuridade das leis ou sua índole opinativa.[412]

No mesmo sentido o *Codex (Maximilian) Juris Bavarici iudiciarii*, de 1753, ao estabelecer que a *iusta causa* deve resultar das atuações, e não das pessoas

---

[408] CHIOVENDA, Giuseppe, *La condena en costas*, p. 181.
[409] Idem, p. 185.
[410] Idem, p. 185-6.
[411] Idem, p. 189.
[412] Idem, p. 189.

dos litigantes, impondo-se também a referência, inclusive pela aplicação que teve por muito tempo na Itália, o antigo regulamento processual austríaco, que embora contivesse previsão da condenação em custas, concedia ao juiz a faculdade de compensá-las por motivos de consideração (*aus erheblichen Ursachen*), a não ser que a sentença se tenha baseado em um fato próprio do vencido que tenha sido negado por ele; que o vencido tenha litigado contra literal disposição de lei, ou em caso de apelação.[413]

Em fins do século XVIII, publicou Adolf Weber, professor da Universidade de Rostock, a obra com título em alemão *Über die Processkosten, deren Vergütung und Compensation* (Schwerin, 1788), cuja tradução livre pode ser *Sobre as custas processuais quanto ao pagamento e compensação*. O aparecimento deste livro foi saudado por Chiovenda porque significava uma revolução nas tradições seculares da doutrina[414] ao sustentar a teoria de que a condenação em custas não é senão o ressarcimento do vencedor, assentando seus princípios e seus limites em uma dupla ordem de raciocínios, eis que buscou no Direito Romano comum aqueles que regulam a culpa aquiliana, "esforçando-se" para colocá-los em relação com os textos que se ocupavam das custas.

Embora afirme Weber que a equidade impõe o ressarcimento dos danos causados por qualquer fato injusto, equiparando-os aos que resultam de um pleito cuja injustiça se demonstra pelo fato da derrota, não deixa de recomendar a compensação das custas no caso de falta absoluta de culpa, ou quando esta resulta de erro escusável, não restando, entretanto, caracterizado este, segue Weber, quanto ao fato próprio, nem quanto ao alheio que deve ser conhecido, mas, quanto a este, somente no que se refere àquele cuja impossibilidade de conhecimento precedesse ao pleito, restando também afastado o erro de direito como escusa porque direitos incertos não existem propriamente, e o direito que o juiz cria com relação às partes deve ser considerado como uma verdade que o litigante estava obrigado a conhecer, e bem assim também excluídas, mais do que nunca, segundo Chiovenda, as escusas das *communes opiniones*, das respostas, dos precedentes judiciais e particularmente da vitória em primeira instância, já que a sentença reformada supõe um erro em comum do juiz e do vencedor de primeira instância; erro cujas consequências deve sofrer este último e também, em determinadas circunstâncias, o próprio juiz.[415]

A doutrina de Weber foi imediata e enfaticamente atacada na Alemanha, tendo sido Hennemann o primeiro[416] a contestá-la, fazendo-o com base na tradição e na interpretação dos textos romanos, apoiando-se também nas leis alemãs e canônicas. Combate as afirmações genéricas de Weber, com este estabelecendo uma polêmica, porquanto o mesmo contesta Hennemann na segunda edição de seu livro (1790), tendo por sua vez o último replicado ainda mais amplamente (1792). Na terceira edição de seu livro, em 1793, pouca coisa agregou Weber, mas a controvérsia continuava, como observa Chiovenda.

---

[413] CHIOVENDA, Giuseppe, *La condena en costas*, p. 190.
[414] Idem, p. 193.
[415] Idem, p. 192.
[416] HENNEMANN. *Beitrag zu der Rechts*: Theorie von Erstattung der Prozesskosten. Schwerin, 1789.

Emmerich contraditou Weber, primeiramente na sua aula inaugural em Gottingen, em 1790, e posteriormente em um estudo bastante mais amplo sobre a matéria,[417] no qual, e definitivamente, insistiu em fundamentar a compensação das custas na boa-fé do vencido.

Seguiu-se a obra de Schmidt,[418] que não obstante a aceitação de boa parte das teses de Weber, tratou de reduzir a responsabilidade do vencido somente ao caso da culpa leve, limitando-a mais ainda Walch, pois aceitando a ideia fundamental de Weber, via na condenação em custas um ressarcimento especial que se dava unicamente em caso de dolo ou culpa.[419] Não obstante as críticas, segundo Chiovenda a teoria de Weber se generalizava, tendo sido adotada pela doutrina alemã da primeira metade do século XIX.

A legislação moderna, assim qualificada a que vigorou no século XIX, acabou incorporando como regra geral a responsabilidade do vencido pelas custas, tal como estabelecida no Código de Procedimento Civil francês de 1806, que por sua vez confirmava a Ordenança de Luis XIV, de 1667, emprestando-lhe autoridade, e segundo Chiovenda a ele se deve o progresso da ciência jurídica.[420]

As exceções ficaram por conta da Ley de Enjuiciamiento civil espanhola de 3 de janeiro de 1881, que estabeleceu como princípio da condenação em custas apenas ao litigante temerário, assim também determinando o Código do Cantão Suíço de Valais. O direito inglês, diferentemente de todos os demais, caracterizava-se justamente pela ausência de um princípio absoluto; a disposição sobre as custas ficava ao arbítrio do magistrado (*to the discretion of the Court*, Blackstone, Comment., L.V., c. 24).[421]

Ao iniciar o tratamento da condenação nas custas em geral, no final da parte histórica do trabalho, recapitula Chiovenda a dupla influência que conduziu a triunfo o "princípio absoluto" da responsabilidade do vencido: (a) de um lado a utilidade prática de evitarem-se os inconvenientes ensejados pela investigação sobre a intenção do litigante e, (b) de outro, o progresso da ciência do direito quanto à regulação das custas judiciais.

Não explicita Chiovenda, entretanto, o significado da expressão "progresso da ciência do direito". De qualquer forma, parece iniludível a identidade de pelo menos um dos fundamentos da responsabilidade objetiva, tanto como posta tanto no direito material, quanto no âmbito do processo, qual seja, a dificuldade de identificar-se a conduta culposa.

Interessante e digna de nota, no seguimento, a remissão que faz Chiovenda às lições de Hennemann sobre o tema, pois não obstante sustentar aquele que se trata de posicionamento advindo do Direito Romano intermédio, e também do comum, como corolário da teoria da pena, o certo é que constituem

---

[417] EMMERICH. *Über die prozesskosten deren Erstattung und Compensation*. Göttingen, 1791.
[418] SCHMIDT, Genanni Phiseldeck. *Beitrag zu der Lehre von den Prozesskosten*. Helmstädt, 1793.
[419] CHIOVENDA, Giuseppe. *La condena en costas*, cit., p. 194.
[420] Idem, p. 197.
[421] Idem, p. 204-207.

ensinamentos incontestáveis e de inequívoca atualidade. As lições de Hennemann que mereceram as referências de Chiovenda são no sentido de que o juízo é o procedimento lícito com que a sociedade substitui a força para a defesa dos direitos, sendo que quem o utiliza usa, portanto, de seu próprio direito, e as custas ou gastos que o adversário lhe causou não supõem um dano que deva ser ressarcido, na medida em que não se produz injustamente.[422] A conclusão de Hennemann parece óbvia, pois antes do juiz "criar" um direito formal, não há como o vencido dele ter conhecimento.

A teoria do ressarcimento, que para Chiovenda configura uma transição histórica, é considerada oposta à da pena e foi defendida por Weber, tendo por base, no fundo, a concorrência da culpa presumida, pois foi extraída dos textos romanos que exigiam o requisito da *temeritas*. Suas premissas fixavam-se (a) na responsabilidade, diligência e prudência requeridas pelo negócio e a ação de cujas consequências se trata, prudência também em alto grau pelo juízo e (b) que o vencido, pelo fato de perder o pleito, demonstra não ter empregado toda esta diligência, a menos que se trate de ignorância *excusable de factum alienum*.[423]

Para esta teoria, o vencido deve responder sempre, qualquer que seja o grau de culpa, ainda que mínimo, o que ensejou a crítica de Chiovenda, pois para ele a vitória não é, por si, matéria de culpa, além do que o princípio da culpa não deve se aplicar em matéria processual devido à falta de critérios comuns para apreciar os casos que se apresentam.[424]

Segundo Chiovenda, Weber se dava conta da fragilidade da sua tese e por isso buscou o fundamento da mesma na autoridade da coisa julgada, formulando o raciocínio segundo o qual a sentença não cria direitos entre as partes, apenas determina o que conforme a lei é direito, que por sua vez deve ser considerado como tal desde o início do pleito, razão porque a agressão ou negação do que resulta ser um direito constitui, por si, uma ação injusta do vencido, que é responsável, salvo se demonstrar que não poderia evitar.[425]

Chiovenda não faz questão alguma de ocultar a principal razão da sua crítica à teoria de Weber, qual seja, a de que a aceitação do princípio da subordinação da condenação em custas ao requisito da culpa implicaria também, e obrigatoriamente, o questionamento da culpa concorrente do vencedor.[426]

Mas Chiovenda queria ir mais longe para manter a maior fidelidade possível ao ideal racionalista. Tal razão ensejou que ele frisasse haver restado da doutrina de Weber e seus partidários apenas os resultados, ou seja, a condenação absoluta do vencido que as leis alemãs posteriormente adotaram. A teoria tornou-se antiquada, e a doutrina dedicou-se a buscar outros fundamentos para o princípio absoluto da condenação nas custas, enfatiza Chiovenda, fazendo, entretanto, questão de ressalvar e insistir que não há nada mais certo

---

[422] CHIOVENDA, Giuseppe. *La condena en costas*, cit., p. 212.
[423] Idem, p. 216.
[424] Idem, ibidem.
[425] Idem, ibidem.
[426] Idem, p. 219.

que as custas equivalem a um dano que a condenação obriga a ressarcir, agregando constituir característica fundamental do princípio moderno da condenação em custas o fato de estar condicionada pura e simplesmente ao fato da sucumbência.[427]

Ao encaminhar-se para a identificação da real natureza jurídica da condenação em custas, evoca Chiovenda a fonte francesa da Ordenança de Luis XIV, de 1667, que teria sido a origem remota do art. 370 do Código Processual italiano de 1865. Embora dependesse unicamente da vontade do legislador a razão de ser da condenação absoluta, isso não traria uma solução para o problema, pois restaria sempre por averiguar o fundamento racional daquela vontade. Em verdade, e vale o registro feito por Romano Vaccarella, o Código italiano de 1865 era uma repetição quase literal do Código francês.[428] De qualquer forma, reconhece Chiovenda, as discussões sobre o ponto relativo à justiça da condenação absoluta do vencido nas custas não cessaram até hoje, não obstante as leis que adotaram tal princípio.[429]

Afirma Chiovenda impor-se o reconhecimento de que o legislador moderno concebeu tais direitos de forma mais racional, e de um modo oposto à concepção das legislações do sistema intermédio, pois segundo ele – e aqui está o núcleo do pensamento do insigne jurista – os direitos são absolutos e certos, não só como abstrações, mas também por sua importância econômica; como nascem da decisão do juiz, que nada mais faz do que reconhecê-los, esta decisão não deve exercer influência sobre seu valor e tampouco sobre sua essência.[430]

Nas últimas páginas da sua obra, ocupa-se Chiovenda em enfatizar e não deixar qualquer margem de dúvida quanto ao cerne de sua teoria, ratificando seu entendimento de que o juiz se limita a declarar o direito, que deve ser reconhecido como se assim fosse no momento do ajuizamento da demanda, sendo que tudo o que foi necessário para esse reconhecimento representa uma diminuição desse direito e, portanto, o sujeito do próprio direito deve ser ressarcido, de modo que não sofra nenhuma diminuição em decorrência de seu pleito.

Deste modo, a condenação em custas como complemento necessário da declaração do direito, participa da natureza deste. Em abstrato, é um ressarcimento que advém sempre que se declare judicialmente um direito; e em concreto tem caráter de coisa acessória ao direito declarado, a fim de que a declaração deste não produza diminuição alguma no patrimônio.[431]

Ao que se vê, portanto, não há lugar na doutrina de Chiovenda para qualquer atividade criadora do juiz, que deveria assim ser de puro conhecimento, uma tarefa meramente mecânica, passiva, representando a inanimada boca da

---

[427] CHIOVENDA, Giuseppe. *La condena en costas*, cit., p. 218-20.
[428] VACCARELLA, Romano. *Titolo esecutivo, precetto, opposizioni*. Milano, UTET, 1993.
[429] CHIOVENDA, Giuseppe. *La condena en costas*, cit., p. 223-8.
[430] Idem, p. 230-1.
[431] Idem, p. 232.

lei,[432] porquanto certamente o "sistema jurídico seria produto de um legislador iluminado, cuja sabedoria e previdência, além de dispensar a atividade criadora de direito por parte do magistrado que o aplica, ainda seria dotado da suprema virtude capaz de dar ao preceito legal univocidade de sentido, de modo que a sentença seria certa ou, ao contrário, errada, como qualquer problema matemático – o sucumbente terá agido sempre injustificadamente, por ter recusado obediência a um preceito legal cuja transparência era tanta, que a ninguém seria lícito ignorá-lo".[433]

Ao tratar da questão no âmbito do direito italiano, Salvatore Satta considera a imposição das custas ao vencido "perfeitamente legítima". Não nega, entretanto, que neste caso o termo "responsabilidade" soa com o eco de um fundamento de culpa que está na base da condenação, ou seja, de uma substancial ilicitude da pretensão injustamente exposta em juízo pelo autor ou pelo demandado. Admite, por outro lado, a dificuldade psicológica de se considerar um ilícito demandar em juízo, na medida em que não se pode reconhecer a ilegitimidade antes da sentença de mérito, consistindo, de qualquer modo, uma manifestação da liberdade civil. Por isso, explica Satta, prefere-se construir a obrigação de reembolso das custas sobre o conceito "objetivo do risco" e, portanto sobre o fato objetivo da sucumbência, pois quem litiga, em outros termos, o faz sob seu risco e perigo. Seguindo a linha de Chiovenda, conclui que o direito do vencedor não deve resultar afetado em razão do processo.[434]

Ao declinar o fundamento da responsabilidade objetiva pelo reembolso das custas, Satta deixa absolutamente clara a submissão ao racionalismo, afirmando que o princípio pressupõe, naturalmente, um processo contencioso, ou seja, uma controvérsia efetiva sobre o direito, cuja composição "se produz com a declaração de certeza do juiz". Admite, entretanto, que esta concepção tem sido "amplamente relativizada (suavizada)" tanto pela lei, quanto na sua aplicação prática.[435]

Ainda no direito italiano, é válida a referência ao renomado processualista Marco Tullio Zanzucchi, para quem a condenação nas despesas, embora sendo fundada sobre o fato objetivo da sucumbência, pressupõe sempre uma responsabilidade pela lide, ou seja, uma relação de causalidade entre a parte sucumbente e a lide. Destaca ainda Zanzucchi a imperiosa necessidade de se examinar se a lide poderia ser evitada pela parte sucumbente.[436]

A doutrina latino-americana, ao abordar este tema, consoante já referido anteriormente, segue os passos de Chiovenda, ao que se vê da obra de Ricardo Reimundin[437] e de seu discípulo Roberto G. Loutayf Ranea, referindo este últi-

---

[432] CAPPELLETTI, Mauro. *Juízes Legisladores?* Porto Alegre: Fabris, 1993, p. 32.

[433] BAPTISTA DA SILVA, Ovídio. Antecipação de tutela e responsabilidade objetiva, *Revista AJURIS*, Porto Alegre, mar. 1998, n 72, p. 64-5.

[434] SATTA, Salvatore. *Manual de derecho procesal civil*. Trad. Santiago Sentis Melendo y Fernando de la Rua. Buenos Aires: Jurídicas Europa-America, 1971, p. 108-10, v. 1.

[435] Idem, p. 110.

[436] ZANZUCCHI, Marco Tullio. *Diritto processuale civile*. 6. ed. Milano: Giuffrè, 1964, p. 372-3, v. 1.

[437] REIMUNDIN, Ricardo. *La condena en costas en el proceso civil*. Buenos Aires: Victor P. de Zavalía, 1966.

mo que o art. 68 do CPC e Comercial da Argentina, mantém como fundamento da instituição e como princípio essencial o fato objetivo da derrota, de acordo com "o clássico critério exposto por Chiovenda". Esclarece este autor, entretanto, que tal princípio não é absoluto, como se extrai do § 2º do mencionado artigo, e bem assim dos arts. 70 e ss. do mesmo Código.[438]

A doutrina brasileira tradicional adota, igualmente, o pensamento de Chiovenda, como se pode constatar, por todos, na obra de Celso Agrícola Barbi. Após fazer remissão expressa à doutrina daquele mestre italiano, especialmente quanto à conclusão do mesmo no sentido da evolução do instituto para uma "condenação absoluta", agrega Barbi que tal princípio deve ser aplicado não apenas às custas em sentido restrito, mas a todas as despesas decorrentes dos processos.[439]

Como lembra Benjamim Nathan Cardozo, a teoria do século dezenove era a da existência de concepções legais eternas, envolvidas na própria ideia de justiça, e contendo, potencialmente, uma regra exata de direito para cada caso, a ser alcançada por um processo absoluto de dedução lógica.[440]

Observa-se, sem dúvida, a presença induvidosa e marcante da matriz racionalista no pensamento de Chiovenda, e bem assim a influência de ambos em nossa doutrina e, em geral, em todo nosso sistema processual.

7. Responsabilidade objetiva na antecipação de tutela

7.1. A ampliação do princípio da sucumbência para a responsabilidade objetiva na efetivação dos provimentos antecipatórios

No que diz respeito às cautelares, os posicionamentos foram quase unânimes quanto à responsabilidade objetiva do autor no caso de improcedência da ação principal ou de haver cessado a eficácia da medida em qualquer das hipóteses arroladas no art. 811 do CPC, sob o fundamento do "fato da sucumbência",[441] não obstante não tenha o autor da ação cautelar praticado nenhum ato ilícito por exercer um direito subjetivo à tutela.[442]

Ovídio A. Baptista da Silva foi um dos poucos, para não dizer o único, que denunciou, quando do advento do novo Código, o "verdadeiro e injustificado

---

[438] LOUTAYF RANEA, Roberto G. *Condena en costas en el proceso civil*. Buenos Aires: Astrea de Alfredo y Ricardo Depalma, 1998. p. 46.
[439] BARBI, Celso Agrícola. *Comentários ao Código de Processo Civil*. Rio de Janeiro: Forense, 1975. p. 187, v. 1, t. I.
[440] CARDOZO, Benjamin Nathan. *A natureza do processo e a evolução do direito*, Trad. Leda B. Rodrigues, São Paulo: Nacional de Direito, 1956, p. 43.
[441] LACERDA, Galeno. *Comentários ao Código de Processo Civil*. Rio de Janeiro: Forense, 1980, v. 8, t. I, p. 434.
[442] THEODORO JR., Humberto. *Processo cautelar*. São Paulo: LEUD, 1976, p. 172; MONIZ DE ARAGÃO, Egas. Medidas cautelares inominadas. *Revista de Direito Processual*. Rio de Janeiro, Forense, 1988. p. 57; MUNHOZ DA COSTA, Alcidez. *Comentários ao Código de Processo Civil*, São Paulo: RT, 2000, v. 11, p. 761.

anacronismo" do princípio da responsabilidade objetiva em tema de ação cautelar.[443]

No que concerne à antecipação da tutela, revela-se ainda mais preocupante o tratamento da doutrina quanto à responsabilidade objetiva, pois mesmo quando ausente qualquer previsão legal, entendia a doutrina como de todo aplicável.

Exatamente nesse sentido manifestou-se o talentoso processualista gaúcho Teori Albino Zavascki, referindo:

"Todo o risco da execução antecipada é do demandante, como ocorre em qualquer execução (CPC, art. 574) e de modo especial – e aqui se impõe a analogia – com a execução provisória das sentenças condenatórias (CPC, art. 588, I [revogado pela Lei 11.232/2005]) e das medidas cautelares (CPC, art. 811). A circunstância de não ter sido referido, no § 3º do art. 273, como 'aplicável no que couber', o inc. I do art. 588 do CPC [revogado pela Lei 11.232/2005], obviamente não teve o desiderato de proibir a aplicação, ou de excluí-la. É que não teria sentido algum – porque afrontoso a todo o sistema de direito – carregar-se à conta do litigante vitorioso os danos decorrentes de anterior execução de provimento jurisdicional fundado em juízo de mera verossimilhança (sem cognição exauriente, portanto) e antecipado a pedido expresso da parte contrária".[444]

Em obra mais recente ratificou o ilustre jurista esta posição.[445]

A revogação do art. 588 do CPC com certeza não ensejará mudança nas posições dos doutrinadores que sustentam a responsabilidade objetiva de quem promover a efetivação antecipada da tutela, na hipótese da subsequente reforma ou cassação da respectiva decisão. E isso pelo menos por duas razões, quais sejam:

A primeira decorre da circunstância de não ter havido propriamente uma efetiva revogação do art. 588 do CPC, entendida esta como o desaparecimento do conteúdo da norma, mas na verdade *apenas a sua alteração*, nos termos de um novo dispositivo consubstanciado no *art. 475-O* do mesmo Código. E o inciso I do art. 475-O reproduz o conteúdo do inciso I do art. 588 "revogado" no que refere à responsabilidade objetiva daquele que promove a execução provisória. Os comentadores das "inovações" introduzidas no Código de Processo Civil deixam clara tal realidade.[446]

A segunda decorre de todos os vínculos e comprometimentos dessa doutrina com os princípios que sustentam a responsabilidade objetiva nas hipóteses de efetivação das medidas deferidas mercê de provimento judicial fundado em juízos de verossimilhança. Para tal doutrina, afastar a responsabilidade ob-

---

[443] BAPTISTA DA SILVA, Ovídio. *Doutrina e prática do arresto ou embargo*. Rio de Janeiro: Forense, 1976, p. 152.
[444] ZAVASCKI, Teori Albino. Antecipação da tutela e colisão de direitos fundamentais, *Revista AJURIS* n. 64, p. 412.
[445] ZAVASCKI, Teori Albino. *Antecipação da tutela*. São Paulo: Saraiva, 1997, p. 99.
[446] MIELKE DA SILVA, Jaqueline e XAVIER, José Tadeu Neves. *Reforma do processo civil*, Verbo Jurídico, Porto Alegre, 2.006, p. 142.

jetiva, nesses casos, implicaria uma "afronta ao sistema". Em outras palavras, a ausência de previsão expressa, para tal doutrina, não altera sua posição quanto ao ponto.

Antônio Cláudio da Costa Machado, em extensa monografia específica sobre tutela antecipada, editada antes do advento da Lei 10.444/2002, posiciona-se no sentido de que, não obstante a inexistência de regra específica na disciplina da tutela antecipatória, é de se aplicar analogicamente a norma constante do art. 811, do Código de Processo Civil, que impõe a responsabilidade objetiva pelo prejuízo causado ao réu em decorrência da execução do provimento, pois neste caso restará "severamente afetado o patrimônio jurídico do réu antes que esteja plenamente cumprida a garantia do devido processo legal".[447] É inegável o comprometimento deste autor com os axiomas do racionalismo.

J. E. Carreira Alvim, em monografia na qual tratou da tutela antecipada, sustenta igualmente que a natureza da responsabilidade na efetivação do provimento antecipatório "é de índole objetiva". Ademais, enfatiza o autor, apurar-se-á, nesta hipótese, apenas a existência e o alcance do prejuízo, porquanto não estará em causa a culpa do exequente, "que se presume *iuris et de iure*", esclarecendo que se trata, portanto, de uma "presunção absoluta".[448]

Em obra de caráter geral e ressalvando a necessidade de provar-se o nexo de causalidade entre a execução da medida e o dano, Nelson Nery Junior[449] alinha-se com os que entendem aplicável a responsabilidade objetiva na antecipação de tutela.

A reforma legislativa consubstanciada na Lei 10.444/2002 chancelou o mesmo tratamento da execução provisória às antecipações de tutela, pois alterou o § 3º do art. 273 do Código de Processo Civil, justamente para fazer incidir nas mesmas a aplicação do inciso I do art. 588 do Código, ainda que de forma implícita. Este último dispositivo legal, como se sabe, estabelecia a responsabilidade objetiva do credor pelos danos que a execução provisória ensejar ao devedor e, embora revogado pela Lei 11.232/2005, teve o conteúdo da norma insculpido em seu inciso I mantido no art. 475-O, do Código de Processo Civil.

No que se refere às cautelares, para a doutrina tradicional a responsabilidade do autor é objetiva nos casos arrolados no art. 811, porque a lei assim estabelece; quanto à antecipação da tutela, igualmente objetiva deve ser a responsabilidade daquele que a obtém e a efetiva, porque a lei não a proíbe.

No fundo, portanto, para tal doutrina desimporta a lei: a responsabilidade objetiva funda-se, nestes casos, em outras razões, dentre as quais a de não restar "afrontado todo o sistema de direito".

A responsabilidade objetiva do autor da cautelar pelos danos que a efetivação da mesma vier a causar, ainda que vitorioso nesta demanda, mas

---

[447] MACHADO, Antônio Cláudio da Costa. *Tutela antecipada*. São Paulo: Oliveira Mendes, 1988, p. 623.
[448] CARREIRA ALVIM, J. E. *Tutela antecipada na reforma processual*. Rio de Janeiro: Destaque, p. 90-1.
[449] NERY JUNIOR, Nelson. *Atualidades sobre o processo civil*. São Paulo: RT, 1995, p. 59. Igualmente: LOPES, João Batista. *Tutela antecipada*. 2. ed. São Paulo: Saraiva, 2003, p. 142.

sucumbente na principal, acabou sendo acolhida em nosso Código de Processo Civil como que por extensão ao princípio também vigente quanto às custas e aos honorários, estes mercê da regra constante no art. 20 do mesmo diploma, não revelando a doutrina em geral qualquer inquietude quanto ao ponto, na medida em que tal preceito seria "justo".

Hélio Tornaghi, com a clareza que lhe é peculiar, afirma textualmente que "a obrigação do reembolso não provém de ato ilícito, mas da vontade da lei que não quer transformar o processo em arma de destruição dos direitos. A responsabilidade do vencido é meramente objetiva, como em tantos outros casos acolhidos em direito".[450] No mesmo sentido Celso Agrícola Barbi,[451] que, juntamente com Chiovenda, conclui no sentido de haver o direito processual "evoluído" quanto ao ponto, "para chegar-se, enfim, à condenação absoluta".[452]

A responsabilidade objetiva, com a "condenação absoluta" e aplicada generalizadamente, enseja a penalização inclusive daquele réu que contesta com razão, como mostra o Prof. Ovídio A. Baptista da Silva, que considera exagero o primeiro pecado cometido pelo Código no que se refere ao princípio geral adotado, ao frisar que:

> "Duas hipóteses podem ilustrar isso. Como o Código, no art. 462, manda que o juiz tome em consideração os fatos e o direito supervenientes, é possível que a defesa oferecida pelo demandado seja procedente, vindo porém algum fato ou direito supervenientes em socorro do autor, tornando procedente a demanda originariamente infundada. Nas ações de consignação em pagamento, o réu que haja contestado alegando insuficiência de depósito, depois complementado pelo autor, também tivera razão para contestar e, no entanto, será sucumbente. A estrita fidelidade ao sistema imporia ao juiz o dever de condenar o vencido em custas e honorários, também nestes casos".[453]

É certo, como visto pelas posições doutrinárias acima declinadas, que não se pode negar o entendimento majoritário no sentido da vigência do princípio da responsabilidade objetiva do sucumbente, tanto no que se refere à aplicação do art. 20 do CPC, como em relação ao autor da cautelar pelos danos que a efetivação da medida ensejar, nos termos do art. 811 do mesmo Código, e finalmente por parte daquele que obteve e fez implementar uma tutela antecipada, mesmo que, neste último caso, não houvesse previsão legal para tanto. Um exame mais aprofundado da questão se impõe, *venia concessa*.

Para os efeitos do presente estudo fixamos o ponto nas denominadas antecipações de tutela, com vistas ao exame da responsabilidade objetiva, sendo impossível, porém, analisar o tema sem uma incursão, ainda que sumária, nas medidas cautelares. A questão central é a ampliação do princípio da respon-

---

[450] TORNAGHI, Hélio. *Comentários ao Código de Processo Civil.*, São Paulo: RT, 1976, v. 1, p. 165.
[451] BARBI, Celso Agrícola. *Comentários ao Código de Processo Civil.* Rio de Janeiro: Forense, v. 1, t. I. p. 187.
[452] CHIOVENDA. *Instituições de direito processual civil.* São Paulo: Saraiva, 1945, p. 285-6.
[453] BAPTISTA DA SILVA, Ovídio. Antecipação de tutela e responsabilidade objetiva. *Revista AJURIS*, n. 72, p. 63.

sabilidade objetiva pelas custas e honorários, também aos danos sofridos pelo réu quando efetivada alguma daquelas medidas, o que foi acolhido pelo direito brasileiro, quando o direito italiano, pátria de Chiovenda, nunca o tenha aceitado, como observa Ovídio A. Baptista da Silva. Há de se fazer a distinção entre as custas do pleito, as quais devem pagar todos os vencidos, e os danos a serem pagos unicamente pelo vencido temerário, "sendo imperioso fazer a defesa de Chiovenda, neste particular, para mostrar que ele não unificava, num único princípio, a responsabilidade pela sucumbência, nela compreendidos as custas e os honorários, e o dever de indenizar os danos por ventura causados pelo processo".[454]

Convém relembrar o quanto dispõe o art. 811 do nosso Código de Processo Civil:

"Sem prejuízo do disposto no art. 16, o requerente do procedimento cautelar responde ao requerido pelo prejuízo que lhe causar a execução da medida: I – Se a sentença no processo principal lhe for desfavorável; II – Se, obtida liminarmente a medida no caso do art. 804 deste Código, não promover a citação do requerido dentro em 5 (cinco) dias; III – Se ocorrer a cessação da eficácia da medida, em qualquer dos casos previstos no art. 808 deste Código; IV – Se o juiz acolher, no procedimento cautelar, a alegação de decadência ou prescrição do direito do autor (art. 810). Parágrafo único. A indenização será liquidada nos autos do procedimento cautelar".

À primeira vista parece que a responsabilidade civil de que trata o art. 811 diz respeito a uma responsabilidade objetiva de natureza essencialmente patrimonial, tendo sido instituída em nosso atual sistema em substituição ao preceito constante no art. 688 do antigo Código de 1939, que dispunha o seguinte:

"A responsabilidade do vencido regular-se-á pelos arts. 63 e 64. Parágrafo único. A parte que, maliciosamente, ou por erro grosseiro, promover medida preventiva, responderá também pelo prejuízo que causar".

A nossa doutrina em geral não questionou a natureza objetiva da responsabilidade prevista no art. 811 do CPC, tendo Egas Moniz de Aragão observado[455] que dentre as características "mais louváveis" na disciplina que o legislador de 1973 atribuiu ao processo cautelar do Livro III, estavam as salvaguardas que previu para o demandado, em atenção ao princípio da execução menos onerosa para o requerido mediante a previsão da concessão da caução substitutiva de medida cautelar, de qualquer conteúdo, consoante a previsão do art. 805 do Código de Processo, bem como a previsão genérica da concessão de contracautela com base no poder geral de cautela dos arts. 798 e 799 do CPC.

---

[454] BAPTISTA DA SILVA, Ovídio. Antecipação de tutela e responsabilidade objetiva. *Revista AJURIS*, n. 72, p. 58.
[455] MONIZ DE ARAGÃO, Egas. Medidas cautelares inominadas. *Revista de Direito Processual*, Forense, 1988, p. 57.

Mais recentemente, enfatizou Alcides Munhoz da Cunha[456] que o legislador foi ainda além nesse particular, estabelecendo norma específica sobre a responsabilidade do autor ou demandante que atua o *fumus boni iuris* para obter medidas cautelares, quando os interesses atuados como fumus são desqualificados como direitos subjetivos no plano das tutelas primárias, referindo-se à previsão da responsabilidade objetiva, disciplinada precisamente no art. 811 do Código de Processo Civil.

No mesmo sentido já havia sustentado anteriormente Galeno Lacerda,[457] aplaudindo a inovação do Código de 1973 e, com a observação de que tal responsabilidade decorre de "livre avaliação de risco" e de que "ao réu, sem culpa, é que seria sumamente injusto arcar com o dano causado pelo autor", revela sua completa integração à doutrina racionalista.

Em seu substancioso *Curso de direito processual civil*, Luiz Fux noticia a incidência da "responsabilidade objetiva pelo risco judiciário" em decorrência de "eventuais prejuízos que a efetivação do provimento cautelar possa causar", em aplicação do art. 811, do Código de Processo Civil, sem declinar sua posição quanto à coerência com o sistema.[458]

A justificação da doutrina para esposar tranquilamente estas posições funda-se na circunstância de envolver a medida cautelar "necessariamente um risco, que é assumido pelo requerente ao pleitear a tutela pretendida em juízo",[459] e bem assim a de que, para a concessão da medida, não se poder indagar do direito em toda a sua profundidade – cognição sumária – sob pena de confundi-la com a principal. No processo cautelar indaga-se tão só da probabilidade, conforme frisa Carnelutti.[460]

A responsabilização do art. 811, portanto, aparece com a contrapartida do juízo provisório e superficial que justifica a concessão da tutela cautelar. Para tal doutrina, portanto, a mesma razão que ensejou ao requerido alguma espécie de restrição em seu direito em decorrência da demonstração superficial de um fato, confere-lhe o direito de ser ressarcido dos prejuízos suportados quando demonstrado, já em cognição plena, que a pretensão do requerente era destituída de razão. Deste modo, quem pleiteia em juízo valendo-se apenas de aspectos prováveis terá que indenizar a parte contrária sempre que esta demonstrar sua razão.

Nossos Tribunais corroboram este entendimento, constituindo as decisões a seguir transcritas exemplos da jurisprudência predominante:

---

[456] CUNHA, Alcides Munhoz da. *Comentários ao CPC*, São Paulo: RT, 2000, v. 11, p. 761.
[457] LACERDA, Galeno. Op. cit., v. 8, p. 431-435, t. I, n. 79.
[458] FUX, Luiz. *Curso de direito processual civil*. Rio de Janeiro: Forense, 2005, p. 346.
[459] SAVATIER, *Traité de la responsabilité civil em droit Français*, Paris: Libraire, 1951, t. I. p. 349, ao manifestar--se em torno da chamada teoria da responsabilidade objetiva, já afastava de início a culpa como fundamento do dever de reparar, transferindo tal suporte para o risco: "La responsabilité née du risque créé est celle qui oblige à réparer des dommanges produits, même sans faute, par une activité que s'exerçait dans votre intérêt et sous votre autorité".
[460] CARNELUTTI. *Diritto e processo*, n. 241, Morano, 1958, p. 365.

"Ao propor a ação cautelar, a autora assume o risco de ter que indenizar, independentemente da existência de má-fé, pois os efeitos dele decorrentes desaparecem *ex tunc* com a sentença desfavorável na ação principal (art. 811, CPC). A natureza alimentar do pedido não enseja dispensa da indenização".[461]

Consoante a melhor doutrina, o Código estabelece, expressamente, que responda pelos prejuízos, que causar, a parte que, "de má-fé, ou não, promove medida cautelar". Basta o prejuízo, se ocorrer qualquer das espécies do art. 811, I e V, do CPC.[462]

Deve o autor da ação cautelar de sequestro que teve sentença desfavorável no processo principal indenizar a outra parte não só pelos prejuízos causados pela não utilização por parte da proprietária do veículo sequestrado, bem como pela deterioração sofrida pelo bem durante o depósito. Apelação parcialmente provida.[463]

Estas posições, para nós equivocadas, com a devida vênia, não resistem a um exame mais detido, ainda que feito sob a ótica da dogmática jurídica.

Como se sabe, a responsabilidade objetiva é assim denominada para significar a ausência da perquirição da culpa. Mas admitida entre nós originariamente em relação ao Estado (CF de 1946, art. 194), sempre o foi sob a modalidade do risco administrativo nunca chegando, porém, aos extremos do risco integral.[464] Adotá-la sob o prisma do risco integral, que obrigaria a indenizar sempre, conduziria ao absurdo que levou Jean Defroidmont a cognominá-la de brutal.[465]

Na verdade, até esta doutrina que sustenta ser objetiva a responsabilidade estabelecida pelo art. 811 reconhece que tal regra enseja algumas dificuldades. E efetivamente, constata-se sem grande esforço que este dispositivo não encontra paradigma exato em qualquer outro ordenamento jurídico.

Nos sistemas mais próximos ao nosso, a responsabilidade pelos eventuais danos causados pela efetivação da medida cautelar é condicionada ora à má-fé, ora à ausência de prudência normal; basta que se confira o art. 387 do Código de Processo Civil português, que exige não haver o requerente agido com a "prudência normal", e até o CPC italiano de 1940, cujo art. 96 impõe como condição não só o agir sem a "prudência normal", como inclusive a má-fé.[466] Vale a transcrição do mencionado art. 96 do Código de Processo Civil italiano, que regula a matéria:

"Art. 96. Responsabilidade agravada. Se resulta que a parte vencida obrou ou resistiu em juízo com má-fé ou culpa grave, o juiz, a pedido da outra

---

[461] TRF 4ª R., 3ª T, AC 90.04.10620-0/RS, rel. Juiz Gilson Dipp, *DJU* 19.05.1993.
[462] STJ, 3ª T., REsp 11.090-SP, rel. Min. Waldemar Zveiter, *DJU* 16.12.1991, *RJ* 174/92.
[463] TJRS, 7ª C.Cív., AC 597215011-RS, rel. Des. Eliseu Gomes Torres, j. 04.03.1998.
[464] MEIRELLES, Helly Lopes. *Direito administrativo brasileiro*. 5. ed., p. 605.
[465] DEFROIDMONT, Jean. *La science du droit positif*, p. 339, *apud* Min. Thompson Flores, RE 68.107, *Revista Forense* n. 235, p. 61.
[466] CARNELUTTI, *Rivista di Diritto Processuale Civile*, Cedam, 1925, v. 2/185.

parte, condená-la-á não somente nas custas, mas também ao ressarcimento dos danos, que serão impostos na sentença, mesmo de ofício. Uma vez comprovada pelo juiz a inexistência do direito com base no qual se cumpriu uma providência cautelar, se registrou uma demanda judicial, se inscreveu uma hipoteca judiciária, se promoveu ou cumpriu uma execução forçada, a pedido da parte prejudicada, condenará ao ressarcimento de danos o autor ou o credor executante, que tenha procedido sem a prudência normal. A liquidação de danos será processada de acordo com o parágrafo anterior".

Estes ordenamentos, que sabidamente sempre inspiraram os nossos juristas e o nosso sistema, não adotaram a responsabilidade objetiva processual como regra, ainda que sustentada pelo arresto legitimamente concedido.[467]

Certamente com base nestas posições acima resumidas, nossa doutrina não hesita ao afirmar encontrar-se no ZPO alemão (Código de Processo Civil) (§ 945) e no direito austríaco a inspiração da tese da responsabilidade objetiva.

Importa que se investigue, portanto, sobre as peculiaridades da regra na fonte de onde ela supostamente provém, sob pena de importar-se algo imprestável, com gravíssimos prejuízos de toda a ordem.

Das lições de Wach e Coniglio, citadas por Carnelutti no ensaio antes mencionado, não se pode extrair, com todo o respeito, a conclusão de que os estatutos da maioria das cidades medievais admitiam a responsabilidade objetiva nos casos de arresto legitimamente concedidos.

O mencionado § 945 do ZPO impõe, para admitir tal responsabilidade, que o arresto resulte injustificado. Ora, isso quer dizer que se o requerente da medida convencer o juiz da existência dos dois requisitos – risco do dano iminente e a razoável aparência de seu bom direito –, a providência será legítima e justificada, consoante se pode constatar da doutrina dos tratadistas alemães, dentre os quais Rosenberg, para quem

"Se a medida cautelar editada de acordo com os § 935 e seguintes – não uma medida provisória de outra classe – se manifesta injustificada desde o começo, de acordo com a situação de fato ao tempo em que foi ordenada, ou é revogada pelo § 942, III, e o § 926, II, ou se executa com atraso, tem o credor, como no caso do embargo preventivo, frente ao adversário que a requereu e somente frente a ele, a obrigação de indenizar-lhe todos os danos".[468]

Em passagem anterior da mesma obra, já havia este prestigiado autor alemão frisado que é admissível a objeção de culpa concorrente, tanto no sentido

---

[467] CARNELUTTI, *Rivista di Diritto Processuale Civile*, p. 190.

[468] Texto original: "si la medida cautelar dictada de acuerdo con los §§ 935 y ss. – no una medida provisional de otra clase – se manifiesta como injustificada desde el comienzo, de acuerdo con la situación de hecho al tiempo de ordenársela, o se revoca por el § 942, III, y el § 926, II, o se ejecuta con retardo, tiene el acreedor, como en el caso del embargo preventivo, frente al adversario de la solicitud y sólo frente a él, la obligación de indenizarle todos los daños". ROSENBERG, Leo. *Tratado de derecho procesal civil*. Tradução espanhola da 5. ed. alemã. Buenos Aires: EJEA, 1955, t. III, p. 290.

de que o adversário tenha dado causa culpavelmente ao embargo preventivo, como também no de que não tenha advertido o requerente do perigo de um dano excepcionalmente elevado e não o tenha evitado ou atenuado.[469]

A doutrina brasileira, respaldada justamente na posição dos escritores alemães, chega a admitir não só a atenuação do dever de indenizar, como sua própria supressão, não obstante entre em contradição com suas posições quanto à estrutura do sistema, como é o caso de Humberto Theodoro Jr. ao declinar que no direito alemão, Rosenberg admite, outrossim, que nos casos de culpa concorrente do autor e do réu da ação cautelar, haja uma atenuação do dever de indenizar, tanto quando o adversário tenha ocasionado culposamente o arresto, como também no caso em que não tenha advertido convenientemente o arrestante sobre o perigo de um dano excepcionalmente elevado, ou não o tenha evitado nem atenuado. A circunstância de ter nosso Código esposado a responsabilidade objetiva em matéria cautelar não nos impede de temperar sua aplicação prática com a humana e justa medida preconizada pelo processualista tedesco. Aliás, temos precedentes em nossa jurisprudência que autorizam a solução de equidade ora alvitrada. Trata-se de responsabilidade civil do Estado que, nos termos do § 6º do art. 37 da Constituição, também foi instituída à luz da teoria do risco. Nada obstante, nossos tribunais não a consideram como absorvente do risco integral, de modo que provado que a vítima contribuiu para o dano, justifica-se que o valor da reparação seja mitigado.[470]

Aliás, Humberto Theodoro Jr. aponta igualmente a circunstância do desaparecimento das "razões de fato que de início autorizaram a tutela cautelar" como determinante do afastamento da responsabilidade do autor pelos danos, porquanto neste caso não haveria nenhum "ato censurável" capaz de legitimar a indenização.[471]

Este posicionamento de Theodoro Jr. torna injustificável a sustentação da mesma doutrina quanto à identificação como efeito anexo da sentença desfavorável ao executante da medida cautelar, relativamente à responsabilidade objetiva deste pelos danos que da execução resultarem.

Galeno Lacerda,[472] ao estabelecer algumas linhas próprias sobre o conceito de jurisdição e de cautelaridade, ressalva que o art. 811 não deve incidir nas cautelas decretáveis de ofício, do art. 797, nem nas por ele denominadas de "voluntárias", pois não teriam estas a natureza jurisdicional, extrapolando ele próprio da configuração desenhada pelo legislador para o art. 811 do CPC.

Um interessante desdobramento da previsão da responsabilidade objetiva pelos danos causados, mercê da efetivação das medidas cautelares e antecipatórias, diz com o procedimento para a cobrança do valor correspondente.

Não obstante pretendamos demonstrar a absoluta insubsistência de tal forma de responsabilização, que enseja inclusive a ofensa ao princípio cons-

---

[469] ROSENBERG, Leo. *Tratado de derecho procesal civil*, p. 278.
[470] THEODORO JR., Humberto. *Comentários ao Código de Processo Civil*, p. 141.
[471] Idem, p. 141.
[472] LACERDA, Galeno. Op. cit., v. 8, t. I, p. 435.

titucional da isonomia – na medida em que ao réu não é aplicado o preceito quando resiste injustificadamente, e muitas vezes por longo período, em manter um *status quo* reconhecido como ilegítimo na sentença – entendemos pertinente a abordagem, ainda que sucinta, a respeito da forma procedimental adequada para a cobrança dos valores correspondentes aos eventuais danos sofridos. Outra razão que nos leva ao exame deste tema reside na evocação de um caso no qual atuamos há mais de vinte anos,[473] que instigou a nossa meditação e as pesquisas que temos desenvolvido desde então.

A doutrina tradicional entende que a responsabilidade objetiva pelos danos decorrentes da efetivação das medidas cautelares e antecipatórias constitui um efeito anexo da sentença. Desnecessário, portanto, que a respectiva decisão imponha tal obrigação; ela decorrerá automaticamente da lei. A sentença não se pronunciará, assim, sobre a efetiva existência do dano, restando tão somente fixado, em razão do efeito anexo, o dever de indenizar.

Não haverá, portanto, pronunciamento sentencial a respeito do *an debeatur*. O questionamento que se impõe é sobre a compatibilização de tal realidade com o preceito constante do parágrafo único do art. 811 do Código de Processo Civil, pois estabelece o mesmo que "a indenização será liquidada nos autos do próprio procedimento cautelar".

Ora, seria lícito ou conforme com a estrutura do Código de Processo Civil a propositura de uma demanda de liquidação do *quantum debeatur* quando não se sabe ainda se efetivamente existiram os danos?

Além da questão relativa à compatibilidade com a estrutura do Código, ressalta-se que é fácil imaginar-se hipóteses nas quais da efetivação da medida não resultará dano algum. Aliás, também não é difícil a ocorrência de vantagens para aquele que sofreu os efeitos da medida, como o caso de alguém que tenha sido impedido de realizar o cultivo de determinado produto agrícola que, se tivesse ocorrido, seria posteriormente destruído por um período de seca ou inundação. Nesta hipótese, a "efetivação da medida cautelar", a toda evidência, ensejaria um ganho para quem a sofreu, vez que deixou de efetuar as despesas para o cultivo que deixara de ser feito.

Parece que não se pode extrair do parágrafo único do art. 811 do Código de Processo Civil, uma interpretação que levasse a suprimir a fase do acertamento da existência do dano, partindo-se direto para a liquidação dos mesmos, que rigorosamente não poderiam ser afirmados existentes.

A expressão contida no referido parágrafo único, alusiva à liquidação nos mesmos autos, não permite que se confunda autos com ação ou demanda, até porque, nos mesmos "autos", podem ser processadas várias demandas. A reconvenção constitui exemplo suficiente de tal possibilidade.

---

[473] Tratava-se da cobrança de perdas e danos decorrente da efetivação de medida cautelar sofridos pelo requerido durante o tempo que perdurou a mesma, com a aplicação do preceito do art. 811, parágrafo único, do Código de Processo Civil (TJ/RS, 1ª Câm.Cív., Apel. 58.501.2735, cujo acórdão encontra-se publicado na *RJTJ/RS*, n. 122, jun. 1987, p. 242-252).

Galeno Lacerda, fazendo remissão a Coniglio, observa que, mesmo na responsabilidade objetiva de que trata o art. 811 do Código de Processo Civil, "deve haver relação de causalidade entre o dano e a execução da medida". Responsabilidade objetiva não significa aplicação literal da relação de causalidade, pois no que diz respeito ao sequestro, por exemplo, "pode acontecer que o nexo entre o fato danoso, o seqüestro injustificado e o seqüestrante seja influenciado por outros fatores causais".[474]

Em acórdão da lavra do então Desembargador Athos Gusmão Carneiro,[475] a 1ª Câmara Cível do Tribunal de Justiça do Rio Grande do Sul decidiu, de forma unânime, pela necessidade da propositura de um processo de conhecimento para a averiguação da existência dos danos nesta hipótese, valendo a transcrição de uma esclarecedora passagem:

"E temos também por necessário, com maior motivo, averiguar a própria existência do dano. Ora, averiguar a ocorrência real de danos (*an debeatur*) e investigar a relação de causalidade são providências vinculadas a um juízo amplo de cognição, somente tornado certo em sentença com condenação genérica e, assim, passível de liquidação. Parece-nos não congruente com o sistema perquirir o *an debeatur* na própria ação de liquidação de sentença, isto é, permitir uma liquidação admitindo de logo se possa encontrar um *quantum debeatur* igual a zero. Também não cremos possível aceitar que a sentença revocatória da medida cautelar contenha uma condenação 'fictamente estabelecida'".[476]

José Frederico Marques sustentava que tal indenização deveria ser obtida mediante liquidação por artigos, na qual deveriam ser expostos quais os danos causados pela execução da medida cautelar, cabendo ao juiz mandar citar o requerente da providência executada, processando-se a liquidação segundo dispunha o revogado art. 609, do Código de Processo Civil, na qual deveria ser apurada (a) a existência do prejuízo e (b) o *quantum debeatur*. Ao lançar sua conclusão, deixou claro o processualista que, no âmbito da liquidação sugerida, inserir-se-ia, quando for o caso, a condenação do requerente da medida cautelar ao pagamento dos danos causados, valendo a sentença "como título executivo judicial para posterior constituição do processo de execução para cobrar quantia certa em dinheiro".[477]

Uma singular abordagem desta questão é feita por Ovídio A. Baptista da Silva, que propõe como nota distintiva, para a adoção do procedimento de cobrança dos danos, a existência ou não de sentença desfavorável no processo principal. Segundo o aludido mestre, "a eficácia condenatória, que é o pressuposto para a execução forçada, está inclusa, como efeito anexo condicional, na sentença desfavorável do processo principal" e, neste caso, entende haver similitude com a sentença de "condenação genérica à indenização do dano" do Direito italiano, "onde o resultado da liquidação, em tese, poderá reduzir-se a

---

[474] LACERDA, Galeno. Op. cit., p. 439.
[475] TJ/RS, 1ª Câm.Cív., Apel.Cív. 37219, *RT*, n. 574, ano, 72.
[476] *RT*, n. 574, ano 72, ago. 1983, p. 199.
[477] MARQUES, José Frederico. *Manual de direito processual civil*. São Paulo: Saraiva, 1978, v. 4, p. 396.

zero, sem que haja ofensa à coisa julgada anterior". Já na hipótese de inexistir sentença desfavorável no processo principal como causa para a ação de liquidação dos danos – como, por exemplo, quando esta responsabilização deriva da inércia do requerente da medida cautelar em propor, em tempo hábil, a ação principal – seu entendimento é no sentido de que há, no art. 811 do CPC, apenas "o preceito que impõe ao executante da medida cautelar o dever de indenizar perdas e danos, ainda sem culpa" e que, portanto, "não se dispensa a demanda de condenação, pois a própria existência dos danos ainda está por apurar-se".[478]

A necessidade da presença de um legítimo interesse processual, entendido como a necessidade e/ou a utilidade de qualquer tutela jurisdicional, faz com que nos pareça indispensável a propositura de demanda de conhecimento, no âmbito da qual deverá ser apurada a efetiva existência de danos. Caso contrário, não haveria como se aferir, na ação de liquidação proposta sem a precedente demanda de conhecimento, a presença de um efetivo e legítimo interesse.

Nossa conclusão quanto ao ponto está comprometida com uma tentativa de aproximação da proposta da tese no sentido da insubsistência da atribuição de responsabilidade objetiva àquele que tem a seu favor deferida uma medida antecipatória. Assim sendo, mesmo que a proposição acima exposta não se mostre inteiramente compatível como a conclusão da nossa tese, tem por objetivo permitir ao menos uma atenuação da responsabilidade objetiva de que se trata em decorrência, por exemplo, das hipóteses de culpa concorrente do autor e do réu das medidas antecipatórias, como sugerem Leo Rosenberg, já anteriormente citado, e Humberto Theodoro Jr.[479]

7.2. *Insubsistência da responsabilidade objetiva nos provimentos antecipatórios em face da superação do paradigma racionalista*

O Prof. Ovídio A. Baptista da Silva critica enfaticamente a norma contida no art. 811 do CPC, também quando a examina em nível de "comentários", iniciando com a observação de que este dispositivo não encontra correspondência no direito comparado e nem precedente no direito luso-brasileiro. Conclui o ilustre jurista que tal previsão por um lado é incompleta, e por outro inconveniente, tendo antes demonstrado ser a mesma fruto da preocupação do legislador em preservar o suposto vínculo de dependência entre o processo cautelar e o processo principal, esquecendo-se da fonte indiscutivelmente mais legítima e importante de tal responsabilidade, que é a sucumbência na própria ação cautelar daquele que haja executado liminarmente a providência preventiva, depois revogada no juízo da própria ação cautelar.[480]

---

[478] BAPTISTA DA SILVA, Ovídio. *Do processo cautelar*. 2. ed. Rio de Janeiro: Forense, 1998, p. 213. No mesmo sentido: BAPTISTA DA SILVA, Ovídio. *Curso de processo civil*. 3. ed. São Paulo: RT, 2000, v. 3, p. 213-4.
[479] THEODORO JR., Humberto. *Processo cautelar*. 17. ed. São Paulo: Leud, 1998, p. 180.
[480] BAPTISTA DA SILVA, Ovídio. *Do processo cautelar*, cit., p. 198-206.

Para Ovídio A. Baptista da Silva, não há dúvida quanto à severidade excessiva da regra absoluta da responsabilidade objetiva para quem executa a medida cautelar legitimamente obtida em sentença final da demanda preventiva, e depois veja declarada prescrita a sua pretensão na ação principal. Para o mestre gaúcho, ao fundamentar a responsabilidade objetiva do autor na periculosidade do instrumento processual capaz de causar danos ao demandado vitorioso, acaba a doutrina tradicional por permitir a quebra do princípio da isonomia constitucional, na medida em que o retardamento provocado pelo réu sucumbente, ao usar de todos os recursos previstos na lei, não enseja o mesmo tratamento.[481]

No que diz respeito às cautelares, como vimos, mesmo a doutrina mais conservadora e tradicional acaba sinalizando para o temperamento da norma, não obstante o texto expresso do art. 811 do CPC, a submissão da doutrina em geral à dogmática e ao positivismo, e bem assim o comprometimento desta com as raízes racionalistas profundamente fixadas em nosso sistema.

Quanto às antecipações dos efeitos da tutela, conforme referido no início deste trabalho, as manifestações da doutrina são escassas relativamente à questão da responsabilidade daquele que a obtém, pelos danos que a efetivação da medida ensejar. A recente aprovação da Lei 10.444/2002, ao generalizar a aplicação do art. 588 do CPC (que embora revogado teve o conteúdo de seu inciso I reproduzido no inciso I do art. 475-O do mesmo Código), às antecipações de tutela, mercê da alteração do § 3º do art. 273 do mesmo Código, ainda que de forma implícita estabeleceu a responsabilidade objetiva daquele que obtém e efetiva a liminar antecipatória. Esta certamente será a conclusão da doutrina, que assim já entendia antes da mencionada alteração legislativa, como se viu da passagem da lavra do ilustre processualista Teori A. Zavascki, para quem não teria sentido algum – porque afrontoso a todo o sistema de direito – carregar-se à conta do litigante vitorioso os danos decorrentes de anterior execução de provimento jurisdicional fundado em juízo de mera verossimilhança (sem cognição exauriente, portanto) e antecipado a pedido expresso da parte contrária.[482]

Mesmo no plano da pura dogmática, pode-se objetar as regras constantes do art. 811, e agora também do art. 273 (combinado, antes, com o art. 588, e agora com o art. 475-O), por ferirem a regra maior insculpida no art. 5º da Constituição Federal, que estabelece o princípio da igualdade de todos perante a lei. Como percebeu Ovídio A. Baptista da Silva, para que restasse respeitada a doutrina de Chiovenda no sentido de tornar efetivo o princípio segundo o qual o processo não deve resultar em prejuízo de quem tenha razão, então deveríamos aplicá-lo também contra o demandado, atribuindo-lhe a mesma responsabilidade objetiva que o sistema cobra do autor, independentemente de culpa, por todos os danos porventura decorrentes da simples demora do processo e, em virtude, exclusivamente, da sucumbência, uma vez que a ver-

---

[481] BAPTISTA DA SILVA, Ovídio. *Do processo cautelar*, cit., p. 198-206.
[482] ZAVASCKI, Teori Albino. Antecipação de tutela e colisão de direitos fundamentais, *Revista AJURIS*, n. 64, p. 412.

dadeira isonomia, neste ponto, haverá de corresponder à equação segundo a qual tanto quem acelera quanto quem retarda o reconhecimento do direito devem responder pelos prejuízos que sua conduta venha a causar ao adversário, tenham eles agido com ou "senza la normale prudenza". Esta seria a expressão acabada e inteiramente isonômica do princípio chiovendiano... Só assim o processo não resultaria em prejuízo de quem tivesse razão.[483]

São rigorosamente inconstitucionais, portanto, estas normas, até porque, e a conclusão é do Prof. Ovídio A. Baptista da Silva, é assegurada por esse ordenamento apenas a 'paridade de armas' a ambos os litigantes, ao mesmo não interessando a situação concreta de que eles desfrutam relativamente ao objeto litigioso, não assegurando, assim, a igualdade das partes.[484]

Vale lembrar, aliás, que justamente "a desigualdade manifesta entre os criadores de riscos e aqueles que suportam os efeitos nocivos destes perigos criados" constituiu um dos fundamentos que deram suporte doutrinário à concepção da teoria da responsabilidade objetiva, conforme lição de Alvino Lima e José de Aguiar Dias, já citada anteriormente.

A recente alteração legislativa revela, sem dúvida, o retrocesso a uma posição mais conservadora e ensejará, a nosso sentir, graves prejuízos ao avanço da ciência do processo.

Inegável, por tudo o quanto já se expôs, que o ponto nuclear da fundamentação do princípio da responsabilidade objetiva do sucumbente em geral, ampliada para os casos de antecipação de tutela, reside naquela ideia racionalista de uma lei representativa de uma única verdade, e que por isso ensejaria sempre uma sentença correta, ou errada, à semelhança de uma operação matemática. Os direitos emergentes dessa lei seriam sempre conhecidos e induvidosos, razão pela qual o juiz limitar-se-ia a declará-los na sentença; não haveria lugar para a criação judicial do direito.

Conforme já mencionado anteriormente, a lei produziria um direito tão certo que o litigante teria condições de conhecê-lo previamente, pressuposição que impõe a condenação do sucumbente, que pelo fato de restar vencido teria agido injustificadamente, merecendo por isso a condenação.

Para essa doutrina os direitos são absolutos e certos e não nascem da decisão do juiz, que não faz nada além de reconhecê-los, como proclamou Chiovenda em passagem por nós já mencionada. A lei permitiria a certeza do direito não só como abstração, mas também no que se refere ao seu respectivo valor econômico.[485]

Em outras palavras, e como afirma Norberto Bobbio referindo-se à categoria do Estado legal e racional de Max Weber, há nessa doutrina uma certa exaltação sobretudo da função que o governo pode desempenhar ao editar normas abstratas para assegurar a previsibilidade e, portanto, a calculabili-

---

[483] BAPTISTA DA SILVA, Ovídio. *Antecipação de tutela e responsabilidade objetiva*, cit., p. 69-70.
[484] BAPTISTA DA SILVA, Ovídio. *Jurisdição e execução...* cit., p. 189.
[485] CHIOVENDA. *La condena en costas...* cit., p. 231.

dade das consequências das próprias ações, favorecendo assim o intercâmbio econômico.[486]

O primeiro grande prejuízo (e certamente o maior) dessa concepção é a redução do espectro da atividade jurisdicional limitada à mera declaração do direito e desprovida de qualquer atividade criadora, como uma função subalterna atribuída a "magistrados servidores" e oráculos do soberano a pronunciarem os comandos claramente contidos na lei, para se usar da visão já declinada anteriormente pelo Prof. Ovídio A. Baptista da Silva, disso resultando o primado do processo ordinário, por ser o único capaz de assegurar a neutralidade do juiz e de viabilizar a produção de tal atividade, ensejando também com isso uma identidade entre coisa julgada e função jurisdicional (declaratória), privilegiando sempre as demandas plenárias, com a supressão das formas sumárias de tutela, não obstante "o elevado custo social que esta opção possa provocar".[487]

Para a doutrina tradicional, destarte, rigorosamente não haveria julgamento quando o magistrado fundamenta seu ato em juízo de verossimilhança, razão pela qual o art. 273 do CPC autoriza a antecipação dos efeitos, mas não a antecipação da própria tutela, porquanto antecipar julgamento provisório equivaleria a não antecipar julgamento algum.[488]

A tenaz resistência que se verifica na doutrina processual a determinados avanços que a atual conjuntura da sociedade impõe revela-se quase incompreensível, como ocorre em relação à tutela da aparência e aos juízos de verossimilhança, pouco importando os esclarecimentos que nos prestam os cientistas políticos e os filósofos do direito sobre o fim da era moderna, a transição paradigmática, o processo de globalização e o advento da era do "tempo real"; fala-se atualmente inclusive em "refundação" do Estado.

Com efeito, a respeito do final da Idade Moderna entende Arthur Kaufmann não haver necessidade de controverter, na medida em que sobre este fenômeno já esclareceram suficientemente Romano Guardini e Jürgen Habermas, referindo-se também Karl Otto Apel sobre uma "ética de transição", tendo inclusive Martin Heidegger chamado atenção sobre o 'final da filosofia' e das tarefas que terá o pensamento na "era da cibernética".[489]

Ao discorrer sobre as características dessa transição, José Eduardo Faria identifica a dogmática, com sua matriz hobbesiana, com o que há de mais paradigmático no âmbito do pensamento jurídico moderno, sendo que este modo especial de encarar o direito é hoje vítima da hegemonia de um certo racionalismo econômico sobre todas as outras visões de mundo, que atualmente parece se exaurir mercê de um processo cuja dinâmica é independente da intenção dos sujeitos. O mesmo autor, na esteira de André-Noel Roth, lembra

---

[486] BOBBIO, Norberto. *O futuro da democracia* – Uma defesa das regras do jogo. Rio de Janeiro: Paz e Terra, 1986, p. 158.
[487] BAPTISTA DA SILVA, Ovídio. *Jurisdição e execução...* cit., p. 120, 132 e 184.
[488] Idem, p. 191.
[489] HEIDEGGER, MARTIN. *La filosofía del derecho en la posmodernidad*. Trad. espanhola da 2 ed. alemã. Bogotá: Editorial Temis, 1998, p. 3-4.

que algumas iniciativas podem deslocar os vetores e as formas institucionais em direções radicalmente diferentes, ensejando que se visualize claramente o já mencionado período de "exaustão paradigmática", obrigando-se o pensamento jurídico, pelo fenômeno da globalização econômica, a despertar do sono da dogmática e a enfrentar o desafio de reflexões inéditas.[490]

Já o Estado, na imagem de Nicolás María López Calera, "é hoje uma batata quente nas mãos de políticos e teóricos, que ninguém se atreve, tão pouco, a jogar no lixo".[491] O fenômeno do "tempo real" tornou-se presente e sua consideração é inafastável.[492]

Os movimentos no sentido de modernizar o processo civil, como vaticina o Prof. Ovídio A. Baptista da Silva, embora meritórias como tentativas, enquanto não se propuserem a uma profunda e corajosa revisão do nosso paradigma resultarão fatalmente em novas desilusões.[493]

Como se sabe, segue o pensamento do Prof. Ovídio A. Baptista da Silva, o fenômeno do direito como ciência alheia à história é significativamente sentido pelos lidadores do Processo Civil, tendo em vista ser este o ramo do direito mais ligado à mesma, pois não lhe cabe, como ocorre no direito material, simplesmente descrever regras hipotéticas, sendo necessária a interferência direta nos conflitos sociais. As pressões exercidas pela experiência forense, particularmente no Brasil, de modo análogo ao sistema francês, foram fatores determinantes para a criação da jurisdição de urgência, que se funda em princípios muito diferentes daqueles que sustentam ideologicamente o nosso Código de Processo Civil, mormente o Processo de Conhecimento e sua consequente ordinariedade.[494]

Ao analisar-se especificamente as denominadas medidas antecipatórias, inseridas em nosso ordenamento processual pelos arts. 273 e 461, conclui o Prof. Ovídio A. Baptista da Silva, é curioso como a doutrina tradicional convive com as mesmas, sem debater-se a respeito da profunda contradição existente com o Processo de Conhecimento, como se pode ver da posição de Cândido Dinamarco, ao sustentar que a técnica engendrada pelo novo art. 273 consiste em oferecer rapidamente a quem veio ao processo pedir determinada solução para a situação que descreve, precisamente aquela solução que ele veio ao processo pedir. Não se trata de obter medida que impeça o perecimento do direito, ou que assegure ao titular a possibilidade de exercê-lo no futuro. A medida antecipatória conceder-lhe-á o exercício do próprio direito afirmado pelo autor.[495]

Como já vimos anteriormente neste trabalho, de inteira aplicabilidade as lições de Villey e de Castanheira Neves, no sentido de que determinadas

---

[490] ROTH, André Noel. *O Direito na economia globalizada*. São Paulo: Malheiros, 2000, p. 111-2 e 292.

[491] Texto original: "es hoy una patata caliente en las manos de políticos y teóricos, que nadie se atrave tampoco a arrojar en la basura". LÓPEZ CALERA Nicolás Maria. *Yo, el Estado*. Madrid: Editorial Trotta, 1992, p. 81.

[492] SANTOS, Milton. *A natureza do espaço*. São Paulo: Hucitec, 1996, p. 159.

[493] BAPTISTA DA SILVA, Ovídio. *Jurisdição e execução...* cit., p. 195-6.

[494] Idem, p. 196.

[495] Idem, p. 219.

maneiras de pensar o direito sobrevivem para além da caducidade da filosofia que lhes servira de fundamento, tendo o próprio Chiovenda observado que o direito, como a natureza, não avança aos saltos. Isso talvez explique a circunstância de continuarem os doutrinadores a elogiar a ordinariedade do Processo de Conhecimento, mesmo considerando que o magistrado, através das medidas retromencionadas, conceda ao autor "precisamente aquilo que ele veio buscar no processo", para tanto concebendo como simples decisões interlocutórias estas medidas de antecipação dos efeitos da sentença de mérito.

A utilização deste artifício, seguindo ainda o pensamento do Prof. Ovídio A. Baptista da Silva, evita que a doutrina tradicional se obrigue a rever todos os fundamentos que dão o suporte necessário ao processo de conhecimento, mantendo-o, assim, ainda endeusado e em pleno vigor. Como admitir, de forma inerte e sem uma profunda revisão de conceitos, a consagração de medidas que outorgam ao autor, em decisão liminar, exatamente aquela solução que veio pedir em um processo de conhecimento, no qual somente se permite a entrega da prestação jurisdicional de mérito na sentença final? Essa visível contradição, conclui o Prof. Ovídio A. Baptista da Silva, demonstra que a doutrina tradicional não deseja renunciar, e nem ao menos questionar o processo de conhecimento e sua ordinariedade, convivendo harmonicamente com este e com as medidas antecipatórias que contradizem seus pressupostos.[496]

Esse descompasso com a história, esse hábito de manter o vocabulário e as práticas úteis e próprias para uma determinada fase, quando a evolução determinaria outras, como observaram Ricardo Orestano e Marc Bloch, parece que se aplicam à ciência processual, que não consegue se livrar das verdades eternas buscadas tão tenazmente nos séculos XVII e XVIII, quando a predileção pelas experiências e pelo método indutivo seduziram os espíritos cultos e ensejavam, como noticia José Hermano Saraiva, tertúlias literárias onde se faziam experiências de física, provocando em Portugal um movimento de "renovação pedagógica" e a edição de um importante livro com o título de *O verdadeiro método de estudar* (1746), de autoria de Luís Antônio Verney, no qual propugna o total abandono da autoridade dos filósofos antigos, pois não tinham eles telescópios para observar os astros, nem engiscópios (microscópios) para os invisíveis, nem os instrumentos sem número de que o método moderno enriqueceu a física (...). Este modo de observar a natureza tem aberto os olhos dos filósofos e tem-lhes mostrado que da disposição maquinal das várias partes dependem alguns movimentos que se atribuíam a causas ocultas. Esse meio é o único para descobrir a verdade.[497]

Mas em plena era pós-moderna, do tempo real, da sociedade de massas e do primado da aparência, a busca da verdade e, pior do que isso, as práticas e suas respectivas bases teóricas permanecem, provocando a observação de Ovídio A. Baptista da Silva no sentido de que, mesmo não ignorando as transformações culturais que abalaram a história contemporânea do Ocidente, os processualistas se mantêm acorrentados ao paradigma do racionalismo,

---

[496] BAPTISTA DA SILVA, Ovídio. *Jurisdição e execução*... cit., p. 196-7.
[497] VERNEY, Luís Antônio. *História concisa de Portugal*. Lisboa: Publicações Europa-América, 2001, p. 245-6.

nada podendo fazer além da penosa tentativa de conciliar o inconciliável, que seria o empenho em harmonizar as novas tendências e valores, inserindo-os na moldura de seus esquemas tradicionais. Deste esforço, sem dúvida meritório e comovente, resulta muitas vezes uma situação tão artificial que chega a assumir feição caricatural: preserva-se, ou tenta-se preservar o processo de conhecimento, como expressão do binômio *obligatio-condemnatio*, para não repudiar o mito da neutralidade do juiz, ao preço, no entanto, de invalidar-lhe os fundamentos, introduzindo-lhe provimentos liminares, a que, todavia, se procura negar a natureza de decisões sobre a lide.

Nossa doutrina processual parece haver ignorado a lição de Luís Recaséns Siches[498] no sentido de que, uma vez desaparecida determinada realidade social, aqueles princípios que a nortearam, acaso absolutizados em fórmulas rígidas, constituirão obstáculos ou impedimentos para ordenar com justiça as novas situações sociais.

A não ser por uma aparentemente incurável cegueira ideológica, não seria tão difícil de convir que aquelas condições sociais e econômicas dos séculos XVII e XVIII, que tornavam válidas as posições filosóficas que sustentaram as guerras contra o absolutismo, não mais persistem. Bastaria uma rápida leitura de qualquer obra séria de história para tomar-se ciência das razões que levaram os revolucionários franceses a se prevenirem contra o Poder Judiciário do *ancién régime*.

Naquele momento histórico, como nos informa Jules Mechelet,[499] ninguém acreditava na justiça, salvo na do povo; os juristas, especialmente, desprezavam a lei; conheciam os tribunais, e sabiam que a Revolução não tinha adversário mais apaixonado do que os juízes em geral. Hereditariedade, venalidade, privilégio, exceção, estes eram os nomes da Justiça. O estudo do direito, rebaixado nas escolas, fraco entre os advogados, foi nulo entre os magistrados, entre aqueles que aplicavam o direito para a vida ou para a morte.

Vem a calhar a observação que fez no início do século XX M. Ballot-Beaupré, Presidente do mais alto tribunal francês, no sentido de que "nós não indagamos o que o legislador quis há um século, mas o que ele haveria de querer caso soubesse quais seriam as nossas condições presentes".[500]

As causas históricas que transformaram o juiz em mero aplicar mecânico da lei desapareceram, mas a doutrina que lhe forneceu a base teórica permanece. Para tais questões já atentaram juristas e filósofos de escol, dentre os quais John Dewey, que adverte para não se localizar as críticas desfavoráveis a determinadas filosofias do passado nos respectivos sistemas, enquanto enquadrados e coerentes com os segmentos intelectuais e morais de seu tempo e lugar; a crítica é válida no que se refere à imaginária relevância emprestada a tais filosofias numa época em que a situação humana se encontra fundamen-

---

[498] RECASÉNS SICHES, Luís. *Experiencia jurídica, naturaleza de la cosa y lógica "razonable"*. México, 1971, p. 370.
[499] MICHELET, Jules. *História da Revolução Francesa – Da queda da Bastilha à festa da Federação*. Trad. Maria Lúcia Machado, São Paulo: Cia. das Letras, 1989, p. 322-3.
[500] CARDOZO, Benjamin Nathan. Op. cit., p. 46-7.

talmente mudada, constituindo justa e precisamente as causas que ensejaram apreço e admiração aos grandes sistemas em seus ambientes socioculturais, as razões que as privam de atualidade num mundo completamente diverso daquele outro pretérito.[501]

Nicolai Hartmann chama atenção para os "condicionamentos" históricos do pensamento humano, afirmando que nenhuma época pode ter por base pontos de vista que não sejam os seus. Naturalmente estes não são absolutos, mas sim historicamente condicionados, e outras épocas terão razão se os abandonarem e substituírem pelos seus. Mas também eles estarão, por sua vez, condicionados.[502]

Revela-se interessante, nesse contexto, o diagnóstico de Mauro Cappelletti no sentido de que o procedimento ordinário corresponde à preferência ideológica e às exigências materiais dos grupos já firmemente consolidados no poder.[503]

Esta constatação é confirmada pela realidade vigente, pois com certeza bastaria a vontade dos grupos firmemente consolidados no poder para determinar a mudança do *status quo*. E faz sentido, sem dúvida, interessar aos grupos dominantes manter o primado de um procedimento que aprisione o juiz, que o impeça de criar, que o faça mero repetidor da letra de uma lei criada justamente por esses grupos "firmemente consolidados no poder". Enquanto isso, esses mesmos grupos econômicos fazem editar leis especiais para atender aos seus interesses específicos, razão de ser dos procedimentos que permitem a expedita busca e apreensão dos bens financiados com "reserva de domínio", a execução dos títulos executivos extrajudiciais, as ações de despejo, etc. Em outras palavras, enquanto os menos afortunados buscarão a efetivação dos seus direitos através do velho processo ordinário, de cognição plenária, a elite desfruta dos especiais, ambos convenientemente presididos por um juiz "neutro".

A propósito, Leonel Severo Rocha, ao examinar a crítica e matrizes do direito, refere que a teoria jurídica dominante, através de sua epistemologia positivista, efetua uma ruptura entre teoria e práxis, sendo, assim, um saber epistemologicamente superado, pois uma das mais basilares contribuições da epistemologia contemporânea é a conclusão de que o conhecimento é uma mediação e, como tal, possui sempre uma conotação político-ideológica. Demonstra, por outro lado, que a aludida ruptura cumpre importantes funções políticas: ao mesmo tempo em que procura gerar a ideia de que somente a teoria é criticável – sendo esta a função dos juristas (teóricos) – sugere que a práxis é apenas uma técnica procedimental – tarefa jurisdicional utilizada pelos juristas de ofício. Com isso, segue o autor, a teoria dominante não chega a negar, de forma explícita, os aspectos políticos do direito; o que ela evita discutir é a função social da lei (enquanto práxis), reduzida a um ritual processual privado separado dos conflitos maiores da sociedade. Nesse contexto, como bem destaca

---

[501] DEWEY, John. *Reconstrução em Filosofia*. Tradução da edição de 1919. São Paulo, 1959.
[502] HARTMANN, Nicolai *apud* BAPTISTA DA SILVA, Ovídio. *Jurisdição e execução...* cit., p. 217.
[503] CAPPELLETTI, Mauro. *Giustizia e società*. Milão: Edizioni di Comunità, 1972, p. 305.

Leonel, a lei passa a ter um momento político – o de sua constituição – mas, a partir de sua vigência, sofre um processo de neutralização. E conclui, afirmando que, em verdade, "a significação plena da norma jurídica apenas é obtida no contexto das relações de forças das decisões jurisdicionais. Cada decisão é fundamentalmente política. Desconhecer os aspectos político-semiológicos da norma, aceitando o mito da univocidade significativa da lei, é procurar impedir a participação política da sociedade civil nas decisões jurídicas".[504]

Tal diagnóstico já fora feito por Luhmann, tal como mostra Cristiano Paixão Araújo Pinto, ao mencionar, na esteira das lições do referido sociólogo, que as pressões oriundas do ambiente introduzem premissas políticas no julgamento dos casos judiciais.[505]

Pertinente aqui a lembrança da assertiva de Hobbes no sentido de considerar uma inclinação geral de toda a humanidade o desejo perpétuo e incansável de poder e mais poder, o qual só cessa com a morte.[506]

O processo ordinário é, induvidosamente, o que melhor responde aos interesses da elite dominante em que a Justiça não seja efetiva, até porque os menos afortunados não dispõem de procedimentos especiais para demandarem os poderosos. É comum, como se sabe, a contumaz sonegação de direitos de empregados por ser mais interessante aplicar os respectivos valores no mercado financeiro enquanto tramita o processo para efetivá-los, sem contar a inércia ou incapacidade dos muitos que não os exigirão. Os próprios órgãos Estatais se valem da morosidade do Judiciário para obterem uma "moratória" branca.

Como evidência da utopia da neutralidade da lei destaque-se, além da radical transformação da sociedade capitalista dos séculos XVIII e XIX comparada com a sociedade contemporânea democrática e pluralista, a simultânea modificação do próprio conceito de lei,[507] não sendo mais compreendida como uma norma abstrata e geral, oriunda de um Estado rigorosamente neutro, com a única finalidade de permitir a livre ação dos agentes sociais e do próprio Governo, flagrando Castanheira Neves essa dupla distorção, pois para ele, no que diz respeito aos grupos de poder e a lei, é já insustentável a sua imputação à vontade geral – ao todo ou ao comum comunitário –, pois as leis não são mais do que prescrições de particulares forças políticas, forças essas parciais e mesmo partidárias, que no quadro do sistema político-estatal (ou constitucional) adquiriram a legitimidade para tanto a partir de uma sociedade dividida (justamente em diferentes forças sociais e políticas, actuantes e interventoras no nível do poder) e plural (nos projetos ideológicos sobre essa mesma sociedade). Como expressão de uma vitória num conflito político, a lei invoca e afirma uma vontade, mas apenas a vontade da força política legislativamente domi-

---

[504] SEVERO ROCHA, Leonel. *Epistemologia jurídica e democracia*. 2. ed. São Leopoldo: UNISINOS, 2003, p. 58.
[505] ARAUJO PINTO, Cristiano Paixão. *Modernidade, tempo e direito*. Belo Horizonte: Del Rey, 2002, p. 267.
[506] HOBBES apud FRIEDRICH, Carl Joachim. *Perspectiva histórica da filosofia do direito*. Tradução da edição alemã de 1955. Rio de Janeiro: Zahar, 1965, p. 102.
[507] NEVES, Castanheira. *O instituto dos "assentos" e a função jurídica dos Supremos Tribunais*, cit., p. 584.

nante, ou essa vontade transacionada com outras vontades políticas também particulares.[508] Sobre a parcialidade da lei também já advertira Calamandrei há mais de meio século.[509]

Essas lições permitem-nos concluir no sentido de que o legislador exerce a sua vontade, fazendo-a valer ao formular os preceitos, ou seja, será sempre parcial. Já o intérprete e o aplicador, despojando-se de qualquer atividade criadora, desenvolverão uma atividade puramente lógica e racional, e portanto sempre a serviço dos grupos de poder que elaboraram a lei.

Outro grave equívoco da doutrina ora examinada, diz com a exigência dos juízos de certeza a serem buscados no processo de conhecimento, como expressão da univocidade da lei que seria capaz de permitir apenas uma solução correta, mercê da qual encontraríamos a verdade. A afirmação, no âmbito das ciências humanas, é inteiramente falsa. Na visualização de Nietzsche, a verdade não tem como critérios a evidência e a certeza; tem como suposição um esquecimento e uma ilusão, seguindo-se suas belas passagens no sentido de que verdades são ilusões que foram esquecidas enquanto tais. Atrás da suposição de possuir um conhecimento do real existe, portanto, uma convenção social que oculta as diferenças ao identificar o não idêntico através do conceito. O homem supõe possuir a verdade, mas o que faz é produzir metáforas que de modo algum correspondem ao real: são transposições, substituições, figurações.[510]

Em sentido análogo explicitou mais recentemente Hannah Arendt, na esteira de Bruno Snell, aduzindo que quando se dissipa uma ilusão, quando se rompe subitamente uma aparência, é sempre em proveito de uma nova aparência que retoma, por sua própria conta, a função ontológica da primeira. Para dizer o mínimo, é altamente duvidoso que a ciência moderna, em sua incansável busca de uma verdade por trás das meras aparências, venha a ser capaz de resolver esse impasse; quanto mais não seja porque o próprio cientista pertence ao mundo das aparências, embora sua perspectiva com relação a esse mundo possa diferir da perspectiva do senso comum.[511]

Após examinar estas questões filosóficas que qualifica como de extraordinária importância para o pensamento contemporâneo, conclui o Prof. Ovídio A. Baptista da Silva que o processo civil não pode prometer a descoberta de verdades "claras e distintas"; pode oferecer apenas "versões", ou "significados".[512]

Benjamim Nathan Cardozo é preciso ao lecionar que "os grandes fluxos e correntes que engolfam o restante da humanidade não desviam seu curso deixando à margem os juízes".[513]

---

[508] NEVES, Castanheira. Op. cit., p. 584.
[509] BAPTISTA DA SILVA, Ovídio. *Jurisdição e execução...* cit., p. 204.
[510] MACHADO, Roberto. *Nietzsche e a verdade*. Rio de Janeiro: Rocco, 1984, p. 41 e 115.
[511] ARENDT, Hannah. *A vida do espírito*. Trad. Antônio Abranches *et al*. Rio de Janeiro: Dumará, 1991, p. 22.
[512] BAPTISTA DA SILVA, Ovídio. *Jurisdição e execução...* cit., p. 211-212.
[513] CARDOZO, Benjamim Nathan. Op. cit., p. 95.

A incerteza na qual se encontram os litigantes é ineliminável, embora não admitida pelo sistema, que resiste em aceitar os juízos de verossimilhança, base da tutela de urgência cuja ética consiste, como aponta Ferrucio Tommaseo, na proteção do direito que se mostre provável, com o sacrifício do direito improvável, constituindo o procedimento ordinário, na conclusão do Prof. Ovídio A. Baptista da Silva, o instrumento cuja ética se orienta pelo princípio oposto, qual seja, o sacrifício do direito provável, para privilegiar, cegamente, a posição do demandado, mesmo que inverossímil se mostre, desde logo, o seu direito, apresentando-se inteiramente improvável a sua vitória.[514] O processo ordinário iguala todos os demandantes, pouco importando a maior ou menor verossimilhança de suas respectivas pretensões.

Em obra de fôlego na qual tratou deste tema, Luiz Fux também lança sua crítica ao procedimento ordinário, qualificando-o de "rito secular e desatualizado", incompatível com as situações de urgência atualmente tão comuns na sociedade de massa, que requer do Judiciário decisões mais rápidas, concluindo:

"Entretanto, a história do procedimento ordinário contradiz estes desígnios, até porque ditado, como já se afirmou, em doutrinas liberais francesas que presidiram a formação da ciência jurídica européia no século XIX, em função da qual os juízes limitavam-se a aplicar a lei, sem possibilidade de criação capaz de autorizá-los à regulação antecipada da lide. A busca da tutela diferenciada, dos procedimentos especiais com provimentos liminares, não é senão a fuga do procedimento ordinário pela sua notável defasagem sócio-científica".[515]

E, como observa Ovídio A. Baptista da Silva, muitos são os fatores responsáveis pela obsolescência do procedimento ordinário, "que é o núcleo duro do sistema"; na verdade, a estrutura elementar do chamado processo de conhecimento.[516]

Igualmente equivocada revela-se a tese que subjaz ao trinômio processo ordinário – declaração do direito – atividade jurisdicional, qual seja, a da viabilidade de uma atividade judicial desprovida de qualquer criação, meramente reveladora da vontade da lei generalizante e unívoca.

Ora, há pelo menos cento e cinquenta anos, a melhor doutrina sabidamente não dissente quanto à atividade criadora inerente à atuação do juiz, como se vê de uma passagem de Jeremy Bentham no sentido de que embora o juiz, como se diz, não faça senão declarar o direito existente, se pode afirmar ser em realidade criador do direito.[517]

No fim do século XIX e início do século XX, poderosas vozes, como as de Gény, Ehrlich, Gmelin e Cardozo, dentre outros, enfatizavam:

---

[514] BAPTISTA DA SILVA, Ovídio. *Antecipação de tutela*, cit., p. 60-1 e 68-9.
[515] FUX, Luiz. *Tutela de segurança e tutela de evidência*. Fundamentos da tutela antecipada. São Paulo: Saraiva, 1996, p. 34.
[516] BAPTISTA DA SILVA, Ovídio. *Verdade e significado*, p. 34, no prelo.
[517] CAPPELLETTI, Mauro. *Juízes legisladores?*, cit., p. 17-8.

"Algumas vezes nos dizem dever a mudança ser obra da lei e ser a função do processo judicial simplesmente de conservação. Historicamente isso não é verdade e se o fosse seria uma desgraça. Hoje, uma grande escola de juristas continentais bate-se por liberdade ainda mais extensa de adaptação e interpretação. A lei, dizem, é freqüentemente fragmentária, impensada e injusta. O juiz, como intérprete do sentimento do direito e da ordem da comunidade, deve suprir as omissões, corrigir as incertezas e harmonizar os resultados com a justiça, por meio do método da livre revisão – *libre recherche scientifique*. Os tribunais devem buscar esclarecimentos entre os elementos sociais de toda espécie, as forças vivas atrás dos fatos com que se relacionam".[518]

Nas obras de Mauro Cappelletti, jurista que se ocupou deste tema nos últimos trinta anos, saudoso professor das Universidades de Florença e de Stanford com prestígio internacional, encontramos a constatação de que na interpretação judiciária do direito legislativo é inerente e indissociável certo grau de criatividade. Com remissões a Emílio Betti, H. Hart e Lon Füller, informa Cappelletti que uma amplíssima investigação que produziu no mundo ocidental enorme literatura desde o fim do século XIX ensejou como resultado principal a demonstração de que com ou sem consciência do intérprete, certo grau de discricionariedade, e pois de criatividade, mostra-se inerente a toda interpretação, não só à interpretação do direito, mas também no concernente a todos outros produtos da civilização humana, como a literatura, a música, as artes visuais, a filosófica, etc. Aduz ainda que, em realidade, interpretação significa penetrar os pensamentos, inspirações e linguagens de outras pessoas com vistas a compreendê-los e – no caso do juiz, não menos do que no do musicista, por exemplo – reproduzi-los, "aplicá-los" e "realizá-los" em novo e diverso contexto de tempo e lugar. Salienta que por mais que o intérprete se esforce por permanecer fiel ao seu "texto", ele será sempre, por assim dizer, "forçado a ser livre". Faz remissão ao grande juiz americano Oliver Wendell Holmes, aludindo a seguinte passagem:

"Não é completamente verdadeiro que na realidade prática (e eu não conheço razão alguma pela qual a teoria deveria estar em desacordo com a realidade dos fatos) uma dada palavra, ou até determinada combinação de palavras, tenha um só significado e nenhum outro. Qualquer palavra tem geralmente vários significados, inclusive no dicionário. E, na verdade, o intérprete é chamado a dar vida nova a um texto que por si mesmo é morto, mero símbolo do ato de vida de outra pessoa".[519]

O próprio Chiovenda em outra obra afirma que é tão verdadeiro para o processo civil como para o penal o que Mário Pagano escrevia um século atrás:

"(...) a escrita, como muito bem disse Sócrates junto a Platão, é morta e só fala por uma parte, isto é, por meio daquelas idéias que com os sinais

---
[518] CARDOZO, Benjamim Nathan. Op. cit., p. 5.
[519] CAPPELLETTI, Mauro. *Juízes legisladores?*, cit., p. 21-22.

despertam o espírito. Não satisfaz plenamente a nossa curiosidade, não responde às nossas dúvidas, não apresenta os inúmeros aspectos possíveis da própria cousa (...) Todos os sinais divisados (através da mímica) perdem-se na escrita muda, e faltam ao juiz os mais claros e certos argumentos".[520]

Ao referir-se à interpretação judiciária do precedente, Lord Radcliffe, um dos mais influentes juízes ingleses do século XX, adverte que: "o juiz até poderá se empenhar na mais estrita observância do precedente e inclusive restar convicto de que o fez, mas ainda quando repete as palavras de seus antecessores, assumem elas na sua boca significado materialmente diverso, pelo simples fato de que o homem do século XX não tem o poder de falar com o mesmo tom e inflexão do homem dos séculos XVII, XVIII ou XIX. O contexto é diverso, a situação referencial é diversa". Já Cappelletti observa a desnecessidade de anotar-se que essa "profunda verdade" não se aplica apenas à interpretação dos precedentes, sendo inteiramente válida para a interpretação da lei; enfim, conclui o mestre ítalo-americano, parece aconselhável o esclarecimento de que quando se fala dos juízes como criadores do direito, afirma-se nada mais do que uma óbvia banalidade, um truísmo privado de significado: é natural que toda a interpretação seja criativa e toda a interpretação judiciária *law-making*.[521]

Benjamin Cardozo já havia manifestado uma posição mais enfática quanto à questão da vinculação ao precedente, na medida em que considera que toda a matéria da filosofia da função do direito encontra-se, na realidade, "intimamente relacionada ao vexatório e embaraçador problema da obrigatoriedade do precedente". Para ele, devem ser revisadas, depois do julgamento, todas aquelas regras que foram consideradas insatisfatórias na sua aplicação, com vistas à obtenção dos fins a que o direito tenciona servir.[522]

A mesma restrição é formulada por Ovídio A. Baptista da Silva ao criticar a doutrina tradicional que sustenta haver o processo civil brasileiro experimentado extraordinária modernização, uma vez comparado com os sistemas europeus do século XIX. Na verdade, enfatiza o grande jurista, não se pode esquecer que, ao contrário, nosso sistema não só se conservou fiel aos padrões culturais do iluminismo, mas inclusive exacerbou o princípio da separação dos poderes. Não fora assim, indaga o mestre, como poderíamos considerar natural "congelar" a vontade da lei através de súmulas vinculantes que perenizam o sentido do texto?[523]

Interessante abordagem a respeito do assunto é feita por Lenio Luiz Streck, ao referir-se às súmulas vinculantes como mecanismo de perigoso dirigismo estatal que frustra a função transformadora e criadora da jurisprudência.[524]

---

[520] CHIOVENDA. Procedimento oral. Trad. Osvaldo Magon, *Revista Forense*, v. 74, p. 173, 1938, reproduzido em coletânea de estudos editada pela mesma revista, 1940, sob o título de "Processo oral", p. 40-1.
[521] CAPPELLETTI, op. cit., p. 22-3.
[522] CARDOZO, Benjamim Nathan. Op. cit., p. 175.
[523] BAPTISTA DA SILVA, Ovídio. *Verdade e significado*. p. 36, no prelo.
[524] STRECK, Lenio Luiz. *Jurisdição constitucional e hermenêutica*. Uma nova crítica do direito, p. 502.

Uma vez demonstrada que a atividade criadora é indissociável da função jurisdicional, releva responder algumas objeções específicas à atuação do juiz dentro dessa perspectiva, identificando também algumas das razões que acentuaram a necessidade da intensificação da chamada criatividade jurisprudencial.

Já no primeiro quarto do século passado identificava Cardozo um dos pontos de contato entre a atividade do legislador e a do juiz, afirmando que o conhecimento de ambos provinham das mesmas fontes, quais sejam, a experiência, o estudo, a reflexão e, enfim, a própria vida; "na verdade, nada há de revolucionário ou mesmo de novo nesse ponto de vista sobre a função judicial", proclamou Cardozo[525] em sua obra clássica.

Quanto à indagação se tal modo de atuar transforma o juiz em legislador, responde-a Cappelletti afirmando que certamente, do ponto de vista substancial, tanto o processo judiciário quanto o legislativo resultam em criação do direito, ambos são *law making process*. Mas diverso é o modo, ou então o procedimento, ou ainda a estrutura desses dois procedimentos de formação do direito, destacando este autor que a legislação é apenas um modo de criar o direito, "essencialmente diverso" do Judiciário.[526]

O que realmente faz o juiz ser um juiz e um tribunal um tribunal, certamente não é a sua falta de criatividade, com a consequente passividade no plano substancial, mas sim a conexão da sua atividade com as partes nos respectivos casos concretos (razão pela qual o processo não poderá ser iniciado *ex officio*) e a sua atitude de imparcialidade, com suficiente grau de independência em relação às pressões externas e especialmente aquelas provenientes dos poderes políticos.[527] Estas características realmente distinguem a atividade jurisdicional das atividades legislativas e administrativas; daí por que nenhuma degeneração se poderia apontar na hipótese de legisladores e administradores envolverem-se interessadamente nas matérias por eles reguladas, por representarem pessoas ou grupos, deles se fazendo defensores.[528]

Mostra-se conveniente referir aqui a interessante abordagem que faz Cappelletti das dificuldades ou limitações ulteriores que indiretamente podem-se vincular à atividade jurisdicional, para que não se diga que "contornamos" os problemas.

Com efeito, a primeira limitação referir-se-ia à maior dificuldade de informação sobre o direito jurisdicional, que teria o cidadão comum, comparativamente com o direito legislativo. Ora, em primeiro lugar e como aponta Cappelletti, sempre existiu uma forte dose de ingenuidade na pretensão que se seguiu às grandes codificações nacionais do século XIX – como também ocorreu em relação às mais antigas, como a de Justiniano –, no sentido de dar-se ao direito legislado uma formulação simples, clara, completa, sistemática e acessível para todos.[529]

---

[525] CARDOZO, Benjamim Nathan. Op. cit., p. 64-5.
[526] CAPPELLETTI. Op. cit., p. 74.
[527] Idem, p. 75.
[528] Idem, p. 176-7.
[529] Idem, p. 83.

Fácil a compreensão de que atualmente as dificuldades ou facilidades de informação tanto de um como de outro são similares, não fazendo diferença a obrigatoriedade da publicação dos textos legislativos nos órgãos oficiais praticamente inacessíveis ao cidadão comum, ou pelo menos tão acessíveis quanto as decisões dos tribunais, pois todas encontram-se à disposição nos respectivos sistemas da internet.

Além disso, em face da crescente abertura que se verifica no Judiciário dos países do ocidente, dificilmente uma decisão inovadora não é objeto de veiculação pela imprensa. A segunda limitação refere-se à eficácia retroativa das decisões judiciais, o que ensejaria um conflito com os valores da certeza de previsibilidade, que caracterizariam a lei. Embora nosso sistema acolha o princípio da irretroatividade das leis, não o faz de forma absoluta, assim como não tem a certeza valor absoluto; ao depois, essa regra da aplicação do precedente aos fatos e atos anteriores à própria decisão, como observou Lord Diplock, não constitui característica essencial do ato jurisdicional, mas produto de uma ficção jurídica segundo a qual os tribunais limitar-se-ão a declarar o direito já existente. Mas, enfim, é tempo de pensar se não é o caso de lançar aos refugos dita ficção.[530]

A terceira e por todos considerada mais importante limitação refere-se à possível incompetência institucional da magistratura para atuar como força criadora do direito, na medida em que não se encontra equipada adequadamente para a tarefa, que exige investigações a respeito de problemas complexos e dados sociais, econômicos e políticos, que igualmente requerem a disponibilidade de recursos, inclusive financeiros.

Estes obstáculos, como pondera Cappelletti, podem ser atenuados mercê dos pareceres técnicos, perícias, e em geral da intervenção de terceiros no processo; ademais, e como reconheceu Horowitz, um dos maiores críticos ao que considera excessiva criatividade judiciária, há a necessidade de que o processo jurisdicional seja reestruturado de maneira tal que seja capaz de assumir novas responsabilidades dos tribunais, em vista de categorias gerais que transcendem os casos particulares.[531]

A objeção mais importante à atividade criadora do juiz diz com o problema da legitimação democrática, considerada por alguns como definitivamente "fatal", no sentido de que constituiria impedimento absoluto para tal criação em todo país desejoso de preservar seu caráter democrático.

Conforme nos dá conta Cappelletti, com remissão às posições de Lord Devlin, a objeção em questão desenvolve-se no sentido de que, num sistema democrático é, obviamente, assegurada a independência dos juízes, mas tanto são esses independentes, tanto menos obrigados a "prestar contas" das suas decisões ao povo ou à maioria deste e a seus representantes, o que poderia conduzir o judiciário ao caminho do Estado totalitário. Cappelletti considera esta assertiva uma "taciturna admoestação".[532]

---

[530] Diplock *apud* CAPPELLETTI. Op. cit., p. 86.
[531] Horowitz *apud* CAPPELLETTI. Op. cit., p. 90.
[532] Idem, p. 93.

Declina enfaticamente Cappelletti sua opinião no sentido de que existem fortes argumentos para se refutar a ameaçadora profecia de Lord Devlin, arrolando pelo menos quatro, quais sejam: os cientistas políticos amplamente demonstraram que, mesmo no melhor dos mundos possíveis, a liderança legislativa e executiva, embora tradicionalmente considerada "diretamente responsável perante o povo", nunca constitui, diferentemente do Judiciário, perfeito paradigma de democracia representativa. O mesmo Cappelletti traz também a percuciente análise de Martin Shapiro no sentido que o retrato do Congresso e da Presidência não é o de organismos democráticos e majoritários, que dão voz à vontade popular e são responsáveis perante ela, mas antes, uma estrutura política na qual grupos variados procuram vantagens, manobrando entre os vários centros de poder, não resultando daí necessariamente a enunciação da vontade popular. Não há sentido, portanto, conclui Shapiro, no mundo político real, em submeter de forma simplista os vários ramos do *government* a análises baseadas em etiquetas como "a voz da maioria", "democrático" ou não democrático.[533]

A esse propósito, poderíamos agregar a constatação de Norberto Bobbio[534] quanto a uma das tantas promessas descumpridas pelos regimes democráticos modernos, qual seja, a de que o mandato popular conferido aos "representantes políticos da nação" não seria vinculado, mas essencialmente político, ou seja, livre de modo a que o eleito, a partir da sua investidura, deixasse de representar o eleitor para transformar-se no legítimo representante dos "interesses gerais" da nação. Conforme Bobbio, "jamais um princípio foi mais desconsiderado que o da representação política. Mas numa sociedade composta de grupos relativamente autônomos que lutam pela sua supremacia para fazer valer os próprios interesses contra outros grupos, uma tal norma, um tal princípio, podem de fato encontrar realização?".

Uma outra promessa descumprida ainda poderia ser aqui acrescentada, qual seja, a indesejável presença das oligarquias nas democracias contemporâneas, uma vez que o princípio inspirador do pensamento democrático sempre foi a liberdade, entendida como capacidade de dar leis a si próprio; em outras palavras, a liberdade dos cidadãos como decorrência da sujeição dos mesmos apenas às leis por eles próprios aprovadas e consentidas. E na definição predominantemente procedimental de democracia formulada por Joseph Schumpeter e aceita por Bobbio, e que enseja a conclusão de que "a característica de um governo democrático não é a ausência de elites, mas a presença de muitas elites em concorrência entre si para a conquista do voto popular". Mas da perspectiva atual se infere a supremacia das "elites que se impõem", e não das "elites que se propõem".

Discorrendo sobre o tema, quando analisa inclusive as posições de Bobbio, conclui o Prof. Ovídio A. Baptista da Silva atestando o dramático divórcio entre o poder e o povo, cuja relação interna, no fundo persiste ainda, como no

---
[533] Horowitz *apud* CAPPELLETTI. Op. cit., p. 94-6.
[534] BOBBIO, Norberto. *O futuro da democracia*, p. 24.

ancién régime, uma relação entre dominadores e dominados, senhores e súditos, entre um estado opressivamente despótico e uma nação submissa.[535]

No contexto atual do Ocidente, como se vê, e também como se verá no seguimento, ao compararmos os níveis de conteúdo democrático no âmbito dos respectivos Poderes do Estado constatar-se-á uma densidade maior no do Judiciário.

O segundo argumento apresentado por Cappelletti, em que ele na verdade complementa o primeiro, consiste na observação de que o próprio Judiciário não é assim inteiramente privado de representatividade, a começar, conforme demonstrou o Prof. Robert Dahl, pelas nomeações políticas dos juízes das Cortes Supremas dos respectivos países, o que permite aos outros Poderes certo controle da filosofia política das Cortes, de tal maneira que estas não permanecem por muito tempo em contraste com a filosofia prevalecente nas maiorias políticas no poder dentro do país.[536]

Além disso, e de forma diversa dos legisladores, os tribunais superiores são normalmente chamados a explicar por escrito, e assim abertamente ao público, as razões de suas decisões, obrigação que assumiu a dignidade de garantia constitucional em alguns países, como a Itália.[537]

No Brasil, como se sabe, por força do que dispõem o inciso LX do art. 5º e o inciso IX do art. 93, ambos da Constituição Federal, restou estabelecida como regra geral a publicidade dos atos processuais; e bem assim a obrigatoriedade de fundamentação de todas as decisões judiciais. Mercê de tal prática, segue novamente Cappelletti,[538] sujeitam-se os juízes a um grau de "exposição" ao público e de controle por parte da coletividade que também os pode tornar, de forma indireta, bem mais "responsáveis" perante a comunidade do que muitos entes e organismos administrativos (provavelmente a maioria desses), não exposta a tal fiscalização continuada do público. Um outro aspecto é chamado à atenção por Luigi Lombardi, qual seja, o de ser o direito "jurisprudencial" "normalmente dialógico, consentido; e enquanto tal satisfaz a um requisito nada desprezível da democraticidade substancial".[539]

O terceiro argumento alinhado por Cappelletti deve-se, segundo ele, ao Prof. Martin Shapiro, e consiste na assertiva de que os tribunais podem dar uma inestimável contribuição "à representatividade geral do sistema", e não obstante tivesse Shapiro em mente a Suprema Corte dos Estados Unidos da América, o argumento pode estender-se aos tribunais superiores dos outros países; muito mais se tivermos presente o fenômeno da globalização e suas consequências no âmbito da organização política e jurídica do Estado e dos grupos que atualmente gerem uma gama de interesses cada vez maior. Refere-se Shapiro à viabilidade do acesso ao processo judicial, e assim dar proteção

---

[535] BAPTISTA DA SILVA, Ovídio. *Democracia moderna e Processo Civil*. Coletânea *Participação e Processo*. São Paulo: RT, 1988, p. 106.
[536] CAPPELLETTI. Op. cit., p. 96-7.
[537] Idem, p. 98.
[538] Idem, p. 98-9.
[539] Lombardi, *apud* CAPPELLETTI, op. cit., p. 99.

a grupos que de outra forma "não estariam em condições de obter acesso ao *political process* (...) Significa isso que tais procedimentos se baseiam no debate em contraditório (*adversary*) entre as duas partes, vistas como indivíduos iguais; dessa forma, os grupos marginais podem esperar audiência muito mais favorável de parte da Corte do que de organismos que, não sem boa razão, olham além do indivíduo, considerando em primeiro lugar a força política que pode trazer à arena". Complementa Cappelletti no sentido de revelar a tese de Shapiro um núcleo de verdade, pois a história nos revela que frequentemente certos grupos (raciais, religiosos, econômicos, etc.) encontram justamente nos tribunais o acesso e a proteção sem os quais teriam permanecido inteiramente, ou pelo menos por mais tempo, marginalizados da vida de determinado país.[540]

O quarto, e provavelmente mais importante argumento que se pode aduzir no sentido da legitimidade da criação judicial do direito, refere-se à circunstância apontada pelo Prof. Ovídio A. Baptista da Silva, de haver o Judiciário se tornado o mais democrático dos três ramos do Poder Estatal, já que, frente ao momento de crise estrutural e endêmica vivida pelas democracias representativas, o livre acesso ao Poder Judiciário, constitucionalmente garantido, é o espaço mais autêntico para o exercício da verdadeira cidadania.[541]

Cappelletti avalia tal constatação na esteira do que sustenta Shirley Hufstedler, conhecida juíza federal americana, no sentido de que a capacidade de acesso aos tribunais é muito superior à de outros órgãos do governo, pois enquanto a chave para abrir as portas de um tribunal é, simplesmente, o pedido da parte, e enquanto as atividades do tribunal em grande parte são conduzidas publicamente, permanece coberto de mistério, pelo contrário, o modo pelo qual uma pessoa pode obter uma audiência perante às câmaras legislativas ou nos ofícios internos do Poder Executivo, mesmo quando, o que certamente ajuda, é muito rica ou poderosa.[542]

Outra importante referência neste sentido é a de Fritjof Capra, ao mencionar que, na maioria dos países do mundo ocidental, especialmente nos Estados Unidos, o poder das grandes empresas impregna virtualmente todas as facetas da vida pública. Elas controlam o processo legislativo, distorcem a informação transmitida ao público através dos meios de comunicação de massa, e determinam, em grau significativo, o funcionamento do nosso sistema educacional e a direção da pesquisa acadêmica.[543]

Interessante abordagem sobre o tema também é feita por José Luis Bolzan de Morais, ao examinar o que denomina de crise conceitual do Estado contemporâneo. Sob o aspecto das organizações econômicas, Bolzan destaca o decisivo papel das empresas transnacionais que, no bojo de um capitalismo financeiro, ostentam imenso poder de decisão e total desvinculação com qualquer Estado em particular. Este brutal crescimento e autonomização do poder

---

[540] Lombardi, *apud* CAPPELLETTI, op. cit., p. 100.
[541] BAPTISTA DA SILVA, Ovídio. *Jurisdição e execução*... cit., p. 219.
[542] HUFSTEDLER Shirley *apud* CAPPELLETTI, op. cit., p. 106.
[543] CAPRA, Firtjof. *O ponto de mutação*, p. 212.

econômico, conforme acertadamente expõe Bolzan, esvazia de poder as autoridades eleitas, fazendo com que não haja mais a quem se queixar, pois o poder político vê-se submetido e/ou condicionado por agentes econômicos que, ao contrário dos agentes políticos, não possuem visibilidade pública, impondo direcionamentos e sentidos à ação estatal que, longe de serem o resultado do debate público e da vontade medida pela escala da representação política, são o reflexo dos "humores" de "instituições" fictícias.[544]

Ademais de todas estas dificuldades no âmbito do processo legislativo do mundo ocidental, é claro que não podemos deixar de ter presente aquelas muitas e específicas do Estado brasileiro, a começar pela ausência de uma organização partidária razoavelmente sólida e estruturada, que é condição indispensável no chamado Estado Democrático de Direito. Exemplos de tais fragilidades foram a recente eleição, para Presidente da Câmara dos Deputados (e terceiro na linha sucessória do Presidente da República), de um parlamentar logo em seguida cassado por falta de decoro e cujo nome aparecia na "lista negra" do Banco Central, por emissão de cheques sem provisão de fundos,[545] e bem assim os graves escândalos de corrupção que envolvem parcela considerável dos parlamentares do país. Esta carência acaba fortalecendo a tradição "imperial" do Poder Executivo no Brasil, até porque se vê obrigado a editar incessantemente as nossas "medidas provisórias", ensejando um evidente abuso com edições de "MPs" carentes dos indispensáveis requisitos de relevância e urgência previstos no art. 62, da Constituição Federal. Esta tradição restou robustecida durante mais de duas décadas de regime ditatorial no país, embora, como nos dá conta J. J. Calmon de Passos, as origens deste problema remontem a toda história da nossa formação política, razão pela qual afirma: "somos, por origem, um país politicamente autocrático, centralizador e elitista".[546]

Ressalva Cappelletti determinadas condições a serem observadas para que a produção judiciária do direito tenha a potencialidade de ser altamente democrática, vizinha e sensível às necessidades da população e às aspirações sociais, radicando-se a primeira delas no sistema de seleção dos juízes, que deve ser aberto a todos os extratos da população, mesmo se inevitáveis certos requisitos de educação; a segunda é o do livre acesso de todos aos tribunais.[547]

Ambas encontram-se presentes na grande maioria dos países civilizados, inclusive naqueles em desenvolvimento, como é o caso do Brasil. Não resta dúvida que a questão da responsabilidade ou irresponsabilidade política do juiz é induvidosamente delicada e poderia demandar uma investigação ainda muito maior do que a que ora empreendemos; também é certo, entretanto, que

---

[544] BOLZAN DE MORAIS, Jose Luis. *As crises do Estado e da Constituição e a transformação espacial dos direitos humanos*. Porto Alegre: Livraria do Advogado, 2002, p. 28-9.
[545] GASPAR, Malu. A saga do "biu" do relógio. *Veja*, São Paulo, 23 fev. 2005, p. 43. PATURY, Felipe. Até os 100 anos. *Veja*, São Paulo, 09 mar. 2005, p. 15.
[546] CALMON DE PASSOS, J. J. Administração da Justiça no Brasil. Visão para além do imediato. *Estudos de Direito Processual em homenagem a José Frederico Marques*. São Paulo: Saraiva, 1982, p. 194.
[547] CAPPELLETTI, op. cit., p. 105.

esta é uma daquelas tantas questões que os grupos "firmemente consolidados no poder" não fazem questão alguma de resolver, preferindo as intermináveis e estéreis discussões.

A relevância do princípio da incerteza, elaborado por Heisenberg, do qual se extrai a inequívoca consequência de que "do real somente nos é possível conhecer o que nele introduzimos", obriga-nos a proclamá-lo reiteradamente. Este princípio demonstra não apenas a inviabilidade de o intérprete "extrair" o sentido que estaria contido na norma, mas em verdade também nos revela que é tarefa do processualista "atribuir" sentido aos próprios fatos.

Ovídio A. Baptista da Silva chama a atenção para esta realidade, acrescentando que até as proposições fáticas mais simples, e que poderiam parecer óbvias, adquirem, dependendo do contexto em que estão inseridas, "significados" diversos e até antagônicos, lançando, por fim, uma relevante conclusão:

"De resto, como advertiu Gadamer: não nos esqueçamos de que, inclusive nas ciências, o 'fato' não se define como simplesmente presente, fixado através da mensuração, da ponderação ou da contagem: 'fato' é antes um conceito hermenêutico, ou seja, algo sempre referido a um contexto de suposições ou expectativas, a um contexto de compreensão inquiridora de tipo complicado. Não tão complicado, mas igualmente difícil de levar a cabo é ver, na práxis vital de cada um, aquilo que existe, e não o que gostaríamos que existisse (Gadamer, Hans-Georg. *Elogio da teoria*. Lisboa, 2001, p. 36)".[548]

No mesmo ensaio acima referido, Ovídio A. Baptista da Silva pondera que não há razão para que o pensamento conservador tenha receio de que o abandono da ilusão da univocidade do sentido da lei nos fará reféns das arbitrariedades, pois segundo ele não se deve confundir "discricionariedade" com "arbitrariedade", salientando que "o juiz terá – na verdade, sempre teve e continuará tendo, queiramos ou não – uma margem de discrição dentro de cujos limites, porém, permanecerá sujeito aos princípios da 'razoabilidade', sem que o campo da juridicidade seja ultrapassado".[549]

Ao concluir seu notável ensaio, afirma Ovídio A. Baptista da Silva, fazendo remissão a Gerome Frank, tratar-se de uma verdade indiscutível que nossos juízes, como qualquer julgador, laboram com apreciável dose de discricionariedade, fazendo-o, todavia, "de contrabando", supondo aplicar ou fingindo que aplicam religiosamente a pura vontade da lei, mantendo-se, por isso, irresponsáveis, sob o pressuposto de que a eventual injustiça da sentença deva ser debitada ao legislador.[550]

Aliás, Lenio Luiz Streck, também citado por Ovídio A. Baptista da Silva no mesmo ensaio, já mostrara a artificialidade da ideia de que a lei tenha univocidade de sentido, pois segundo ele "no texto legal, há sempre um contexto",

---

[548] GADAMER apud BAPTISTA DA SILVA, Ovídio. *Verdade e significado*, p. 11.
[549] Idem, p. 24.
[550] Idem, p. 36-37.

por isso, "quando o juiz aplica a lei, estará aplicando 'não o texto-em-si', mas o sentido que esse texto adquiriu na tradição, exsurgindo sua interpretação a partir da necessária fusão de horizontes".[551]

---

[551] STRECK, Lenio Luiz. *Jurisdição constitucional e hermenêutica*. Porto Alegre: Livraria do Advogado, 2002, p. 462.

Considerações finais

A tese apresentada neste livro é fruto de estudos e meditações de longa data. Desde que nos inserimos no contexto da área jurídica, e lá se vão mais de três décadas, temos ouvido e lido sobre a chamada "crise do Judiciário". Durante este largo espaço de tempo, muitas foram as propostas para "melhorar" o nível da prestação jurisdicional. Governos de diferentes matizes ideológicas sucederam-se no País.

O regime militar, na época liderado pelo general Ernesto Geisel, contrariado pela não aprovação de proposta de reforma do Judiciário, fechou o Congresso e a impôs, através do chamado "pacote de abril". O núcleo deste pacote, inspirado em trabalho de uma comissão especial de ministros do Supremo Tribunal Federal, era formado por um tripé: avocatória, arguição de relevância e representação para a interpretação de ato normativo.

No transcurso deste período, surgiu a grande possibilidade da efetivação de substanciais reformas com a Assembleia Nacional Constituinte que promulgou a nossa vigente Carta Constitucional, em outubro de 1988. Mas os juristas e a sociedade em geral seguiram proclamando a continuidade da crise e clamando por mudanças.

Desde então, o Código de Processo Civil tem sido objeto do que se passou a chamar de "minirreformas", com alterações de utilidade prática, mas muito longe de provocar uma mudança estrutural que permita realmente um avanço em relação ao sistema plasmado pelo racionalismo.

Em verdade, como noticia Ovídio A. Baptista da Silva, no prefácio de seu "Processo e ideologia", a exacerbação da crise da administração da justiça já era vislumbrada como inevitável em 1957, há praticamente meio século, portanto. A crise assume hoje, no diagnóstico do ilustre professor, *as cores de uma calamidade*, como uma das tantas consequências da fragilização dos Poderes do Estado Nacional.

É realmente surpreendente que além de não termos conseguido minimizar a crise, tenhamos deixado com que a mesma se exacerbasse.

Estamos convencidos – e esperamos que isso tenha resultado claro no desenvolvimento da tese – que a inexistência de avanço na melhoria do nosso sistema processual decorre da ausência de um diagnóstico adequado das causas reais da crise já cinquentenária.

Dentre as respectivas causas, assume especial relevância, a contribuir para a anacronia de nossas estruturas procedimentais, o hábito dogmático de tratar a questão, como se a mesma estivesse alheia à história, ignorando-se o fato de que nenhuma época poderia ter por base pontos de vista que não sejam os seus.

O dogmatismo impede a necessária investigação das raízes históricas da formação de nosso sistema e dos fatores culturais que nos aprisionam, de modo que toda compreensão fica limitada ao universo do paradigma em que os juristas estão inseridos, que é exatamente aquele que está em crise, não sendo sequer cogitada uma instância crítica do mesmo.

O advento do paradigma ainda hoje dominante, não obstante a superação dos princípios que o embasam, foi precedido por uma concepção completamente diversa que vigorou durante a maior parte do período medieval, caracterizada pela vida em pequenas comunidades coesas que vivenciavam a natureza em termos de relações orgânicas, caracterizadas pela interdependência dos fenômenos espirituais e materiais e pela subordinação das necessidades individuais às da comunidade.

A evolução social, política e econômica que ensejou o aparecimento do Estado Nacional e, subsequentemente, o absolutismo, aliada a grandes descobertas científicas dos séculos XVI e XVII, permitiu a construção e elaboração de obras de caráter político, filosófico e jurídico assentadas justamente naqueles princípios oriundos do cientificismo que acabou dominando o período que restou conhecido como iluminismo. Tais descobertas científicas e as obras filosóficas que sobre as mesmas se assentaram outorgaram legitimidade às revoluções europeias dos séculos XVIII e XIX, cujo ideário propagou-se pelo mundo ocidental, e principalmente nos países que herdaram a tradição civil, consolidando, assim, o chamado paradigma da modernidade.

A matriz paradigmática do direito moderno assentou-se nos princípios mecanicistas de Newton e no racionalismo cartesiano. Construiu-se um sistema jurídico com leis universais e generalizantes, ao mesmo tempo em que se reduziu o juiz a um poder nulo, apto somente a proclamar as verdades unívocas contidas na lei, e o Judiciário a uma estrutura eminentemente burocrática. Ainda hoje, a doutrina tradicional concebe a jurisdição como atividade que se limita à declaração de um direito previamente existente, não havendo lugar, portanto, para qualquer atividade criadora do juiz.

No final do século XIX e início do século XX uma nova revolução científica, ocorrida principalmente na física com a criação da teoria da relatividade de Einstein e a elaboração do princípio da incerteza de Heisenberg, ensejou, nas palavras de Boaventura de Sousa Santos, "o primeiro grande rombo no paradigma da ciência moderna", fazendo claudicar a mecânica newtoniana, culminando com o entendimento hoje universalmente aceito da superação do ideal clássico de uma descrição objetiva da natureza e também da era das certezas, inclusive nas ciências exatas.

As manifestações a respeito do esgotamento do paradigma da modernidade, com uma consequente crise paradigmática – para não se dizer a sua própria superação conceitual – têm sido cada vez mais enfáticas e frequentes, embora seus respectivos axiomas sigam dominando as estruturas de nossa sociedade, dentre elas o direito, inclusive e principalmente o direito processual civil. A onda de protestos contra o *statu quo* que inundou as ruas das grandes cidades ocidentais nos anos de 2012 e 2013 escancara a crise paradigmática.

Por outro lado, a principal matriz de nosso sistema de processo continua sendo o procedimento ordinário, de índole plenária, no âmbito do qual o juiz apenas irá declarar o direito abstratamente previsto na lei, de modo que toda e qualquer tentativa de superação deste procedimento, através de outras formas de tutela mais adequadas ao estágio de desenvolvimento no qual nos encontramos, tais como aquelas que privilegiam os juízos sumários de verossimilhança, resta obstaculizada.

É exatamente neste contexto que se insere a instituição da responsabilidade objetiva pela execução dos provimentos antecipatórios, configurando um inequívoco óbice à transposição do paradigma racionalista, de modo a manter o juiz escravo subserviente da lei.

Como esperamos haver demonstrado ao longo deste estudo, a legítima tradição do Direito Romano não chancela a instituição da responsabilidade objetiva do vencido; suas raízes são tipicamente racionalistas.

Aliás, a manutenção da responsabilidade objetiva, tal como está posta em nosso Código de Processo Civil, caracteriza inequívoca ofensa ao princípio constitucional da isonomia, de forma que o mesmo não a estabelece para um réu que sustenta um direito na sentença final reconhecido como inexistente, mas apenas para o autor que "acelera" a efetivação do direito por ele deduzido mercê de antecipações depois revogadas.

As dificuldades impostas pelas alterações no Código de Processo Civil, estabelecendo a mesma responsabilidade objetiva daquele que obtém uma antecipação dos efeitos da tutela ao que propõe uma execução provisória, cristalizam um retrocesso no único avanço mais significativo ocorrido no âmbito do direito processual civil nos últimos tempos, originariamente concebido como forma de quebrar a ordinariedade. Ao que se viu, portanto, tais reformas não foram incapazes de ultrapassar a intransigência da doutrina tradicional, que permanece fiel ao paradigma racionalista, proclamando que as medidas antecipatórias são essencialmente cautelares. É a lógica conservadora da manutenção do *status quo*, que em um país onde imperam as desigualdades, sempre colocará o mais forte em situação de vantagem.

Assim sendo, nosso sistema processual, que já privilegia as classes dominantes com os chamados "procedimentos especiais", vários deles com cognição sumária e sem a vigência da "ampla defesa", intimida os desafortunados a postularem antecipações de tutela no âmbito do anacrônico procedimento ordinário, o único instrumento de que dispõem para a efetivação de seus direitos.

Nossa conclusão, enfim, é de que, para conseguirmos superar a crise e efetivamente evoluirmos para um sistema processual harmônico com a sociedade complexa, pluralista e democrática da experiência contemporânea, deveremos compatibilizar as nossas estruturas àqueles princípios e valores que ensejaram a superação conceitual do paradigma da modernidade. Em outras palavras, a transposição do modelo que gera a crise deverá passar, necessariamente, primeiro pela fase da compreensão e diagnóstico do problema por parte das classes dominantes, seguindo-se a assimilação das ideias, princípios e valores descobertos e maturados ao longo do último século.

No âmbito do processo civil, isso certamente ensejará a substituição do procedimento ordinário por formas de tutela jurisdicional mais expeditas, com o fortalecimento do Poder Judiciário como um todo, e dos juízes de primeiro grau em particular.

Esperamos que o processo civil assuma a sua condição de ciência hermenêutica, permitindo-se, com isso, articular também uma visão interdisciplinar, a partir de onde se possa vislumbrar seus compromissos, principalmente com a história e com a ética. Esta constatação faz com que reconheçamos o imenso e inegável valor da formação viabilizada em instituições que proporcionam uma instância crítica de debate acerca das macroestruturas epistemológicas que determinam a imersão, ou assimilação, de um novo paradigma sociocultural.

Referências bibliográficas

AARNIO, Aulis. *Lo racional como razonable:* un tratado sobre la justificación jurídica. Trad. Ernesto Garzón Valdés. Madrid: Centro de Estudios Constitucionales, 1991.

ALLORIO, Enrico. *Problemas del Derecho Procesal.* Trad. Santiago Santís Mellendo. Buenos Aires: EJEA, 1963. t. II.

ALMEIDA, Carlos Ferreira de. *Os direitos dos consumidores.* Coimbra: Almedina, 1982.

ALTERINI, Aníbal Atílio. Responsabilidad objetiva derivada de la generación de confianza. *Revista de direito civil imobiliário, agrário e empresarial.* n. 73. Buenos Aires, 1978.

ANDERSON, Perry. *Passagens da antiguidade ao feudalismo.* Trad. Beatriz Sidou. São Paulo: Brasiliense, 1987.

ARAÚJO PINTO, Cristiano Paixão. *Modernidade, tempo e direito.* Belo Horizonte: Del Rey, 2002.

ARENDT, Hannah. *A vida do espírito.* Trad. Antônio Abranches *et all.* Rio de Janeiro: Dumará, 1991.

ARRUDA, José Jobson de A.; Piletti, Nelson. *Toda a história.* 4. ed. São Paulo: Ática, 1995.

ASSIS, Araken de. O *contempt of court* no direito brasileiro. *Revista de Processo,* v. 111, São Paulo: RT, 2003.

——. *Manual do processo de execução.* 8. ed. São Paulo: RT, 2002.

BAPTISTA DA SILVA, Ovídio A. *Jurisdicción y Ejecución – en la tradición romano-canónica.* Trad. Juan José Monroy Palácios. Lima: Palestra Editores, 2005.

——. *Processo e ideologia –* O paradigma racionalista. Rio de Janeiro: Forense, 2004.

——. *Sentença e coisa julgada –* Ensaios e pareceres. Rio de Janeiro: Forense, 2003.

——. Processo e ideologia. *Revista de Processo,* n. 110, São Paulo: RT, 2003.

——. *Curso de processo civil.* 5. ed. São Paulo: RT, 2002. v. 2.

——. *Da sentença liminar à nulidade da sentença.* Rio de Janeiro: Forense, 2001.

——. *Curso de processo civil.* 3. ed. São Paulo: RT, 2000. v. 3.

——. *Do processo cautelar.* 2. ed. Rio de Janeiro: Forense, 1998.

——. *Jurisdição e execução na tradição romano-canônica.* 2. ed. São Paulo: RT, 1998.

——. Antecipação de tutela e responsabilidade objetiva, *Revista AJURIS,* n. 72.

——. Democracia moderna e processo civil. *Coletânea Participação e Processo.* In: Grinover, Ada Pellegrini; Dinamarco, Cândido; Watanabe, Kazuo (coords.). São Paulo: RT, 1988.

——; Gessinger, Ruy Armando; Gomes, Fábio Luiz; Machado, L. Melíbio Uiraçaba; *Teoria geral do processo civil.* Porto Alegre: LEJUR, 1983.

——. *Ação de imissão de posse no direito brasileiro atual.* São Paulo: Saraiva, 1981.

——. *Verdade e significado.* (no prelo)

——. *A ação cautelar inominada no direito brasileiro.* Rio de Janeiro: Forense, 1979.

——. *Doutrina e prática do arresto ou embargo.* Rio de Janeiro: Forense, 1976.

BAUDELAIRE, Charles. *Sobre a modernidade.* São Paulo: Paz e Terra, 1996.

BARBI, Celso Agrícola. *Comentários ao Código de Processo Civil.* Rio de Janeiro: Forense, 1975. v. 1, t. I.

BETTI, Emilio. *Teoria generale delle obbligazzioni.* Milano: Giuffrè, 1953. v. 2.

BLOCH, Marc. *A sociedade feudal.* Trad. Emanuel Lourenço Godinho. Lisboa: Edições 70, 1982.

BOBBIO, Norberto. *O positivismo jurídico.* Trad. Márcio Pugliesi. São Paulo: Ícone, 1995.

——. *Thomas Hobbes*. 4. ed. Trad. Manuel Escrivá de Romani, México, Fondo de Cultura Económica, 2. ed., 1ª reimp., 1995.

——. *Thomas Hobbes*. 4. ed., Rio de Janeiro: Campus, 1991.

——. *O futuro da democracia* – Uma defesa das regras do jogo. 7. ed. Rio de Janeiro: Paz e Terra, 1986.

BODENHEIMER, Edgar. *Teoria del derecho*. México: Fondo de Cultura Económica, 2000.

BOLZAN DE MORAIS, Jose Luis. *As crises do Estado e da Constituição e a transformação espacial dos direitos humanos*. Porto Alegre: Livraria do Advogado, 2002.

——. Direitos humanos, globalização econômica e integração regional. In: *Desafios do direito constitucional internacional*. Piovesan, Flávia (coord.). São Paulo: Max Limonad, 2002.

BORRÈ, Giuseppe. La Corte di Cassazione oggi. *Diritto giurisprudenziale*. Turim: Giappichelli Editore, 1996.

BRUTAU, José Puig. *A jurisprudência como fonte do direito*. Trad. Lenine Nequete. Porto Alegre: Coleção AJURIS, 1977.

BÜLOW, Oskar Von. *La teoria de las excepciones procesales y los presupuestos procesales*. Trad. Miguel Angel Rosas Lichtschein. Buenos Aires: EJEA, 1964.

BURCKHARDT, Jacob. *A cultura do renascimento na Itália*. Trad. Sérgio Tellaroli. São Paulo: Companhia das Letras, 1991.

CALAMANDREI, Piero. *Introduzione allo studio sistemático dei provvedimenti cautelari*. Milão: Cedam, 1936.

——. Limiti fra giurisdizione e amministrazione nella sentenza civile. *Opere giuridiche*. Napoli: Morano, 1965. v. 1.

——. *Direito processual civil – Estudos sobre processo civil*. Trad. Luiz Abeiza e Sandra Drina Fernandez Barbey. Campinas: Bookseller, 1999.

CALERA, Nicolás Maria Lopez. *Yo, el Estado*. Madrid: Trotta, 1992.

CALMON DE PASSOS, J. J. Administração da justiça no Brasil. Visão para além do imediato. *Estudos de Direito Processual em homenagem a José Frederico Marques*. São Paulo: Saraiva, 1982.

CAMPILONGO, Celso Fernandes. *Direito e democracia*. São Paulo: Max Limonad, 1997.

CAMPOS, Maria Luiza de Sabóia. Publicidade: Responsabilidade civil perante o consumidor. *Revista de Direito Civil, Imobiliário, Agrário e Empresarial*, n. 55, São Paulo.

CAPPELLETTI, Mauro. El proceso civil italiano en el quadro de la contraposición civil law – Common Law. *Proceso, ideologías, sociedad*. Buenos Aires: Ediciones Jurídicas Europa-América, 1976.

——. *Juízes legisladores?* Porto Alegre: Sergio Antonio Fabris, 1993.

——. *Giustizia e società*. Milão: Edizioni di Comunità, 1972.

CAPRA, Fritjof. *O ponto de mutação*. Trad. Álvaro Cabral. São Paulo: Cultrix, 2002.

——. *O Tao da Física*. Trad. José Fernandes Dias. São Paulo: Cultrix, 2002.

CARBONNIER, Jean. *Droit civil*. Paris: Presses Universitaires de France, 1979.

——. *Derecho flexible*. 2. ed. Trad. Luis Diez-Picazo. Madrid: Tecnos, 1974.

CARDOZO, Benjamin N. *A natureza do processo e a evolução do direito*. Trad. Leda Boechat Rodrigues. São Paulo: Nacional de Direito, 1956.

CARNELUTTI, Francesco. *Sistema de direito processual civil*. São Paulo: Classic Book, 2000. v. 1 e II.

——. *Diritto e processo*. n. 241, Morano, 1958.

——. La certezza del diritto. *Rivista do Diritto Processuale Civile*. Padova: Cedam, 1943.

CARREIRA ALVIM, J. E. *Tutela antecipada na reforma processual*. Rio de Janeiro: Destaque, s.d.

CASSIRER, Ernst. *A filosofia do iluminismo*. São Paulo: Unicamp, 1992.

——. *El problema del conocimiento en la filosofía y en la ciencia modernas*. Trad. Wenceslao Roces. México: Fondo de Cultura Economica, 1993. v. 1.

CASTANHEIRA NEVES, A. *O instituto dos assentos e a função jurídica dos Supremos Tribunais*. Coimbra: Coimbra Editora, 1983.

CASTORIADIS, Cornelius. *A instituição imaginária da sociedade*. 5. ed. Rio de Janeiro: Paz e Terra, 1982.

CHIOVENDA, Giuseppe. *La Condena en Costas*. Trad. espanhola por Juan de la Puente y Quijano. Tijuana: B. C., 1985.

——. *Instituições de direito procesual civil*. Trad. J. Guimarães Menegale e notas de Enrico Tulio Liebman. São Paulo: Saraiva, 1945. v. 3.

——. *Princípios de derecho procesal civil*. Trad. espanhola por José Casais Santaló. Madrid: Réus, 1977. t. I.

——. Procedimento oral. Trad. Osvaldo Magon. *Revista Forense*, v. 74, 1938, p. 173.

COMOGLIO, Luigi Paolo. Il giusto processo civile nella dimensione comparatística. *Revista di Diritto Processuale*, p. 702-58, luglio -settembre, 2002.

——. La garanzia cistituzionale dell'azione ed il processo civile. Pádua: Cedam, 1970.

COSTA, Emílio. *Historia del Derecho Romano público y privado*. Madrid: Reus, 1930.

COUTURE, Eduardo. *Fundamentos del derecho procesal civil*. 3. ed. Buenos Aires: Depalma, 1978.

COVERNEY, Peter; Highfield, Roger. *A flecha do tempo*. Trad. J. E. Smith Caldas. São Paulo: Siciliano, 1993.

CRUZ E TUCCI, José Rogério; Tucci, Rogério Lauria. *Devido processo legal e tutela jurisdicional*. São Paulo: RT, 1993.

DAVID, René. *Os grandes sistemas de direito contemporâneo*. Trad. Hermínio A. Carvalho. 2. ed. Lisboa: Meridiano, s.d.

DEFROIDMONT, Jean. *La Science du Droit Poditif*. p. 339. apud Min. Thompson Flores, RE n. 68.107, *Revista Forense*, n. *235*, p. 61.

DE FRANCISCI, Pietro. *Storia del diritto romano*. 1943. v. 3.

DENTI, Vittorio. *Um progetto per la giustizia civile*. Bolonha: Società Editrice il Mulino, 1982.

——. *Processo civile e giustizia sociale*. Milano: Edizioni di Comunità, 1971.

DESCARTES, René. *Discurso do método*. Trad. Maria Ermantina Galvão G. Pereira. São Paulo: Martins Fontes, 1999.

DEWEY, John. *Reconstrução em filosofia*. São Paulo, 1959.

DIAS, José de Aguiar. *Da responsabilidade civil*. Rio de Janeiro: Forense, 1973.

DINAMARCO, Cândido Rangel. *A reforma do Código de Processo Civil*. São Paulo: Malheiros, 1996.

——. *Execução civil*. 2. ed. São Paulo: RT, 1987.

——. *A instrumentalidade do processo*. São Paulo: RT, 1987.

——. *Fundamentos do processo civil moderno*. São Paulo: RT, 1986.

EINSTEIN, Albert. *Sobre um ponto de vista heurístico concernindo a geração e conversão da luz*. Annalen der Physik. 17 mar. 1905.

EMMERICH. *Über die prozesskosten deren Erstattung und Compensation*. Göttingen, 1791.

ENGISCH, Karl. *Introdução ao pensamento jurídico*. Trad. J. Baptista Machado. 3. ed. Lisboa: Fundação Calouste Gulbenkian, 1965.

FAIREN GUILLEN, Victor. *El juício ordinário y los plenários rápidos*. Barcelona: Bosch.

FARIA, José Eduardo. *O direito na economia globalizada*. 2. tir. São Paulo: Malheiros, 2000.

FERRAZ JÚNIOR, Tércio Sampaio. *Função social da dogmática jurídica*. São Paulo: Max Limonad, 1998.

FITZPATRICK HANLY, Margaret Ann; Hanly, Charles. Critical realism: distinguishing the psychological subjectivity of the analyst from epistemological subjectivism. *Journal of the American Psychoanalytic Association*. The Analytic Press, inc., 101 West Street, Hillsdale, p. 361.

FREITAS, Juarez. *A interpretação sistemática do direito*. São Paulo: Malheiros, 1995.

FRIEDMAN, Lawrence M. *The Legal System*. New York: Russell Sage Foundation, 1977.

FRIEDRICH, Carl Joachim. *La filosofía del derecho*. México: Fondo de Cultura Econômica, 1997.

FUENTESECA, Pablo. *Investigaciones de derecho procesal romano*. Salamanca, 1969.

FUX, Luiz. *Curso de direito processual civil*. Rio de Janeiro: Forense, 2005.

——. *Tutela de segurança e tutela de evidência*. Fundamentos da tutela antecipada. São Paulo: Saraiva, 1996.

GADAMER, Hans-Georg. *Verdade e método*. 4. ed. Rio de Janeiro: Vozes, 2002.

——. *Verdade e Método II*. Rio de Janeiro: Vozes, 2002.

GARCIA PELAYO, Manuel. *Las transformaciones del Estado contemporáneo*. 4. ed. Madrid: Alianza Editorial, 1996.

GASPAR, Malu. A saga do "biu do relógio". *Veja*, São Paulo, Abril, 23 fev. 2005, p. 43.

GESSINGER, Ruy Armando; BAPTISTA DA SILVA, Ovídio A; GOMES, Fábio Luiz; Machado, L. Melíbio Uiraçaba. *Teoria geral do processo civil.* Porto Alegre: LEJUR, 1983.

GIBBON, Edward. *Declínio e queda do Império Romano.* Trad. José Paulo Paes. 2. reimp. São Paulo: Companhia das Letras.

GIDDENS, Anthony. *Política, sociologia e teoria social.* Trad. Cibele Saliba Rizek. São Paulo: Unesp, 1997.

GOLDSCHMIDT, James. *Derecho Procesal Civil.* Trad. espanhola por Leonardo Prieto Castro. Barcelona: Labor, 1936.

GOMES, Fábio Luiz; Baptista da Silva, Ovídio A; Gessinger, Ruy Armando; Machado, L. Melíbio Uiraçaba. *Teoria geral do processo civil.* Porto Alegre: LEJUR, 1983.

GREENBERG, Jay. The analyst's participation: a new look. *Journal of the American Psychoanalytic Association.* The Analytic Press, inc., 101 West Street, Hillsdale, p. 361.

GRIBBIN, John. *Tempo – O profundo mistério do universo.* Trad. Aldo Bocchini Neto. 2. ed. Rio de Janeiro: Francisco Alves, 1983.

GRONDIN, Jean. *Introdução à hermenêutica filosófica.* Trad. Benno Dischinger. São Leopoldo: UNISINOS, 1999.

GROTIUS, Hugo. *O direito da guerra e da paz.* Trad. Ciro Mioranza. Ijuí: UNIJUÍ, 2004. v. 1.

HANLY, Charles; Fitzpatrick Hanly, Margaret Ann. Critical realism: distinguishing the psychological subjectivity of the analyst from epistemological subjectivism. *Journal of the American Psychoanalytic Association.* The Analytic Press, inc., 101 West Street, Hillsdale, p. 361.

HEIDEGGER, Martin. *La filosofía del derecho en la posmodernidad.* Trad. espanhola da 2. ed. alemã. Bogotá: Temis, 1998.

HENNEMANN. *Beitrag zu der Rechts* – Theorie von Erstattung der Prozesskosten, Schwerin, 1789.

HIGHFIELD, Roger; Coverney, Peter. *A flecha do tempo.* Trad. J. E. Smith Caldas. São Paulo: Siciliano, 1993.

HOBBES, Thomas. *Leviatán – o la materia, forma y poder de una república, eclesiástica y civil.* Trad. Manuel Sánchez Sarto. 2. ed. em espanhol, 9.ª reimp. México: 1998.

HUIZINGA, Johan. *O declínio da Idade Média.* Trad. Augusto Abelaira. Lousa: Ulisséia, 1985.

JOSSERAND, Louis. *Évolutions et actualités.* Trad. Raul Lima. *Revista Forense*, v. 86, 1946, p. 52.

JUDSON, Horace Freeland. *The eighth day of creation.* New York: Simon & Schuster, 1979.

KOSCHAKER, P. *Europa y el Derecho Romano.* Trad. para o espanhol de Jose Santa Cruz Teijeiro. Madrid: Editorial Revista de Derecho Privado, 1955.

KUHN, Thomas. *A estrutura das revoluções científicas.* Trad. Beatriz Vianna Boeira e Nelson Boeira. 6. ed. São Paulo: Perspectiva, 2001.

LACERDA, Galeno. *Comentários ao Código de Processo Civil.* Rio de Janeiro: Forense, 1980. v. 8, t. I.

LAING, R. D. *The voice of experience.* New York: Pantheon, 1982.

LEIBNIZ, Gottfried Wilhelm. *Los elementos del derecho natural.* Trad. Tomás Guillén Vera. Madrid: Tecnos, 1991.

——. *Novos ensaios sobre o entendimento humano.* São Paulo: Nova Cultural, 1999. p. 423.

LIEBMAN, Enrico Tullio. *Eficácia e autoridade da sentença.* Trad. Alfredo Buzaid e Benvindo Aires. 2. ed. Rio de Janeiro: Forense, 1981.

——. *Manuale di diritto processuale civile.* Milão: Giuffrè, 1976. v. 8.

——. *Processo de execução.* São Paulo: Saraiva, 1968.

LIMA, Alvino. *Culpa e risco.* São Paulo: RT, 1999.

LOCKE, John. *An essay concerning human understanding.* Oxford: Clarendon, 1956.

LOON, Hendrik Willem Van. *A história da humanidade.* Atual. John Merryman e trad. Marcelo Brandão Cipolla. São Paulo, 2004.

LOPES, João Batista. *Tutela antecipada – No processo civil brasileiro.* 2. ed. São Paulo: Saraiva, 2003.

LÓPEZ DE OÑATE, Flavio. *La certeza del derecho.* Trad. Santiago Santís Melendo y Marino Ayerra Redin. Buenos Aires: EJEA, 1952.

LOUTAYF RANEA, Roberto G. *Condena em costas em el proceso civil.* Buenos Aires: Editorial Astrea de Alfredo y Ricardo Depalma, 1998.

LUHMANN, Niklas. *Organización y decisión. Autopoiesis, acción y entendimiento comunicativo*. Trad. Dario Rodrigues Mnsilla. Barcelona: Universidade Iberoamericana, Anthropos, 1997.

——. *Sociologia del Riesgo*. Trad. Javier Nafarrate. Guadalajara: Ibero Americana, 1992.

——. *Sociologia do Direito I*. Trad. Gustavo Bayer. Rio de Janeiro: Tempo Brasileiro, 1983.

——. *Sociologia do Direito II*. Rio de Janeiro: Tempo Brasileiro, 1985.

LUZZATTO, G. I. *Il problema d'origine del processo extra ordinem*. Bologna: Casa Editrice Prof. R. Pàtron, 1965.

MACHADO, Antônio Cláudio da Costa. *Tutela antecipada*. São Paulo: Oliveira Mendes, 1988.

MACHADO, Roberto. *Nietzsche e a verdade*. Rio de Janeiro: Rocco, 1984.

MACHADO, L. Melíbio Uiraçaba; Baptista Da Silva, Ovídio; Gessinger, Ruy Armando; Gomes, Fábio Luiz. A. *Teoria geral do processo civil*. Porto Alegre: LEJUR, 1983.

MACPHERSON, C. B. *A teoria política do individualismo possessivo de Hobbes até Locke*. Rio de Janeiro: Paz e Terra, 1979.

MARINONI, Luiz Guilherme. *Novas linhas do processo civil*. 3. ed. São Paulo: Malheiros, 1999.

MARQUES, José Frederico. *Manual de direito processual civil*. São Paulo: Saraiva, 1978. v. 4.

MAXIMILIANO, Carlos. *Hermenêutica e aplicação do direito*. 5. ed. Rio de Janeiro-São Paulo: Freitas Bastos, 1956.

MICHELET, Jules. *História da Revolução Francesa – Da queda da Bastilha à festa da Federação*. Trad. Maria Lúcia Machado. São Paulo: Companhia das Letras, 1989.

MEIRELLES, Helly Lopes. *Direito Administrativo Brasileiro*. 5. ed., RT: São Paulo, 1977.

MERRYMAN, John H. *La tradición jurídica romano-canónica*. Trad. Eduardo L. Suárez. 2. ed. México: Fondo de Cultura Econômica, 2001.

——. *Lo 'stile italiano': la dottrina*. *Rivista Trimestale di Diritto e Procedura Civile*. Milano: 1966.

MÉSZÁROS, István. *Para além do capital*. São Paulo: BomTempo, 2002.

MICHELET, Jules. *História da Revolução Francesa*. Trad. Maria Lúcia Machado. São Paulo: Cia das Letras, 1989.

MONIZ DE ARAGÃO, Egas. Medidas cautelares inominadas. *Revista de Direito Processual*. Rio de Janeiro: Forense, 1988. p. 57.

MONTESQUIEU, Charles de Secondat. *O espírito das leis*. Trad. Pedro Vieira Mota. São Paulo: Saraiva, 1987.

MUNHOZ DA COSTA, Alcidez. *Comentários ao Código de Processo Civil*. São Paulo: RT, 2000. v. 11.

NERY JUNIOR, Nelson. *Atualidades sobre o processo civil*. São Paulo: RT, 1995.

——. Responsabilidade civil da administração pública. *Revista de Direito Privado I*, p. 31.

OLBRECHTS-TYTECA, Lucie; Perelman, Chaim. *Tratado da argumentação – A nova retórica*. São Paulo: Martins Fontes, 1999.

OLIVEIRA, Manfredo Araújo de. *A filosofia na crise da modernidade*. São Paulo: Loyola, 1989.

OST, François. *O tempo do direito*. Trad. Maria Fernanda Oliveira. Lisboa: Instituto Piaget, 1999.

PARSONS, Talcott. *O sistema das sociedades modernas*. Trad. Dante Moreira Leite. São Paulo: Pioneira, 1974.

PATTERSON, Dennis. *Law and truth*. New York: Oxford University Press, 1996.

PATURY, Felipe. Até os 100 anos. *Veja*, São Paulo, 09 mar. 2005, p. 15.

PEREIRA, Caio Mário da Silva. *Responsabilidade civil*. Rio de Janeiro: Forense, 1991.

PERELMAN, Chaim; Olbrechts-Tyteca, Lucie. *Tratado da argumentação – A nova retórica*. São Paulo: Martins Fontes, 1999.

PIERUCCI, Antônio Flávio. O retrovisor polonês. *Folha de São Paulo*, 10 abr. 2005, suplemento *Mais*.

PILETTI, Nelson; Arruda, José Jobson de A. *Toda a história*. 4. ed. São Paulo: Ática, 1995.

RADBRUCH, Gustav. *Lo spirito del diritto inglese*. 3. ed. Milano: Giuffrè, 1962.

RAWLS, John. *Teoria de la justicia*. Trad. Maria Dolores González. Buenos Aires: Fondo de Cultura Econômica, 1993.

RECASÉNS SICHES, Luís. *Experiência jurídica, naturaleza de la cosa y lógica "razonable"*. México: Porrúa, 1971.

REIMUNDIN, Ricardo. *La condena en costas en el processo civil*. Buenos Aires: Victor P. de Zavalía, 1966.

ROCCO, Alfredo. *La sentenza civile*. Ristampa inalterata della prima edizione de 1906. Milano: Giuffrè, 1962.

ROSENBERG, Leo. *Tratado de derecho procesal civil*. Trad. espanhola da 5. ed. alemã. Buenos Aires: EJEA, 1955. t. III.

ROTH, André Noel. *O direito na economia globalizada*. São Paulo: Malheiros, 2000.

ROUANET, Sérgio. *As razões do Iluminismo*. São Paulo: Companhia das Letras, 1998.

RUSSELL, Bertrand. *History of western philosophy*. Londres: Allen & Unwin, 1961.

SALAILLES. L'oueuvre Juridique de Raymond Saleilles. Paris.

SANTOS, Milton. *A natureza do espaço*. São Paulo: Hucitec, 1996.

SATTA, Salvatore. *Manual de derecho procesal civil*. Trad. Santiago Sentís Melendo y Fernando de la Rua. Buenos Aires: Jurídicas Europa-America. v. 1.

SAVATIER. In: Traité de la responsabilité Civil em Droit Français. Paris: Libraire, 1951. t. I.

SCHMITT, Carl. *O conceito do político*. Petrópolis: Vozes, 1992.

SCHMIDT, Genanni Phiseldeck. *Beitrag zu der Lehre von den Prozesskosten*. Helmstädt, 1793.

SCIALOJA, Vittorio. *Procedimiento Civil Romano*. Buenos Aires: EJEA, 1954.

SEVERO ROCHA, Leonel. *A construção do tempo pelo direito*. São Leopoldo: UNISINOS, 2003. p. 316.

——. *Epistemologia jurídica e democracia*. 2. ed. São Leopoldo: UNISINOS, 2003.

SKINNER, Quentin. *Los fundamentos del pensamiento político moderno*. Trad. Juan José Utrilla. México: Fondo de Cultura Econômica, 1986. v. 2.

SOARES, Guido Fernando Silva. *Common Law – Introdução ao Direito nos EUA*. São Paulo: RT.

SOUSA SANTOS, Boaventura de. *Um discurso sobre as ciências*. 13. ed. Porto: Afrontamento, 2002.

——. *A crítica da razão indolente*. Contra o desperdício da experiência. 4. ed. São Paulo: Cortez, 2002. v. 1.

——. *Introdução a uma ciência pós-moderna*. Rio de Janeiro: Graal, 1989.

STRECK, Lenio Luiz. Hermenêutica (jurídica): compreendemos porque interpretamos ou interpretamos porque compreendemos? Uma resposta a partir do Ontological Turn. São Leopoldo: UNISINOS, 2003.

——. *Hermenêutica jurídica e(m) crise*. 3. ed. Porto Alegre: Livraria do Advogado, 2001.

——. *Jurisdição constitucional e hermenêutica*. Uma nova crítica do direito. Porto Alegre: Livraria do Advogado, 2002.

SZAMOSI, Géza. *Tempo e espaço: as dimensões gêmeas*. Trad. Jorge Enéas Fortes e Carlos Alberto Medeiros. Rio de Janeiro: Jorge Zahar, 1998.

THEODORO JR., Humberto. *Processo cautelar*. 17. ed. São Paulo: LEUD, 1998.

——. *Comentários ao Código de Processo Civil*. Rio de Janeiro: Forense, 1976.

TOCQUEVILE, Alexis. *A democracia na América*. Trad. Eduardo Brandão. São Paulo: Martins Fontes, 2001.

TORNAGHI, Hélio. *Comentários ao Código de Processo Civil*. São Paulo: RT, 1976. v. 1.

TUCCI, Rogério Lauria; Cruz e Tucci, José Rogério. *Devido processo legal e tutela jurisdicional*. São Paulo: RT, 1993.

TUCHMAN, Bárbara W. *A marcha da insensatez: De Tróia ao Vietnam*. Trad. Carlos de Oliveira Gomes. 6. ed. Rio de Janeiro: José Olympio, 2003.

VACCARELLA, Romano. *Titolo esecutivo, precetto, opposizioni*. Torino: UTET, 1993.

VAN LOON, Hendrik Willen. *A história da humanidade*. Atual. John Merriman. Trad. Marcelo Brandão Cipolla. São Paulo: Martins Fontes, 2004.

VERNEY, Luís Antônio. *História concisa de Portugal*. Lisboa: Publicações Europa América, 2001.

VILLEY, Michel. *Direito romano*. Porto: Resjuridica, p. 30.

——. *La Formation de la Pensée Juridique Moderne*. 4. ed. Paris: Les Éditions Montchretien, 1975.

WALLERSTEIN, Immanuel. *O fim do mundo como o concebemos*. Trad. Roberto Teixeira. Rio de Janeiro: Revan, 2002.

WAMBIER, Luiz Rodrigues; Wambier, Teresa Arruda Alvim. *Breves comentários à 2.ª fase da reforma do Código de Processo Civil*. 2. ed. São Paulo: RT, 2002.

WAMBIER, Teresa Arruda Alvim; Wambier, Luiz Rodrigues. *Breves comentários à 2.ª fase da reforma do Código de Processo Civil*. 2. ed. São Paulo: RT, 2002.

WEBER, Max. *Ensaios de sociologia*. São Paulo: LTC, 1992.

WELZEL, Hans. *Introducción a la filosofía del derecho*. Trad. Felipe Gonzáles Vicén. 2. ed. Madrid: Aguilar, 1971.

WIEACKER, Franz. *História do direito privado moderno*. Trad. da 2. ed. alemã de 1967 por A. M. Botelho Hespanha. Lisboa: Fundação Calouste Gulbenkian, 1980.

WILSON, Edmund. *Rumo à Estação Finlândia*. Trad. Paulo Henriques Britto. 13. reimp. São Paulo: Companhia das Letras, 2003.

ZANZUCCHI, Marco Tullio. *Diritto processuale civile*. 6. ed. Milano: Giuffrè, 1964. v. 1.

ZAVASCKI, Teori Albino. Antecipação da tutela e colisão de direitos fundamentais, *Revista AJURIS*, n. 64.

——. *Antecipação da tutela*. São Paulo: Saraiva, 1997.

——. *Comentários ao Código de Processo Civil*. São Paulo: RT, 2003.

Impressão:
Evangraf
Rua Waldomiro Schapke, 77 - POA/RS
Fone: (51) 3336.2466 - (51) 3336.0422
E-mail: evangraf.adm@terra.com.br